담론의 탄생

유럽의 살롱과 클럽과 카페
그 자유로운 풍경

The Birth of Discourse
: European Salons, Clubs and Cafés
by Lee Kwang-joo

Published by Hangilsa Publishing Co., Ltd., Korea, 2015

담론의 탄생

유럽의 살롱과 클럽과 카페
그 자유로운 풍경

이광주 지음

한길사

일찍부터 책을 읽는 즐거움과 설렘

그리고 사치를 누릴 수 있게

해주신 아버님께 바칩니다.

자유로이 이야기할 수 있는 사회를 위하여

근대문화는 구텐베르크의 활자본 『42행 성서』[1452~55]가 상징하듯 활판인쇄술이 출현하면서 책이 널리 보급됨에 따라 나타난 책 문화를 바탕으로 형성되었다. 문자와 문자를 담은 책은 동서에 걸쳐 먼 고대부터 존재했다. 그러나 책은 여러 세기에 걸쳐 읽을거리이기보다는 세왕이나 종파의 상징, 권위의 상징으로 떠받드는 일종의 오브제였다.

사람 사는 사회, 문화의 주요한 기능으로 폭넓게 의사소통을 하지만 문자에 앞서 말과 이야기가 의사소통의 최대 수단으로 기능했다. 그런데 말과 이야기가 수려한 자연경관처럼 자연적으로 주어지는 것은 아니다.

인류는 원래 동물처럼 짖고 외치며 몇 만 년 살아왔다. 문자와 글이 쓰이기 이전 선사시대에 말은 몸짓이나 그림과 더불어 하나의 의사소통 방식일 뿐이었다. 인류가 호모 파베르, 즉 도구를 만드는 공작인간[工作人間]으로서 문자를 발명하게 된 무렵에 이르러서야 말은 다듬어지고 이야기가 되었으며 의사를 표현하고 전달하는 최대 수단이 되었다.

인류 최초의 위대한 책, 즉 호메로스의 『일리아드』와 『오디세이』『성서』『논어』가 밝혀주듯이 고전은 동서를 가리지 않고 모두 '이야기' story, ballade, ものがたり[物語]이며 로망[roman]이며 담론[discours]이다. 하위징아는

인류의 역사, 문화의 역사를 면면히 이어진 인간의 '이야기', 이야기의 역사로서 강조했다.

문자와 문자를 담은 책이 아닌 말과 이야기의 세기는 특히 유럽에서 늦게까지 지속되었다.

유럽의 경우 책은 구텐베르크 직전까지만 해도 주로 수도원에서 청탁을 받아 겨우 한두 부 많으면 네댓 부 정도 제작된 필사본으로 모두 희귀본이었다. 대학이 탄생하는 12세기 이전 중세 유럽의 배움터는 수도원이며 유일한 독서계층은 성직자였다. 그 무렵 적지 않은 왕후王侯와 귀족이 대부분의 사람과 마찬가지로 문맹자였음은 잘 알려진 사실이다.

한처음에 말씀이 계셨다.
• 『요한복음』

참으로 모든 역사와 문화에 앞서 말과 언어, 말을 하는 인간homo loquens이 존재했다.

그러면 말, 언어란 무엇일까. 그것은 문자로 나타낸 언어文語가 아닌 이야기 말口語, parole을 뜻한다. 이야기를 나눈다 함은 이야기를 주고받는 상대, 즉 타인의 존재를 전제로 한다. 그러나 타인에 앞서 실은 자기 자신이 대화를 나누는 첫 상대임을 지적하고 싶다.

근대 유럽 최고의 이야기꾼 몽테뉴는 그의 일생에서 최대 주제는 자기 자신이었다고 말한 바 있다. 사실 삶이란 어쩌면 자기 자신과의 대화를, 자기 자신과의 만남을 일상적으로 되풀이하는 나날들이 아닌가 하고 가끔 생각한다. 자기 자신과 이야기를 나누면서 우리는 '나'의 정체성에 눈을 뜬다. 그러므로 나의 말은 나의 존재증명이다. 그러면서도 우리는 나 아닌 타인을 언제나 의식하고 그의 말과 만난다.

만남이란 이야기를 나누는 것, 담론의 자리다. 우리는 저마다 '나의 말'을 간직하고 있다. 그러나 좋은 만남이란 내 말에 앞서 마주해 있는 사람, '그의 말'에 귀 기울이는 자리다. 공자孔子는 셋이 모이면 스승이 한 분 있게 마련이라고 하셨으며 사르트르는 말을 나눔으로써 나와 우리 모두는 "세계를 발견하고 창고한다"고 하셨다. 말씨와 품品가짐이 세련되고 덕담德談을 주고받는다면 그 이상의 가경佳境을 우리는 어디에서 누릴 것인가.

고대 그리스, 자유로운 시민공동체인 폴리스에서 자유시민이란 바로 자유롭게 말할 수 있는 사람을 뜻했다. 그들은 스승인 소크라테스를 본받아 이야기 나누기를 좋아하여 폴리스 한복판에 아고라agora, 광장를 꾸렸다. 그것은 시장市場이며 무엇보다도 이야기 나누기를 즐기는 시민의 담론의 사교장이었다. 그리스 시민은 또한 친지들과 심포지온Symposion, 즉 향연饗宴을 즐겼다. 포도주 잔을 주고받으며 가끔은 주제를 내걸고 담론을 나눈 심포지온은 바로 심포지움, 기쁨으로서의 담론이었다.

그리스에서 사람됨, 인간 교양의 최고 덕목은 세련되고 아름다운 언동이었다. 레토릭修辭學, 美辭學이 철학보다도 더욱 귀하게 여겨진 이유다. 기쁨으로서의 이야기문화, 담론문화를 꽃피운 심포지온심포지움은 그리스에서 일찍부터 살롱과 클럽 문화를 낳았다.

이상과 같은 그리스의 이야기문화, 담론문화는 중세와 르네상스 시대를 거쳐 17~18세기의 근대적 살롱과 클럽 그리고 도시 속에 폭넓게 열린 카페 문화로 발전하면서 일부 엘리트 계층의 문예적 공공성公共性이라는 심상풍경心象風景을 뿌리내리게 했다. 그러나 그것에 머물렀다면 굳이 나의 이 저술에 무슨 의미가 있을까. 그와 같은 본보기를 우리는 '언행이야말로 군자에게 가장 중요한 면모다'言行君子之樞機라고 삼가 명심한 조선조 500년 우리 선비 사대부士大夫의 사랑방이 연출한 절도 있는 미학에서 찾을 수 있다.

유럽의 경우 살롱과 클럽은 귀족 가문 출신의 오네톰이나 젠틀맨 계층이 시민과 만나는 자리, 담론의 사교장이 되면서 사회적 비전을 공유하는 공공성, 즉 공론公論, public, le public, Öffentlichkeit을 형성하게 되었다. 자유롭게 담론하는 공중公衆이 탄생한 것이다. 이 공중은 하버마스가 지적한 것처럼 처음에는 독서하는 일부 공중에게 국한되었다. 하지만 18세기 계몽주의와 특히 1789년 혁명이 표방한 '인민주권'의 세례를 받으면서 시민 모두가 참여하고 관련된 사회적 공공성으로 확산되고 심화되었다. 이러한 과정에서 우리는 사회 속에 활짝 열려 있는 살롱인 카페의 존재를, "새 풍속을 낳고 사람들의 기풍을 바꾼"미슐레 카페, 민중이 유토피아적 몽상과 아나키즘적 모반을 꿈꾼 카페를 간과할 수 없다.

자율성·개방성·다양성으로 특징지어진 유럽 사회와 문화의 배경으로, 그리고 유럽을 다른 문명권과 구별 짓는 특징으로 특히 '상황에 따라서'suitable, ça dépend 유연하게 연동하는 지혜롭고 반듯한 담론문화의 공덕功德을 강조하고 싶다.

반듯한 사회, 좋은 사회란 자유로이 이야기할 수 있는 사회다. 그러나 정치적 언어와 대기업의 시장 원리, 그에 더해 이데올로기적 신념이 폭력이 되다시피 하고 막말이 범람하는 오늘날 참으로 절실한 바람은 하이데거가 강조한 것처럼 자신의 '입장'을 방하放下, Gelassenheit함으로써 사물의 진실Geheimnis에 눈을 뜨는 데 있다고 할 것이다. 나무 한 그루는 숲을 이루지 못한다獨木不林고 했던가. 자기 중심의 교리나 도그마, 계산하는 사유에서 벗어나 너와 나 그리고 우리 모두이 바람직한 공동체, 진정한 이야기문화·담론문화의 형성을 주제로 감히 한 권의 책을 엮은 이유다.

2 카페, 도시 속의 열린 살롱

글을 쓰는 사람들 중에는 자신의 저술에 관해 언제나
'나의' 책, '나의' 주석, '나의' 이야기라고 하는 사람이 있다.
차라리 다음과 같이 말하는 편이 바람직스럽다.
'우리의' 책, '우리의' 주석, '우리의' 이야기라고.
그 자신이 낳은 것보다도 타인에게서 얻은 것이 많이 포함되어야만
좋은 것이 이룩됨을 명심해야 한다.

• 블레즈 파스칼,『팡세』

1
살롱과 클럽,
절도 있는 미학

시를 읊는 호메로스. 옛 고전은 원래 이야기, 발라드였다.

담론문화의 흐름, 휴머니즘적 교양의 탄생

말과 행위에 의해서 우리는
스스로 인간세계에 속하게 된다.
이 예속은 제2의 탄생과 비슷하다.
그것은 필요에 따라 강요되는 것도 아니고
업무처럼 유용성에 따라 기능하는 것도 아니다.
그것은 우리가 동료가 되고자 하는
타자의 존재에 의해 자극된 것이다.
• 한나 아렌트

카페를 들여다보면 유럽이 엿보인다

유럽의 문화와 사회를 유교적 전통문화와 사회를 비롯해 다른 모든 문명권과 구별 짓는 특징으로 자유로운 담론문화의 전통을 특히 강조하고 싶다. 그리고 그 중심에 살롱과 클럽, 카페가 존재했다.

1944년 8월 25일, 파리는 독일 점령군에게서 해방되었다. 해방을 알리는 노트르담 대성당의 종소리에 맞추어 남녀노소 모두 함성을 지르며 거리로 쏟아져 나왔다. 사람들은 성당을, 개선문 무명용사의 묘를, 그리고 카페를 찾았다.

해방과 평화를 맞이한다는 것은 그들에겐 카페의 부활을 의미했다. 점령하에서 단골들이 하나둘 자취를 감추면서 빈집처럼 생기를 잃었던 카페가 되살아났다. 구면의 친지들, 처음 보는 얼굴들, 카페의 주인과 가르송, 이들은 서로 부둥켜안고 재회의 기쁨을 맛보았다. 그들은 말과 담론을 되찾고 카페의 향과 맛과 분위기에 젖었다. 얼마나 기다리던 축제였던가. 축제는 프랑스 여기저기에서 한동안 이어졌다.

파리의 그리고 유럽 도시의 멋스러운 거리 풍경 중 하나는 카페가 펼쳐주는 따스하고 그윽한 정경이다. 크고 작은 도시의 거리, 골목길, 광장에는 으레 카페가 자리 잡고 있다. 인적이 드문 작은 마을에도 마찬가지다.

거리의 아침은 검은 바지, 흰 상의를 걸친 단정한 가르송이 카페 테라스 테이블에 새하얀 식탁보를 펼치는 데서 시작된다. 그가 그것을 다시 거둬들일 때 거리는 비로소 잠든다.

카페와 카페 문화는 참으로 유럽적인 토포스를 보여준다. 카페를 들여다보면 그 거리가, 그 도시의 표정이, 그곳 사람들의 심상풍경이, 그리고 유럽이 엿보인다.

커피나 차가 유럽에 전래된 것은 17세기이고 곧이어 카페가 생겨났다. 카페는 커피의 시배지始培地인 이슬람권에서 먼저 생겼다. 그 기원은 터키의 이스탄불로 거슬러 오른다. 그들은 커피를 일상적으로 즐겼다. 그러나 카페와 카페 문화는 깊이 뿌리를 내리지 못했다. 무슨 까닭이었을까.

차는 본래 중국에서 유래되었다. 다성茶聖으로 불린 육우陸羽의 『다경』茶經이 밝혀주듯이 일찍이 당대唐代부터 차문화가 자랑스럽게 뿌리를 내렸다. 수도 뤄양洛陽을 비롯해 많은 도시에서 다관茶館·다루茶樓·

다장茶莊·다정茶亭·다방茶房 등으로 불린 찻집들이 처마를 잇대고 손님을 불러들였다. 그러나 그것도 한때일 뿐 중국에서도 다관문화는 발전하지 못했다. 카페와 다관문화가 왜 이슬람 세계나 중국에서는 뿌리를 내리지 못하고 유럽에서만 발전했을까. 그 이유는 어렵지 않다.

카페는 사람과 사람이 만나는 열린 사교의 장으로 자유롭게 이야기를 나누고 담론을 즐기는 곳이다. 유럽은 봉건적인 중세 시대에도 '도시의 공기는 자유롭다'고 했던가. 카페 문화가 17~18세기 신분이나 종파, 성별과 연령을 넘어 자유로이 담론과 사교를 즐길 수 있는 도시 속에서 비로소 발전할 수 있었던 이유다.

찻잔을 놓는 자리로 '넓은 곳은 마땅찮다'거나 다석茶席에 7~8명이 넘으면 '잡스럽다'거나 하는 이유로 기피하고 위계질서와 침묵을 미덕으로 내세운 유교 전통사회에서 카페 문화 같은 다관·다정문화를 어떻게 바랄 수 있었을까. 중국의 차문화는 오히려 선사禪寺나 문인들의 초암草庵에서 향을 풍겼다.

유럽에서 카페, 특히 클럽은 생겨나자마자 남성들의 사랑방이 되었다. 그들은 커피의 맛과 함께 자유의 맛을 즐겼다. 그곳은 가정이나 일상과는 구별된 해방구였다. 남성들은 이 담론과 사교의 공간에서 타인과 만나 새로운 소식을 접하는 한편 자신의 정체성에 눈떴다. 원래 카페를 즐겨 찾은 것은 중산층 이상, 특히 담론을 즐기는 지적 남성들이었다. 그들 카페 단골들끼리는 어느덧 동료의식, 연대의식이 형성되었고 카페는 정보를 교류하고 여론을 형성하는 새로운 공공성公共性, publicity, publicite을 창출하는 터전이 되었다. 이것은 근대 저널리즘의 선구자 애디슨이 카페맨을 독자로 생각하며 신문을 만든다고 토로한 이유다.

하버마스는 15세기 유럽의 '시민적 공공성' 또는 '공론'여론이 중세 전성기에 이루어진 시민사회의 독특한 상징이라고 밝히면서 그것이 17세기 후반의 영국과 18세기 프랑스에서 크게 부각되었음을 규명했다. 시민적 공공성의 태동은 바로 대화와 담론을 통해 서로의 차이와 대립, 사회적 갈등과 부조리를 풀고자 하는 '담론하는' 시대의 출범을 의미한다. 그 증언으로 우리는 신문과 잡지의 연이은 창간이 보여주는 근대적 저널리즘의 성립, 근대소설의 간행, 독서문화의 확립, 극장문화의 확산을 들 수 있다. 그와 더불어 일부 인사들의 서클 또는 모임이라는 테두리를 넘어 문화적·사회적 현상으로서 유럽의 담론문화와 삶의 양식樣式에 독자적이며 바람직한 영향을 미친 살롱·클럽·카페의 존재를 강조하고 싶다.

폴리스, 자유로운 담론의 광장

유럽을 다른 문명권과 구별 짓는 담론의 문화는 고대 그리스의 아테네로 거슬러 올라간다. 자유로운 시민공동체인 폴리스에서 자유로운 시민이란 자유롭게 이야기할 수 있는 사람을 일컬었다. 그리고 그들의 중심에 고대 그리스, 아니 유럽 최초의 스승 소크라테스가 존재했다. 그는 이야기를 즐긴 다변가였으며 '쓰인 글'보다도 '이야기하는 말'을 진실로 생각했다. 꾸며진 글을 싫어한 그는 책을 전혀 쓰지 않았다. 그의 제자 플라톤의 저작들도 『국가』를 제외하고는 모두 대화의 기록이다. 호메로스의 서사시도 이야기의 집대성이며 등장하는 인물들도 모두 말이 많다. 귀족 출신 교양인의 독서라는 것도 식사하면서 노예가 낭독하는 작품에 귀 기울이는 정도였다. 라파엘로의 그림 「아테네 학당」이 떠오른다.

로마 바티칸 궁전의 '서명署名의 홀'은 교황의 개인 서고다. 라파엘로는 그 천장과 벽에 학문의 네 영역인 신학·철학·법학·기예技藝를 주제로 하는 일련의 프레스코화를 그렸다. 그중 아테네를 비롯해 그리스·오리엔트의 50여 명의 철학자, 학식자를 그린 「아테네 학당」이 가장 인상적이다. 그 표정과 몸짓이 저마다의 개성과 학파의 색채를 엿보이게 하는 인물들은 모두 무리를 지어 담론풍발, 상단 중앙에서 이야기를 나누는 플라톤과 아리스토텔레스를 둘러싸고 귀 기울이고 있다. 왼편에는 다섯 사람을 상대로 이야기를 하고 있는 소크라테스가 있다. 홀로 떨어져 있는 인물은 '어두운 인간'으로 불린, 스토아파의 원조인 헤라클레이토스와 단 한 사람뿐이다. 옛 그리스에서 철학자는 이야기 나누기를 즐긴 사교적 인간으로 결코 서재에서 홀로 사색하는 인간이 아니었다. 라파엘로는 이야기를 나누고 담론을 즐기는 철학자들을 통해 고대의 후마니타스를 밝히고자 한 것일까.

글에 앞서 최초에 말이 있었다. 말은 단순한 기호에 그치지 않고 우아하고 아름다워야 했다. 자기 자신과 나누기도 하는 말은 타인과 나누는 사교로 이어지게 마련이 아니던가. 그리스와 로마 시대, 말의 학문, 담론의 학문인 수사학修辭學은 사유의 학문인 철학에 앞서 인간 교양 파이데이아의 핵심을 이루었다. '훌륭하게 이야기한다는 것'은 훌륭한 생각을 하는 것, 자신을 표현하며 밝히고 남과 이웃하고 벗이 된다는 것을 뜻했다. 그리스 사람들은 이방인과 자신을 구별함으로써 자의식과 정체성을 찾았다. 그런데 그들에게 이방인이란 미개인처럼 버릇없이 이야기하는barbare loqui 사람들을 뜻했다.

> 여러분 아테네 사람들이 다른 나라 사람들보다 우월한 것은 군사적 책무나 탁월한 정치 때문이 아니며 조상 전래의 법을 잘 지켜서도 아닙니다. 그리스인이 바르바로이보다 우월한 이유는 생각과 말, 언론에 관해 다른 민족들보다 훌륭하게 교육받았기 때문입니다. 그리스인이란 명칭은 이제 출생을 지칭하는 게 아니라 정신을 지칭하는 것으로 여겨지며, 공통의 출신을 일컫기보다는 오히려 우리의 교양을 함께 지닌 사람들을 그리스인이라고 부르게 되었습니다.

고대 그리스 최고의 정치가 페리클레스의 유명한 연설문의 한 구절이다.

담론과 사교문화의 발신처는 아테네의 아고라다. 아고라는 '시장'과 더불어 '광장' '담론'을 의미하고, '담론하고 이웃과 사귀기 위해 모이는 장소'를 뜻하게 되었다. 아고라의 기능은 로마 시대에 이르러 똑같은 의미를 지닌 플라자plaza와 포럼forum으로 이어졌다. 포럼이 오늘날 심포지엄, 즉 공개토론회를 지칭함은 널리 알려져 있다.

오늘날 우리는 유럽의 크고 작은 도시 그리고 마을에서조차 광장을 만난다. 대사원이나 왕궁, 통치기관이 수도 한복판에 우뚝 자리 잡고

아테네의 아고라. 그리스는 도시를 꾸미면서 이야기를 나누는 광장을 마련했다.

있는 고대의 오리엔트 세계나 중국에서 문자와 책은 제왕이나 신의 권위의 상징으로서 레비-스트로스가 언급했듯이 "인간을 쉽게 예속되게 만드는 도구"로 기능했다. 그러나 시민공동체의 결합과 연대, 정체성의 터전이며 담론과 사교라는 그리스의 '소리의 문화'orality는 가톨릭 중세에 이르러서는 하느님의 이야기로서 시초에 책에 담겼다.

> 한처음에 말씀이 계셨다. 말씀은 하느님과 함께 계셨는데 말씀은 하느님이셨다.
> • 『요한복음』

하느님의 말씀인 『성경』, 즉 'Bible'은 바로 '서적'biblio을 의미한다. 바이블 중심의 그리스도교는 말과 문자의 종교이며 많은 수도원은 저마다 훌륭한 서고와 서적 제작실을 갖추었다. 중세 가톨릭교회와 더불어 '문자의 문화'literacy가 뿌리를 내렸다. 그러면서도 담론의 열정은 가시지 않았다.

중세의 음유시인과 귀부인

9세기경부터 15세기경에 이르는 유럽 중세는 대체로 12세기를 계기로 그 전후로 나뉜다. 즉 12세기 이전은 언어·습관으로 맺어진 봉건제후의 시대로 가톨릭교회가 보편적 권위를 과시했으며 「롤랑의 노래」1050년경가 전해주듯 무훈武勳과 영웅숭배의 시대였다. 그러나 12세기 이후 기사도를 중심으로 한 궁정문화가 싹트고 도시가 태동하면서 대학이 형성되었다. 이러한 변화의 중심에는 학승學僧, clerc과 음유시인이 존재했다. 학식 있는 성직자인 학승의 대다수는 시민 출신이었으나 상층 명문가 출신도 적지 않았다. 그들은 대체로 왕후궁정의 사제로서 고전에 밝은 학식과 반듯한 예절로 특히 궁정 부인들에게 크게 감화를 주었다. 이처럼 학승은 음유시인과 더불어 귀부인 중심의 궁정문화를 형성하는 데 크게 이바지했다.

문화사가 하위징아가 강조했듯 '12세기 르네상스'로 일컬어지는 중세 최성기는 유럽 역사상 또 하나의 가장 창조적인 시대였다. 그 배경에는 끊임없이 담론하는 대학의 지적 풍토가 깔려 있었다. 그리스도교를 위해 세워진 중세의 대학은 신학부 중심이었다. 그러나 신학과 함

중세 12세기 학식자들의 담론. 연구에 앞서 담론이 활발했다.

께 아리스토텔레스가 모든 학문의 백과전서 격으로 연구되고 학습되었다. 수학修學 방식도 교수와 학생 간, 학생과 학생 간의 '토론재정'討論裁定, determination이 주종을 이루었다. 해마다 시 중심의 광장에서 많은 시민이 지켜보는 가운데 한두 차례 공개토론이 열렸다. 자유로운 토론의 기수는 논증과 회의의 방법을 가르친 아벨라르Pierre Abélard, 1079~1142였다.

귀족 가문에서 태어나 학예에 심취한 그의 신은 뮤즈였다.

"의심을 품어 우리는 탐구하고 탐구함으로써 진리에 눈을 뜬다."

아벨라르에게 최상의 방법론은 스스로 묻고 담론하고 탐구하는 변증법이었다. 이 '담론의 투사'는 교계·학계의 권력이던 스승 기욤과 안셀무스에게 도전했다.

그가 파리 근교에 마련한 학교에는 그의 가르침을 받고자 전 유럽에서 모여든 학도가 5,000명을 넘었다. 그는 결코 고독한 존재가 아니었다. 이 최초의 근대적 지식인은 엘로이즈와의 사랑이 보여주듯이 자기 자신의 삶과 파토스에 충실한 최초의 근대적 인간이었다. 가정교사와 제자로서 두 사람이 만났을 때 아벨라르는 39세, 엘로이즈는 17세였다.

책을 펼쳐놓고도 학문에 관해서보다…… 결국 우리는 사랑의 모든 것을 탐닉했다.
•『아벨라르와 엘로이즈의 왕복서간』1132년 이후

아벨라르와 엘로이즈. 마음껏 사랑을 누린 두 사람은 또한 최초의 근대적 인간이었다.

"참으로 어느 땅이, 어느 철학자가 명성에 있어 당신을 따를까요. 어느 여왕, 어느 귀부인이 나의 기쁨과 사랑의 잠자리를 부러워하지 않을까요."

이렇게 토로한 엘로이즈도 근대적 여인의 삶을 살았노라고 할 것이다.

"철학은 신학의 하녀"라는 문구는 바야흐로 철학의 시대가 도래하고 '철학하는 자유'libertas philosophandi의 이념이 대학과 학식사회에 뿌리를 내리는 상황이 두려워, 베네딕트회의 한 수도원장이 내세운 슬로건으로 중세 지적 상황의 진실과는 거리가 멀다.

자유로운 시민공동체인 폴리스에서 볼 수 있듯이 고대 그리스에는 궁정도, 궁정풍 귀족도 존재하지 않았다. 그러나 살롱의 기원은 고대 그리스의 아테네와 로마로 거슬러 올라간다. 플라톤의 『향연』심포지온이 보여주듯이 기원전 4~5세기경 아테네에서는 명문 엘리트들이 심포지온, 즉 향연을 즐겼다. 거기서 포도주 잔을 주고받으며 때로는 특정한 주제를 내걸고 담론을 즐겼다. 심포지엄, 즉 담론 중심의 살롱 문화가 탄생한 것이다.

고대 그리스 · 로마 시대는 남성 중심의 사회였다. 도시국가인 폴리스는 자유로운 시민공동체라고 하지만 문화의 영역도 남성들이 독차지했다. 그러므로 중세 이래 오늘에 이르기까지 유럽 사교계의 주역이었던 귀부인의 모습을 볼 수 없었다.

특별한 예외로 우리는 기원전 7세기 명문 출신의 여류시인 사포Sappho를 알고 있으며 기원전 5세기의 고급 기녀妓女, hetaira인 아스파시아Aspasia의 이야기를 전해 듣는다. 그녀는 소크라테스와도 사귀고 명문 출신의 대정치가인 페리클레스와 결혼까지 했다. 그만큼 미모와 교양이 범상치 않았던 그녀를 중심으로 수사학文學과 춤, 음악을 즐기는 모임이 형성되었다. 그러나 그 모임에서도 다른 여인의 모습은 전혀 볼 수 없었다. 남녀간 교제가 금기였기 때문이다.

한편 로마 시대에 이르러 문인 아테나이오스는 요리와 연회에 관한 방대한 저술 『현자들의 식탁』192년경을 통해 각계의 명사들이 연석에서 주고받은 다양한 화제를 전해준다. 그러나 그것도 역시 남성들만의 사교였을 뿐이다.

여성 중심의 사교문화의 조짐은 중세 12세기에 뿌리를 내린, 귀부인을 향한 여성숭배 사상이 핵심을 이룬 기사도騎士道에서 찾아야 할 것이다.

여성숭배의 이념은 11세기 말부터 12세기 초에 걸쳐 남프랑스 프로방스 지방에서 출현하여 13세기 말에 이르기까지 프랑스 전역, 독일Minnesänger, 이탈리아 여러 왕후의 궁정과 귀족 저택에서 도시를 찾아다닌 음유시인吟遊詩人, 트루바두르(troubadour)에게서 싹텄다. 귀부인을 향해 사랑을 읊은 사람 중에는 왕후나 기사 출신도 있었으나 대다수는 학승, 장인, 상인 등으로 출신이 다양했다. 그 수는 약 460명에 이르고 여성도 몇몇 있었다고 한다. 그들의 시와 곡에 맞추어 종글뢰르jongleur라 불린 연예인이 노래했다.

고귀한 마님 더 이상은 바라지 않으리라

중세 기사도와 궁정문화의 싹을 키운 음유시인과 귀부인.

다만 저를 종으로 두시옵소서

마님을 섬기리라 훌륭한 주군으로

중세 최고의 음유시인으로 일컬어진, 궁정 빵 장인의 자식 방타두르 Bernard de Ventadour, 12세기 중엽~말가 그의 주군인 자작부인에게 바친 구애의 시의 한 구절이다. 음유시인의 활동 무대는 궁정이었다. 귀부인의 아름다움과 미덕을 우러러 읊은 그들의 영향 아래 기사들은 이상적 여인상을 양식화했다.

훗날 일롱의 중심에 귀부인이 존재하듯 기사도의 중심에도 귀부인이 자리 잡았으며 이러한 현상은 기사와 귀족 중심의 궁정 사교계로 이어졌다. 때마침 태동한 성모마리아 숭배도 귀부인을 숭배하는 분위기에 더해졌다.

기사도가 중세에 태동한 왕후의 궁정과 귀족사회의 라이프스타일로 뿌리를 내리기 시작한 12세기에 그 최고의 이상적 여인으로 역사는 트루바두르음유시인의 원조이며 중세 프랑스 최초의 시인으로 일컬어지는 대영주大領主 기욤 9세Guillaume IX의 공주로 태어나 프랑스와 영국, 두 나라의 왕비가 된 여류시인 엘레오노르Eléonore de Guyenne, 1122~1204를 기록한다.

어려서부터 음악, 문학, 라틴어에 밝았던 그녀는 루이 7세와 결혼할 때는 많은 악사와 문인을 데리고 가서 북프랑스 궁정사회에 교양문화를 뿌리내리게 했다. 헨리 2세의 왕비로서 잉글랜드에 갔을 때도 마찬가지였다.

중세풍 궁정문화에서 또 하나 떠오른 것은 남프랑스 귀부인들 사이에서 벌어진 연애 문답의 모임인 '연애법정'cours d'amour이다. 여기에서는 고위 귀부인을 좌장으로 법정을 구성하여 귀부인의 사랑을 둘러싼 소송을 진행했다. 이 흥미진진한 법정은 귀부인과 궁정 귀족, 시인들 간의 사교모임의 모습을 띠었다. 거기서 오고간 세련되고 명석한 화술話術은 후세에 두고두고 귀족사회의 거울이 되었다.

기사도와 음유시인의 시대가 종말을 향해 가는데도 궁정풍 로망은 연이어 발표되어 널리 읽혔다. 궁정문화가 꽃피운 사교계의 '풍아한 마음'esprit courtois은 특히 '예절'courtoisie을, "모든 일에 정중하고 우아한 몸가짐"을 강조했다. 당대 유럽 최고의 학식자이며 교양인인 에라스뮈스도 사교적 예절civilitas을 각별히 귀하게 여겼음을 또한 명심하고 싶다. 그는 14~15세기 프랑스 동부 부르고뉴 공국公國(하위징아가 『중세의 가을』에서 아름답게 펼쳐 보였다)을 떠올리며 사교문화의 진수를 이탈리아 르네상스보다 앞서서 강조했다.

인간학humanite의 교사인 휴머니스트를 중심으로 휴머니즘을 구가한 이탈리아의 르네상스 시대는 시민사회의 시대이면서 궁정 귀족의 시대였다. 궁정 문인 카스틸리오네Castiglione는 귀부인과 인문주의자 간의 사교가 활발했던 우르비노 궁정생활의 체험을 녹여 『정신론』廷臣論, 1528을 발표했다. 저술에서 그는 이상적 인간으로서의 궁정인에게 사랑과 아름다움, 선과 지성이 조화를 이루는 인품을 요구하는 한편, 특히 지난날 음유시인들이 받든 '순수 무구의 사랑'fin'amor을 강조했다. 이것은 바로 귀부인에 대한 플라토닉 러브를 의미했다. 그는 귀부인에게도 "맵씨, 아름다움, 우아한 몸짓의 완벽한 조화"를 강조했다. 『정신론』은 18~19세기에 이르도록 유럽 귀족사회와 사교계에서 가장 널리 읽히는 텍스트가 되었다.

이탈리아의 살롱

『정신론』의 발간을 전후하여 이탈리아에서는 궁정풍 살로네Salone가 생겨났다. 그 전형적 예로 우리는 만투아의 후작부인인 이사벨라 데스테Isabella d'Este, 1474~1539의 살롱을 들 수 있을 것이다.

이사벨라는 책을 좋아하여 어려서는 서사시, 기사도 이야기를 애독했으며 차차 라틴어 고전문학, 프랑스 중세 로망에 심취했다. 이탈리아 르네상스 시대는 혈통이나 가문을 제치고 능력이 평가받은 시대였다. 그녀는 학문에도 큰 관심을 보였으며 예술과 문학 살롱을 차렸다. 그녀 주변에는 만테냐를 비롯한 미술가들이 모여들었다. 그림 제작을 부탁할 때 그녀는 자신의 뜻대로 그리도록 지시했다. 예술을 사랑하고 예술가를 후원했다곤 하나 남편이 용병대장이었던 그녀의 최대 관심사는 후작부인으로서의 자기긍지였다. 초상화를 그려달라는 그녀의 간청을 레오나르도 다빈치가 끝내 거절한 이유도 짐작이 된다.

이사벨라는 화가들에게 '애욕에 맞선 순결의 승리'를 주제로 한 성서 이야기풍의 그림을 자주 그리도록 했다. 그러나 그녀 자신은 편지에서 거리낌 없이 외설스러운 문구를 늘어놓았다. 당대의 저명한 작가 아레티노는 훗날 17~18세기 살롱 귀부인들도 종종 드러낸 그러한 이중성을 비판하며 그녀를 비속한 창녀라고 공공연히 비난했다. 그러나 이 살롱 여주인의 예술과 문학에 대한 안목은 범상치 않았다. 시인 아리오스토는 오늘날에도 높이 평가받는 역작 『광란의 오를란도』1516를 구상할 때 그녀의 의견을 경청하기도 했다. 그는 작품에서 그녀를 "자유롭고 고귀한 이사벨라"라고 읊었다. 서재에 틀어박혀 독서를 즐기는 한편 '현세의 프리마돈나'라고도 불린 이사벨라는 르네상스 시대에 자기 중심의 살롱을 꾸린 근대적인 여성이었다.

이탈리아 르네상스 시대 최고의 살롱은 당시 유럽 최대의 재벌인 메디치가의 코시모 데 메디치Cosimo de' Medici, 1389~1464가 피렌체 근교의 별장에 차린 아카데미아 플라토니카Academia Platonica였다. 그곳에서 플라톤의 전 저작을 라틴어로 번역한 철학자 피치노를 중심으로 한 신플라톤주의가 태동했다. 당시의 한 문인은 아카데미아 플라토니카에 관해 다음과 같이 전해준다.

> 피렌체의 갖가지 논밭을 굽어보는 산장, 피에조레를 떠받치는 높은 언덕, 모두가 부러워할 정원에서 로렌초는 피치노, 란디니, 폴리치아노를 옆에 두고 플라톤 철학의 아름다운 환상 속에서 한가한 시간을 보냈다. 이탈리아 하늘, 여름의 고요함은 그에 가장 잘 어울리는 반주처럼 여겨졌다. 아카데미아 사람들은 플라톤의 흉상을 곁에 두었으며 그의 생일에는 송가를 바쳤다. 주연을 베푼 뒤에는 플라톤의 『향연』을 텍스트로 삼아 토론을 벌였다.

한편 코시모의 손자 로렌초Lorenzo de' Medici, 1449~92는 시와 소설을 쓰

이탈리아 르네상스 시대의 전형적 귀부인으로 살롱을 차린 이사벨라 데스테.

고 피사에 대학을 세우는 한편 미켈란젤로를 비롯한 많은 예술가를 지원함으로써 문예부흥을 절정으로 이끌었다. 그가 세상을 떠난 뒤 아카데미아 플라토니카는 문예와 철학 살롱의 색채를 더했다. 로렌초의 향락적 성격을 기억하는 남녀 단골들이 그 호사스러운 정원에서 플라토닉 러브 이상의 사랑놀이를 연출했다. 보카치오의 『데카메론』1353은 그러한 궁정풍 살롱의 풍속도를 배경으로 쓰였으며 그에 심취한 독자들도 바로 그들이었다.

이탈리아의 16세기는 '아카데미의 세기'로 불린다. 플라톤주의적인 아카데미아 플라토니카나 베네치아의 인쇄업자이며 고전학자인 마누티우스의 필레레니, 즉 그리스 문화의 벗이라고 불린 '신아카데미아'에서 볼 수 있듯이 아카데미는 시적·철학적인 문화 동호인의 살롱이자 사교모임이었다. 아카데미의 자유로운 살롱적·클럽적 성격은 학문 연구의 전문기관인 대학과 구별되면서 시류를 초월하여 더욱 폭넓게 문화 발전에 이바지했다. 피치노와 그의 아카데미아 플라토니카의 신플라톤주의는 플라톤 철학을 그리스도교적으로도 해석하고 사상의 흐름과 접목하면서 종교와 철학의 화해를 지향했다. 스콜라학, 즉 대학의 학문이 닿지 않은 교양으로서의 학문, 백과전서적이며 시와 아름다움, 음악과도 농밀한 친근성을 지니고 그 궁극적인 바람과 보람을 만물을 향한 관조觀照에 두었던 열린 학풍은 이후 유럽적 교양이념과 교양계층을 낳았다.

이탈리아 사람들은 프랑스 사람 이상으로 말이 많다. 아이스크림을 좀처럼 입에서 떼지 않는 것 이상으로 이야기와 담론을 즐긴다. 그리고 그들의 삶을 더욱더 즐긴다. 15~16세기는 이탈리아 사람들이 자기 자신에 눈을 뜬, 그리고 자아를 중심으로 세계를 관조하고 관상觀想한 시대였다. 특히 궁정 살롱과 아카데미에 출입하는 상류층과 교양인은 자아의 실현을 삶의 기쁨에서 찾았다. 그들은 본질적으로 '호모 루덴스'home ludens, 놀이하는 인간였다.

이탈리아 르네상스의 휴머니즘은 궁정풍의 아카데미와 더불어 살롱을 낳았고 그곳은 바로 귀족이나 시민계급 출신의 인문주의자와 궁정인이 만나는 사교장이었다. 궁정인은 본질적으로 풍아風雅를 즐기는 취미의 인간이며 인문주의자는 배움을 즐기는 지적 인간이다. 궁정인과 인문주의자는 서로의 만남을 통해 취미와 지성이 조화를 이룬 양식良識, sensus communis의 인간, 즉 교양인이 되었다. 바람직한 사회란 바로양식과 교양이 뒷받침된 사회다. 이탈리아 아카데미와 궁정 살롱의 자유롭고 열린 풍토는 베네치아 태생의 프랑스 시인이며 학식자이며 교양인인 바이프1532~89를 통해 프랑스에 전해졌다.

우아하고 교양 있는 귀부인은 살롱과 살롱 문화의 여주인이었다.

프랑스 귀부인의 살롱, 예절과 비전의 사교

우리의 저술은 특정한 시민에게만 영향을 주지만
우리의 담론은 모든 계층을 감화한다.
• 드니 디드로

랑부예 부인의 문예 살롱, '궁정 밋쟁이들의 모임'

17~18세기 프랑스는 오랜 종교적 대립과 내란이 수습된 끝에 평화
와 경제적 풍요를 누렸다. 풍요의 시대는 취미의 시대이자 사교와 여
인의 시대. 귀족과 상층 부르주아는 상류사회와 사교계monde를 형성
했다. 그들은 여가를 구가하며 자유롭고 유연한 새로운 기풍을 조성
했고 로코코풍의 삶의 기쁨을 추구하면서 살롱을 차렸다. 그 중심에는
귀부인이 자리 잡았으며 주빈은 베르사유 궁전풍의 위계와 격식을 경
원하고 좀더 자유로운 삶을 누리려는 궁정 귀족들이었다.

프랑스 살롱의 전신은 이탈리아 르네상스 시대의 궁정 살로네다.
『이탈리아 르네상스의 문화』에서 부르크하르트는 사교생활의 조건으
로 교양을 전제로 하는 신분의 평등, 세련된 생활, 순화된 언어, 여성의
지위 향상 등을 들었다. 17~18세기 파리는 이 조건들을 그런대로 갖
춘 사회였다.

프랑스 최초의 전아한 살롱은 1613년경 랑부예 후작부인Marquise de

Rambouillet, 1588~1665의 저택에서 열렸다. 부인은 이탈리아 주재 프랑스 대사의 딸로 태어나 로마에서 성장했다. 12세 때 결혼하여 프랑스로 돌아온 그녀는 당시 프랑스인의 말씨와 풍속이 거칠고 저속함을 한탄하여 이탈리아풍의 좋은 취미를 파리에 이식하기로 마음먹고 자신의 집에 살롱을 마련했다. 그녀의 나이 20세 무렵이었다.

랑부예 부인은 부모에게서 물려받은 팔레 루아얄 근처의 옛 저택을 스스로 근대풍으로 설계하고 개조했다. 정문으로 들어서면 안뜰이 있고 건물 1층은 문지기방, 조리실, 저장실로 구성되었다. 2층에는 식당을 겸한 홀과 방문객을 위한 대기실이 마련되었다. 그곳에서는 태피스트리, 즉 색실로 무늬를 넣은 벽걸이를 비롯해 팔걸이의자, 도자기, 작은 탁자가 눈에 띈다. 마지막이 저택 랑부예관館의 상징이라고 할 수 있는 '푸른 방'Chambre bleu이다. 책상과 서가, 친지들의 초상화, 붉은 공단으로 만든 침대, 의자, 흑단 테이블, 중국과 델프트의 도자기, 베네치아제 유리잔, 탁상시계, 플랑드르제 벽걸이, 오리엔트제 깔개 등 모든 것이 우아하고 사치스럽다. 3층에는 이탈리아어, 에스파냐어, 라틴어 책으로 가득 찬, 랑부예 부인이 '나의 은신처'라고 부른 서재가 있다.

재색을 겸비한 랑부예 부인은 규방인 푸른 방의 침상에서 손님을 맞았다. 르네상스 시대 이탈리아에서는 살로네라고 불린 호화로운 홀에서 손님을 맞이했으나 프랑스에서 귀부인은 손님을 규방에서 맞는 관습이 있었다. 그 무렵에는 "살롱에 간다"라고 하지 않고 "~부인의 규방에 간다"고 했다(살롱이라는 표현은 1783년에 이르러서 쓰이기 시작했다). 내밀한 사생활 공간과 공개적인 사교 공간의 구별이 없고 아

프랑스 살롱 문화를 꽃피운 랑부예 후작부인(왼쪽).

직 '규방'이나 '프라이버시'라는 개념도 없던 시대였다.

1624년부터 1648년까지 랑부예 부인의 살롱에 드나든 단골손님은 리슐리외 추기경, 콩데 장군 등 여러 귀족과 귀부인, 고위 성직자, 상층 부르주아, 그리고 궁정시인 말레르브, 코르네유 등 문인이었다. 그외에도 여주인의 너그러운 인품, 미모와 교양을 흠모해 파리의 내로라하는 인사들, 이른바 '파리의 명사들'Tout-Paris이 그녀의 살롱에 초대받기를 원했다. 파리의 명사들이란 처음에는 궁정 의례에 초대받은 사람을 일컬었으나 18세기에 이르면 저명한 귀족이거나 사회적 지위가 높거나 정치·문학·예술·사업 등에서 두각을 나타내 파리의 사교모임에 정기적으로 나타나는 사람들, 오페라극장의 파티나 아카데미의 입회식에 초빙받는 사람들을 말했다(그들의 자기과시는 20세기에 이르도록 계속되어 보부아르, 카뮈가 신랄하게 비판했다).

살롱에는 여주인을 돕는 매니저 격인 인물이 있게 마련이었는데 그는 살롱의 품격에 맞아야 했다. 랑부예 부인의 살롱 매니저는 시인 부아튀르였다. 그는 가볍고 우아한 연애시와 서간집으로 문명文名이 알려진, 재치와 인간적인 매력이 넘치는 사교계의 총아로서 랑부예 부인의 살롱을 더욱더 돋보이게 만들었다. 그러나 살롱의 품격을 결정지은 것은 물론 '그랑드 담'grande dame, 귀부인이라고 불린 여주인이었다. 랑부예 부인에 대해 한 인사는 말했다.

> 랑부예 부인은 살롱의 여주인으로서 훌륭한 자격을 갖추었다. 우선 그녀는 사람들을 접대하기를 좋아했다. 살롱은 그녀의 사교성을 펼칠 수 있는 자리였다. 편지에서도 나타나듯이 그녀는 대화하려는 열정으로 가득했고 손님들을 동시대의 공적·사적인 사교술이나 생활 방식으로 다스리려 했다. 이러한 사실 때문에 그녀가 손님을 환영하고 모으는 데 빛을 발하고 매력적으로 보인다는 것을 그녀 자신도 잘 알고 있었다.

아카데미 프랑세즈의 창립자 가운데 한 사람인 콩라르는 랑부예관을 "지혜와 지식의 보금자리"라고 찬탄했으며, 또 어떤 단골은 부인의 살롱을 "세기 최고의 인사인 궁정 멋쟁이들의 모임" "갖가지 즐거움의 극장"이라고 찬미했다.

당시로는 드물게 개인 서재를 꾸린 랑부예 부인은 고전뿐만 아니라 당대의 문예작품에도 심취한 대단한 독서가였다. 부인의 살롱은 바로 문예 살롱이었다. 그곳에서는 시와 문예작품이 낭독되고 음악이 연주되고 연극이 공연되었다. 특히 당대 최고의 작가인 코르네유는 『폴리왹트』[1643]를 상연하기에 앞서 이 살롱에서 작품을 먼저 발표했다. 프랑스 고전비극의 이론적 기초를 이룬 '르 시드 논쟁'이 벌어진 곳도 그녀의 살롱이었다.

한 세대[1624~48]에 걸쳐 고상한 취미와 문예담론이 우아하게 펼쳐진 부인의 살롱은 파리 사교계에서 큰 화제가 되었다. 이에 자극받아 귀부인들과 상층 부르주아 부인들이 살롱을 차리고자 마음먹었다. 이러한 움직임은 사교생활의 중심이 베르사유 궁전에서 귀부인의 살롱으로 옮겨졌음을 말해줄 뿐 아니라 귀족적 품위와 지성의 만남, 근대적 교양문화의 탄생, 문예공화국의 도래를 시사한다.

살롱은 보통 20~30명의 빈객으로 이루어진 작은 모임이었다. 그러나 그들은 제1급의 귀족과 정치가들이었으며, 선택받은 문인과 철학자들이었다. 바야흐로 새로운 시대, 새로운 사회를 향한 비전을 시민계층이 활발히 펼치던 때였다. 한편 왕권 중심의 절대주의 체제를 신봉한 재상 격인 리슐리외는 랑부예 부인의 살롱에도 감시의 눈길을 늦추지 않았다. 그는 때마침 에스파냐 주재 대사로 마드리드에 부임한 부인의 남편 랑부예 후작을 들먹이며 부인에게 살롱에 모이는 사람들의 언동을 보고하도록 요구했다. 부인은 단번에 거절했다.

손님들은 모두 각하의 배려나 우정을 잘 알고 있으므로 저희 앞에서

각하를 나쁘게 말할 어리석은 자는 하나도 없습니다. 그러므로 보고 드릴 일은 없을 것입니다.

17세기 프랑스의 살롱 여주인 가운데 대다수가 명문 귀족 출신이었다. 신원이 밝혀진 171명의 여주인 가운데 132명의 아버지가 귀족이었으며 24명이 상층 부르주아 출신이었다. 18세기에 이르면 135명의 살롱 그랑드 담 중 아버지나 남편이 귀족인 여성은 85명, 상층 부르주아 출신이 39명, 그리고 신원이 밝혀지지 않은 여성이 11명을 차지한다. 아마도 그중에는 고급 기녀가 여럿 있었을 것이다.

당시 귀부인들은 대개 어릴 때 수도원에서 교육을 받은 뒤 정략결혼을 했다. 그러나 살롱을 차릴 만큼 개방적이고 활달한 살롱 여주인들은 남편과 아이가 있다고 하더라도 아내나 어머니라는 의식과는 거리가 멀었다. 그들의 주된 관심사는 우아하고 세련된 취미와 교양 있는 인사들과의 만남이었다. 그들은 이야기와 담론을 즐기며 시대의 새로운 풍속과 지적 흐름에 민감한 에스프리와 지성의 소유자였다.

어디 그뿐이었을까. 살롱은 교양 있는 여성의 공론公論의 장이며 그들이 공적 사회에 모습을 나타내는 관문이었다. 그랑드 담 가운데 세비녜 부인, 라파예트 부인같이 프랑스 고전문학을 대표하는 뛰어난 여류작가도 나타났다. 루소에 심취해 프랑스혁명 때 자코뱅파에 의해 처형된 롤랑 부인 같은 정치적 투사도 있었다. 살롱에 출입하는 인사는 왕후라 하더라도, 여주인이 레스피나스 부인처럼 서민 출신이건 고급 기녀이건 여주인의 취향에 따라야 했다.

계몽주의 시대로 일컬어지는 18세기가 시민계급 중심의 담론하는 지적 시대라면 17세기는 귀족적인 취미의 시대였다. 프랑스에서는 취미와 지성이 그 어느 나라보다 조화를 이루어 그 두 가지를 더불어 갖춘 이상적인 교양인 오네톰honnête homme이 배출되었다. 그리고 그 중심에 기쁨으로서의 담론을 즐긴 살롱이 존재했다.

담론의 달인 몽테뉴와 라 로슈푸코

이탈리아 문학은 예술적이고 에스파냐 문학은 기사도적이며 영국 문학은 개인주의적이고 독일 문학은 관념적이라고 한다. 이에 비해 프랑스 문학은 사회적이며 사교적이다. '사회적' '사교적'이라는 단어는 프랑스어로 'social, sociale'로 프랑스에서 사회적이란 바로 사교적임을 의미한다. 프랑스 문학의 사교성은 프랑스적 감성과 지성, 프랑스적 교양과 문화 전반의 특징으로 이해해도 좋을 것이다. 19세기 프랑스의 정치가이며 역사가인 기조는 그의 『유럽 문명사』1828에서 다음과 같이 토로했다.

프랑스 정신 속에는 사교적인, 사람들에게 공감을 일으키는 무엇인가가, 다른 어느 국민의 정신보다 더욱 보편적이며 대중에게 더 쉽고 효과적으로 확산되는 것이 있습니다. 명석함, 사교성, 공감은 프랑스와 프랑스 문명 특유의 성격으로 이러한 자질 덕에 프랑스는 유럽 문명의 선두에 서기에 가장 적합합니다.

프랑스풍의 사교성을 뒷받침하고 더욱 돋보이게 하는 것은 이야기와 대화의 에스프리다. 작가 메레는 『회화록』1669을 통해 살롱의 세계에서 예절과 절도를 갖춘 오네톰의 핵심으로 우아하고 명석한 화술을 강조했다. 이 점에서도 랑부예 부인의 살롱과 그를 본받은 프랑스의 많은 살롱은 그 모태이며 요람이었다. 살롱에서는 신과 형이상학의 문제부터 여인의 패션에 이르기까지, 자연과 인간, 사회와 풍속을 둘러싼 모든 이야기가 화제에 올랐다.

살롱은 어렵고 재미없는 주제일지라도 부드럽고 재미있게 표현하고자 했으며 전문용어나 추상적인 사상, 관념적인 표현은 현학적인 것으로 외면하고 혐오했다. 살롱이 밝힌 자유와 기쁨으로서의 담론문화는 그리스 이래 유럽 문화가 면면히 이어온 본질이었다.

말과 담론을 즐긴 그리스 사람은 또한 '보는 인간'이었다. 그들의 큰 보람과 바람은 사물을 향한 관상觀想, contemplation이었다. 소크라테스는 "'보는 것'은 '지각하는 것'"이라고 했다. 관상은 순수하게 보는 것, 자태를 꾸며 대상과 맞서는 것이 아니라 마음을 열어 바라보는 것, 즉 직관이었다.

그리스 사람들은 관상을 "한가閑暇함을 누린다"라고 표현했다. 아리스토텔레스는 '모든 사물은 한가함을 중심으로 돌아간다'라고 시사하고 관상이 한가함과 레저의 소산임을 강조했다. 사실 한가하고 무심히 관상할 때 우리는 일상적인 일들, 노동으로부터 해방되어 자유롭고 본질적인 것과 화합和合한다.

교양과 문화의 샘터인 그리스의 폴리스는 학교를 설립하지 않았다.

그러므로 그들은 학습을 관할하는 교과서나 교리敎理 교과서를 몰랐다. 그들의 교육과 학습 패턴은 자유학예自由學藝, artes liberales였다. 자유로운 삶과 교양을 위한 자유학예는 편익을 위한 '도구적 기능機能'(이것을 그리스 사람들은 '노예적 기능'artes serviles이라고 지칭했다)과 엄격히 구별되었다.

한가함 속의 관상과 자유학예는 로마 시대에는 물론 가톨릭 중세에도 면면히 이어졌다. 가르멜 수도회에서 나타나듯이 가톨릭교회 수도 생활의 핵심은 바로 관상이다. 이때 관상이란 일상적 관심과 자아를 떠나 세상을 있는 그대로 바라보며 창조주主를 사사이함을 의미한다. 도마스 아퀴나스도 인간의 인식은 '이성'ratio보다는 '지적 직관'에 근거함을 강조했다. 탐구·추상·증명의 과장된 기능은 논리학 중심의 근대 철학의 소산이 아니었던가.

이상과 같은 그리스·로마의 고대, 중세의 파토스적 전통은 유럽적 교양의 이념과 교양인을 낳고 자기 자신을 둘러싼 모든 것에 따뜻한 시선을 기울이는 딜레탕트, 즉 호사가好事家를 배출했다.

바람직한 에스프리를 갖춘 교양인 오네톰은 지적 아마추어, 치열한 문화적 호사가, 그리고 예술과 학문을 '즐기는 사람'인 딜레탕트였다. 그들은 아카데믹한 전문성을 뛰어넘어 그로부터 자유로운 '리베르탱' libertin, 즉 자유사상가였다. "안다 함은 좋아함보다 못하고, 좋아함은 즐기는 것보다 못하다"고 공자는 말씀하셨다(이 위대한 스승은 『논어』의 매 구절이 보여주듯이 참으로 담론의 최고 달인이다). 한 사회의 문화 수준은 즐기면서 통달하는 지적 아마추어, 딜레탕트가 얼마나 깊이 있고 폭넓게 존재하는가에 달려 있다고 감히 말하고 싶다. 파스칼은 다음과 같이 말했다.

사람들에게서 '그는 수학자다' '설교가다' '웅변가다'라고 불리지 않고 '그는 오네톰이다'라고 불러야 한다. 이 보편적인 성정性情만이 나는 좋다.

이러한 유럽적 교양은 글쓰기에서도 그대로 나타났다. 앞에서도 지적했듯 문자와 문자문화에 앞서 이야기와 담론문화가 있었다. 특히 살롱 문화가 발전한 프랑스에서는 파스칼이나 몽테뉴에게서 나타나듯이 이야기풍 문체가 선호되었다. 『팡세』와 『에세』는 프랑스 사람들의 영원한 고전이며 특히 글을 쓰는 사람, 문인, 철학자들의 영원한 교본이자 텍스트다. 프랑스 사람들은 자신의 말씨가 살롱에서 나누는 그대로이기를 바랐다.

사회를 가장 바람직한 학교라고 강조한 데카르트도 예외는 아니었다. 몽테뉴나 파스칼을 본받은 볼테르와 디드로를 비롯한 백과전서파에서 잘 드러나듯이 프랑스 철학자들은 특정한 사상을 고집하는 철학자이기에 앞서 인간과 세상의 모든 것에 호기심을 지닌 모럴리스트였다. 그들은 또한 이야기꾼, 기쁨으로서의 담론을 즐기는 에세이스트essayiste였다. 이 점에서 루소도 예외는 아니었다. 프랑스적 에스프리, 그 유연성을 빚어낸 요람은 바로 기쁨으로서의 담론을 즐긴 살롱과 살롱문화였다.

16~17세기의 문인이자 문법가인 보줄라의 『프랑스어 주의서注意書』1647는 랑부예 부인의 살롱에서 오갔던 이야기들을 다년간 메모해 두었다가 거둔 수확이었다. 아카데미 프랑세즈의 회원으로서 『프랑스어사전』의 초판1694 편찬을 주관한 보줄라는 말의 진정한 토대는 궁정사교의 품위를 비쳐주는 '좋은 말씨'라고 했다.

어머니인 네케르 부인의 살롱, 우아한 말씨의 포도밭 같은 사교 공간에서 자랐으며 훗날 자기 자신의 살롱의 여주인이 되는 문학 비평가 스탈 부인Madame de Staël, 1766~1817은 살롱을 염두에 두고 말했다.

"1세기 이래 사상의 흐름은 선석으로 화술에 의해 좌우되있다."

그녀는 다양한 의견을 지닌 프랑스 사람들이 나누는 대화의 에스프리를 음악 연주에 비유하기도 했다.

> 프랑스에서 대화는 사상과 감정을 교류하는 수단일 뿐 아니라 프랑스인이 연주하기 좋아하는 악기이자 몇몇 사람 사이에서는 음악처럼, 그 밖의 다른 사람들 사이에서는 힘찬 앙코르처럼 에스프리를 고무시키는 수단이다.

그녀는 나폴레옹 치하에서 스위스로 망명해 있는 동안 1789년 혁명 이전의 삶을 회상했다.

> 프랑스인들은 다른 곳에서는 찾을 수 없는, 고국에서 나누는 대화의 즐거움을 그리워한다. ……그것은 서로 영향을 미치고 즐거움을 주

프랑스 담론문화의 두 멘토인 몽테뉴(왼쪽)와 라 로슈푸코(오른쪽).

면서 악센트, 몸짓, 눈빛으로 드러나지 않는 모든 것에 대한 이해를
보여주는 방식이다.

살롱에서 이루어진 화술과 담론이야말로 말의 달인인 몽테뉴 이래
17세기의 모럴리스트와 18세기의 계몽사상가를 거쳐 오늘에 이르는
프랑스풍의 지성과 교양의 본질이다.

그러면 살롱에서 사람들은 어떤 이야기를 나누었을까. 전형적인 사
교가로 살롱맨인 라 로슈푸코François de La Rochefoucauld, 1613~80의 『잠언
과 고찰』1664을 펼쳐 흥미로운 문구를 몇 가지 들어보자.

(나는) 겉으로만 그럴싸한 미덕 속에서는 볼 수 없는 인간의 무수한

결점에 관해 이야기하고자 한다.

미덕도 허영심을 수반하지 않고서는 그다지 멀리 나아가지 못할 것이다.

인간은 만약 서로 속고 속이지 않는다면 도저히 오랫동안 사회를 만들고 지탱하며 살아갈 수 없을 것이다.

현대 프랑스의 문명 비평가 시그프리드는 프랑스인을 인간적인 인간, 인간에 관한 휴머니스트적 관념의 소유자로 특징지으며 그 혜택을 그리스·로마의 휴머니티로부터 받았음을 강조했다. 대표적인 살롱맨인 라 로슈푸코나 라 브뤼에르는 몽테뉴를 본받아 인간성에 대해 깊이 연구한 관찰자였다. 그들은 인간다운 삶을, 그 미덕과 악덕을 함께 누린 사람들이었다.

17세기 프랑스 고전문학의 뿌리를 내린 코르네유, 그 완성자인 라신과 몰리에르는 그리스·로마의 고전에 해박했고 독자와 극장 관객을 귀하게 여긴 극작가였다. 라신은 특히 "관객독자을 기쁘게" 하고 "(인간적) 진실성"을 표현하는 것을 가장 소중히 여겼다. 그것은 바로 살롱 문화가 요구한 것이었으며 그들 역시 살롱맨이었다. 라 로슈푸코의 『잠언과 고찰』을 다시 펼쳐보자.

좋은 결혼은 있어도 즐거운 결혼은 없다.

연애를 정의하는 것은 어렵다. 연애는 마음에서는 지배의 정열이고 지성에서는 공감이며 육체에서는 감추어진 욕망이다.

책보다 인간을 연구해야 할 것이다.

정숙함에 싫증나지 않은 정숙한 여인은 극히 드물다.

큰 결점은 큰 인물에게만 허용된다.

광기狂氣 없이 사는 자는 자신이 생각하는 만큼 현자가 아니다.

홀로 군자인 척하지 말라.

사람의 기쁨은 사랑하는 데 있다. 사람은 상대가 품은 정열보다 자신이 품은 정열에 의해 행복해진다.

『잠언과 고찰』의 한 마디 한 마디는 라 로슈푸코가 사블레 부인과 라파예트 부인의 살롱, 그리고 스퀴데리 양과 몽팡시에 양의 살롱에 출입하면서 거둔 인간 관찰의 기록이다. 이 기록을 가리켜 볼테르는 "프랑스어의 명석함과 간결함의 묘미"를 살려 "국민의 취미생활에 이만큼 이바지한 책은 없다"고 찬탄했다.

독일에서 문인·예술가이자 시민으로서 교양과 사회성 간의 차이와 예술과 삶의 모순된 대립을 일생 괴로워한 토마스 만은 그 분열을 모르는 프랑스가 몹시 부럽다고 고백한 바 있다. 프랑스에서는 "사교를 하지 않는 작가는 쓸모가 없다"는 말이 상투어로 쓰여왔다. 사교성이란 바로 사회성을 뜻하며 프랑스 지식사회의 특징인 사회참여, 즉 앙가주망의 풍토는 17~18세기 담론문화의 소산이기도 했다.

편지를 읽는 여인, 프랑스의 서간문학

프랑스 문화의 핵심은 문학이다. 문학이란 바로 '로망'roman, 즉 이야기이자 소설이며 '누벨'nouvelle, 즉 소식이다. 19세기 말 프랑스의 한 저명한 비평가는 다음과 같이 말했다.

"프랑스 문학은 17세기 랑부예 부인의 살롱에서부터 19세기 레카미에Récamier 부인의 살롱에 이르기까지 살롱의 역사를 통해 완성되어 왔다."

그는 프랑스 문학의 첫머리에 서간문학書簡文學을 내세웠다.

프랑스 문화의 본질적인 요소로 세 가지가 자주 강조된다. 에스프리, 살롱, 서간 또는 서간체 소설이다. 그런데 이것은 모두 17~18세기 살롱 문화와 불가분의 관계다.

하버마스는 서간과 서신이 18세기 글과 문장의 지배적인 장르라고 지적했다. 18세기 사람들은 참으로 편지를 많이 썼다. 17세기 말 유럽의 식자율識字率은 약 30퍼센트였다. 당시 문자를 읽을 수 있는 사람들은 모두 글을 썼다. 일기 특히 편지를 많이 썼다. 당대 네덜란드의 화가 페르메이르Jan Vermeer의 대표적인 작품 중에서 우리는 「편지를 쓰는 여인」 「편지를 읽는 푸른 옷의 여인」을 볼 수 있다. 당시의 화가들은 책 읽는 여성을 소재로 즐겨 삼았다. 책을 읽고 편지를 쓰면서 여성들은

페르메이르, 「편지를 쓰는 여인」(1665).
여성은 편지를 쓰면서 자기 자신에 눈을 떴다.

자아에 눈뜨고 세상과 마주하고자 했다. 남성의 경우도 마찬가지였다. 안부인사에서 비롯된 편지는 자신의 사적·사회적 표현이자 일종의 존재 증명이었다.

루이 14세 치하의 궁정 귀족사회는 이야기와 대화의 시대였다. 17세기 이래 살롱 문화가 태동하면서 서신이 대화에 상응하는 도구가 되고 글이 대화의 수단이 되었다. 살롱에서는 시나 문예작품과 함께 그 단골들이 주고받은 편지도 낭독되었다. 편지를 '영혼의 둘도 없는 생생한 표현' '영혼의 기다림'으로 여겼기 때문이다. 사람들은 자신의 편지뿐 아니라 타인의 편지도 빌려 베껴 보관했다. 많은 문인, 철학 사상가, 화가도 자신의 편지가 읽히고 공개될 것을 의식하며 편지를 썼다. 대화와 더불어 은밀하고 사적인 편지도 공론의 네트워크에 모습을 드러냈다. 편지를 통해 주고받은 소식과 정보가 뉴스레터의 성격이 짙은 신문과 잡지의 발행에 도움을 주었다.

유럽의 서간문학이라고 하면 우리는 먼저 12세기『아벨라르와 엘로이즈의 왕복서간』과 17세기 포르투갈의 한 수녀가 쓴『포르투갈 서간』을 떠올린다. 18세기에 이르면 당시 유행했던 동방 취미에 편승하여 페르시아 후궁의 생활을 묘사하면서 프랑스와 유럽의 풍속, 도덕, 정치를 신랄하게 비판한 몽테스키외의 서간체 소설『페르시아인의 편지』1721가 간행된다. 이를 필두로 영국 리처드슨의『파멜라』1740와『클라리사 할로』1747~48, 루소의『신엘로이즈』1761, 괴테의『젊은 베르테르의 고뇌』1774, 스탈 부인의『델핀』1802 등이 모두 서간체 소설이었으며 남녀 모두에게 애독되었다.

특히 영국 근대소설의 선구자로 알려진 리처드슨은 편지를 즐겨 쓰는 습성으로 유명하여 20세도 되기 전에 이웃 여성들의 연애편지를 대필하고 모범 서간문집을 발간하기도 했다.

서간체 작품의 최대 애독자는 편지를 즐겨 쓴 살롱 여성들이었다. 이와 같은 문화적 풍토를 배경으로 여류 서간문인이 배출되었다. 그 전형적인 인물은 세비녜 후작부인Marquise de Sévigné, 1626~96이었다.

세비녜 부인은 25세에 미망인이 되면서 살롱의 여주인으로 사교생활을 즐겼다. 지극정성으로 키운 딸이 결혼해 남편을 따라 프로방스 지방으로 떠나자 딸에게 편지를 연이어 보냈다. 23년에 걸쳐 1,155통이나 보낸 편지에는 지극한 모성애와 함께 가정사, 독서와 우정의 나날이 마치 살롱에서 나눈 대화를 그대로 옮긴 듯한 우아한 문체로 남아 있다. 그것은 당대 최고의 교양 있는 여성의 사적인 내면풍경을 넘어 상류 사교계의 빛과 그림자를 묘사한, 루이 14세 치하의 가장 귀한 실록으로도 평가받는다. 세비녜 부인의 서간이, 그리고 서간문학이 프랑스 문학사와 지성사에서 빛나는 장章을 차지하는 이유다.

어디 프랑스뿐이었을까. 17~18세기의 문인과 철학자들은 편지를 참으로 많이 썼다. 괴테와 실러는 우정을 깊이 나눈 10여 년간 같은 바이마르에 거주하면서도 1,000여 통의 편지를 교환했다. 괴테는 바이마르 내 가까운 이웃에 살았던 연인 슈타인 부인에게는 관행처럼 하루에 편지를 두 통씩 보냈다. 오늘날 연인들이 하루에도 두세 번 전화를 주고받듯이.

그러나 편지를 가장 많이 쓴 인물은 볼테르였다. 그는 동료 문인이

여류 서간문 작가 세비녜 부인의 초상(위)과 그녀의 편지(아래).

나 철학자를 비롯해 여러 나라의 왕후, 귀족과 가까이 지낸 여인들에게 1만 8,000통의 편지를 썼다. 그 편지들은 문학적인 걸작으로, 그 시대의 역사를 기록한 사료로도 높이 평가받는다. 볼테르가 연인이었던 데팡 부인Madame du Deffand, 1697~1780과 20년간 교환한 편지를 생트-뵈브는 "18세기의 가장 순수하고 고전적인 산물"이라고 찬탄했다. 한편 데팡 부인은 실명한 뒤 50대에도 20세 연하의 영국 문인 월폴과 15년간 1,700통에 이르는 편지를 교환했다. 그 절대다수가 '일탈하는' 습성을 버리지 못한 부인의 노년의 열정을 표현하고 있음은 참으로 흥미롭다.

철학 살롱, 1789년을 향한 정치적 담론

19세기의 가장 프랑스적인 사상가 르낭은 "대부분의 경우 대화의 모순을 통해서만 진리에 가까이 갈 수 있다"고 말했던가.

18세기는 말과 담론의 시대로 계몽주의를 주도한 철학자philosophe란 새 시대를 향한 담론가들이다. 그들은 살롱의 모습을 바꾸어놓았으니 '취미' 이야기 대신에 '철학 담론'이 살롱의 큰 흐름이 되었다. 이러한 변화의 조짐은 부르주아 출신의 살롱 여주인이 연이어 등장한 것에서 나타났으며 살롱의 주역도 궁정풍 귀족에서 부르주아 출신의 계몽주의자, 즉 철학자로 바뀌었다. 철학 살롱이 출현한 것이다. 당시 파리에서만도 철학자를 자처하는 지식인이 2,000명을 헤아리고 살롱의 수도 급증했다.

철학 살롱의 대표 격은 랑베르 후작부인Madame de Lambert, 1647~1733의

철학자들의 만찬. 17~18세기의 철학자들은 서로 담론을 즐긴 사교가들이었다.

살롱이었다. 그곳에서도 지난날 17세기의 살롱에서처럼 궁정풍의 세련된 취미가 존중되었다. 그러나 종교에 대해 회의적이던 부인의 살롱은 어김없는 철학 살롱으로서 교회와 종교에 대한 비판이 주요한 화제가 되었다. 선구적인 사상가이며 문학가인 퐁트넬과 몽테스키외, 고등법원장이자 『백과전서』에 기고한 작가인 에노Hénault도 랑베르 부인의 살롱에 단골로 출입했다.

에노는 "아카데미 프랑세즈에 들어가기 위해서는 그녀가 있는 곳을 거쳐가야만 했다"고 말했다.

사실 아카데미 회원의 인선은 랑베르 부인의 살롱에서 이미 결정되다시피 했다. 퐁트넬과 몽테스키외가 부인의 살롱을 거쳐 아카데미에 입성했다. 특히 『페르시아인의 편지』에서 아카데미를 신랄하게 비판하면서

도 '40명의 불사조'아카데미 프랑세즈의 회원 수는 40명으로 제한되어 있었다 반열에
선택받기를 염원한 몽테스키외는 랑베르 부인의 도움이 없었던들 그 소
망을 이루지 못했을 것으로 전해진다.

랑베르 부인은 몽테뉴의 열렬한 애독자였을 뿐 아니라 영국 철학자
로크, 말브랑슈에게도 관심을 갖고 스스로 '벨 에스프리'임을 자부했
다. 그녀는 "여성이 지닌 상상력에서 비롯되는 모든 즐거움은 취미에
관한 것이며 여성은 바로 연애 판단의 법정이다"라고 한 어느 문인의
말에 수긍하면서도 자기 자신은 결코 그에 그치지 않노라고 공언했다.

랑베르 부인은 당시 금기였던 많은 것을 화제에 올렸다.『페르시아
인의 편지』를 최초로 평가한 그 지성, 귀족과 시민 출신 지식인을 명실
공히 하나로 묶고 미술가와 여배우도 단골로 받아들인 그 진보적 성
격. 이것이 그녀가 후작부인이면서도 근대 시민사회의 '살롱의 어머니'
로 일컬어지는 이유다.

18세기 전반기 또 하나의 대표적인 살롱으로 우리는 탕생 후작부
인Madame de Tencin, 1682~1749의 살롱을 들어야 할 것이다. 철학자 달랑베
르의 생모이자 섭정 오를레앙 공의 총애를 받은 탕생 부인은 익명으로
소설을 쓰고 회상록과 서간집도 남긴 재원이었다. 특히 진실한 사랑을
찾아 자유롭게 살고자 하는 한 여성의 염원을 주제로 한 그녀의『코맹
주 백작 회고록』1735은 한때 라파예트 부인의『클레브의 마님』1678과
짝을 이루는 작품으로 평가받았다. 부인은 그녀의 살롱에 충실한 퐁
트넬, 미라보, 몽테스키외, 흄 등을 친구로 사귀었다. 그 살롱에서는 문
학적 담론이 이루어졌을 뿐 아니라『백과전서』에 글을 기고할 철학자

들이 자신의 견해를 미리 검증받기도 했다.

탕생 부인은 몽테스키외의『법의 정신』1749을 읽고 크게 감동을 받아 초판 500부를 몽땅 구입해 친지들에게 나눠주었다. 국회의장의 딸이었던 그녀는 정치적 야심을 품고 살롱을 열었다. 그런데 그 야심이 좌절되자 살롱을 통해 정치적 비전을 펼치기로 마음먹었으며 그러한 의도는 어느 정도 성공했다. 그녀의 살롱에는 퐁트넬, 미라보, 라 모트, 프레보, 몽테스키외 외에도 많은 철학자와 문인이 단골로 드나들었고 볼테르도 자주 출입했다. 그런데 부인은 끝내 아들에게서 어머니 대접을 받지 못했다. 달랑베르기 단정치 못한 어머니의 남성 편력을 끝내 용서하지 않았던 것이다.

부인의 살롱에서 프레보는 자작 소설『마농 레스코』를, 몽테스키외는『법의 정신』을, 볼테르는 희극작품을 낭독했다. 오늘날에도 유럽의 크고 작은 도시에서 관행처럼 열리는 시나 문예작품의 낭송모임은 특히 탕생 부인의 살롱을 본받은 것이다. 그녀의 살롱에서는 의학과 자연과학이 처음으로 대화의 주제가 되기도 했다.

담론하는 철학 살롱이라고는 하지만 부드러운 화법이나 분위기는 17세기의 귀족적인 살롱과 다름없었다. 탕생 부인 살롱의 후견인 격이며 여러 살롱을 단골로 드나들며 프랑스 살롱 문화의 진수를 몸소 체험한 퐁트넬은 살롱의 여성들에게 자신의 철학 서적을『클레브의 마님』처럼 즐겁게 읽어달라고 거듭 당부했다.

18세기 후반에 이르면 살롱은 의심의 여지없이 정치적 색깔을 띠었다. 한 추기경은 토로했다.

탕생 부인.
소설을 쓰고 서간집도 남긴
부인의 살롱은 대표적 문학
살롱이었다.

살롱 귀부인들은 지난날 시종을 데리고 다녔듯이 수학자를 거느리게
되었다. 그런데 요즘은 정치와 통치의 기풍이 사교계에서 과학과 재
치를 몰아내버렸다. 대사大使가 과학자나 시인으로 바뀐 것이다.

비판적 담론을 종교 문제뿐 아니라 정치 문제로 본격적으로 확대한
최초의 살롱은 어디였을까. 18세기 프랑스의 살롱 그랑드 담 중 최초
의 시민 출신인 조프랭 부인Madame Geoffrin, 1699~1777이 운영한 살롱이
었다. "하잘것없는 여성시민"이란 말을 들으면서도 그녀는 살롱 여주
인의 당당한 자질을 선천적으로 타고났던 것으로 보인다.

시민 출신의 조프랭 부인.

조프랭 부인은 프랑스 왕자의 하급 측근의 딸로 태어났으나 일찍이 부모를 여의고 파리에서 할머니의 보살핌 속에서 자랐다. 14세가 되자마자 34세 연상의 왕립 유리공장 경영자의 눈에 띄어 결혼해 호사스러운 저택의 여주인이 되었다. 이후 이웃에 사는 탕생 부인의 살롱에 출입하면서 거기에 모인 교양인들에게 매료되었다. 그러면서 자기 자신의 살롱을 마련하는 것이 삶의 목표가 되었다.

그 꿈은 얼마 지나지 않아 실현되었다. 그녀는 이렇다 할 교육도 받지 못했으나 인품이 성실하고 꿈이 많은 야심가였다. 그리고 무엇보다도 부유했다. 그녀는 매주 두 번 살롱을 꾸렸다. 월요일에는 화가들을 초대해 그들의 작품을 고가로 구입하기도 했다. 수요일에는 문인과 철학자들이 모였다. 살롱은 그녀의 배움터이자 학교였다. 부인은 날로 훌륭한 '숙녀'honnête femme의 아우라를 발산했다. "나는 에스프리를 지닌 사람들에게 열중하고 나의 예술가, 문인, 과학자를 지키고자 한다"고 종종 말했다.

그녀의 살롱은 당대 제1급 지식인과 교양인의 구심점이 되었다. 18세기 프랑스의 이른바 부르주아지의 지배라는 모양새는 조프랭 부인의 살롱에서 여실히 드러났다. 그 살롱에는 훗날 폴란드의 마지막 왕이 되는 스타니스와프 2세도 20세 때부터 출입했다. 그는 왕위에 오른 뒤에도 그녀를 '마마'라 불렀으며 1766년에는 바르샤바에 초대했다. 부인은 빈으로 오스트리아 제국의 여제女帝 마리아 테레지아를 방문하기도 하고 러시아의 여제 예카테리나와도 서신을 교환했다. 이것이 시민 출신의 조프랭 부인이 '파리의 여제'로 불린 이유다.

조프랭 부인의 살롱에 왕족을 비롯해 각계 인사들이 즐겨 모여든 배경에는 그녀가 아낌없이 베푼 선심도 크게 작용했다. 그것을 뒷받침한 것은 물론 자산가인 남편이었다. 남편은 문학이나 철학 따위에는 흥미가 없었으나 그가 84세로 사망할 때까지 젊은 아내의 살롱을 보살펴주었다. 언젠가 한 단골이 부인에게 물었다.

"언제나 테이블 맨 끝에 묵묵히 앉아 있던 노신사가 안 보이는데 어떻게 된 것입니까?"

여주인은 담담하게 대답했다.

"그는 내 남편이었습니다. 돌아가셨지요. 나는 그를 상당히 동정합

조프랭 부인의 살롱. 그녀의 살롱은 18세기 지식인과 교양인의 사교의 중심지가 되었다.

니다. 화려한 여성의 남편으로서 힘들었을 겁니다."

　살롱 여주인에게 남편은 있으나마나 한 존재였다. 남편들은 아내가
살롱을 차리는 날이면 다른 곳에서 소일했다. 당시 사교계에서 부부의
정을 드러내 보이는 것은 수치스러운 일이라고 여겼다. 부부가 함께
호스트·호스티스 역할을 하게 되는 것은 19세기 후반 이후 일반 중산
계층이 살롱을 꾸리면서부터였다.

　조프랭 부인의 살롱에는 탕생 부인의 살롱에 출입한 인사들과 그 밖
에 루소, 디드로, 달랑베르, 돌바크, 마르몽텔, 엘베시우스 등 프랑스의
계몽사상가와 독일의 작가 그림, 영국의 역사가 기번과 철학자 흄 등

도 출입했다. 대개 시민계급 출신으로 당대 최고의 지성들이다.

조프랭 부인의 살롱이 지닌 특색 가운데 하나는 지난날 사교계에서 소외되었던 화가에게 문호가 활짝 열린 것이다. 화가는 그간 무식쟁이로 낙인찍혀 살롱 출입이 금지되어왔다.

놀랍게도 조프랭 부인의 살롱은 여성을 멀리했다. 여성은 대체로 "대화를 깊이 이해하지 못하고 천박하게 만들어버린다"는 이유 때문이었다.

한편 파리 사교계에서 조프랭 부인의 라이벌 격이던 데팡 부인의 살롱에 드나든 철학자와 문인들의 면면은 조프랭 부인의 살롱과 비슷했다. 조프랭 부인이 시민적 성실성과 상식 있는 품성을 지녔던 데 반해 백작 가문 출신으로 후작부인이 되고 섭정의 정부이기도 했던 데팡 부인은 뛰어난 지성과 발랄한 재치의 소유자였으며 화려하고 대담한 행동으로 많은 에피소드를 남기기도 했다. 그녀는 사교적이면서도 고독하고, 대담하면서도 회의적인 분위기를 지닌, 말하자면 근대적인 여성이었다.

부인의 살롱의 주요 화제 가운데 하나는 연극을 둘러싼 이야기였다. 무대에서도 극장 밖 현실세계와 마찬가지로 양심의 자각, 관용, 삶의 리얼리티가 드러나야 한다는 주장이 제기되었다. 데팡 부인은 가끔 저명한 배우들을 초빙하여 고전작품을 상연했다.

세련되고 뛰어난 지성을 지닌 데팡 부인은 양식화된 예절을 비롯해 모든 권위적인 것과 아카데미 회원의 지나친 명예욕, 백과전서파의 현학적인 취미를 신랄하게 비판했다. 부인의 살롱은 비판적 정치 담론의 터전이기도 했다. 단골들은 그녀의 저택 문전에서 감시하는 경찰을 피해야 했으며 때로는 은어를 써가며 이야기를 나눴다.

데팡 부인은 디드로와 사이가 좋지 않아 그를 멀리했으며, 특히 루소를 혐오했다. 그녀는 『사회계약론』만큼 지루한 책은 없으며 『에밀』은 정상적인 감정에 반하는 저술이라고 혹독하게 비판했다. 루소도 뒤질세라 『고백』에서 거침없이 응수했다.

> 형편없는 문학 따위에 물든 자들에 대한 저 여인의 정열, 하찮은 아부꾼들을 귀히 여기는 행태, 저 여인의 선세주의와 오만, 나는 지긴 여자를 무시한다.

한편 데팡 부인은 볼테르를 높이 평가했으며 볼테르도 그녀를 좋아했다. 당대 최고의 문호인 볼테르는 그녀에 대한 심정을 진솔하게 토로했다.

> 어떻게 당신을 사랑하지 않겠습니까. 당신은 진리를 찾고 있습니다. 우리 두 사람의 마음은 정말 같습니다.

50년에 걸친 두 사람의 깊은 우정은 평생 변함이 없었으며 볼테르는 그녀의 저택에서 숨을 거두었다.

'훌륭한 취미'와 '반듯한 품행'을 소중히 여긴 랑부예 부인을 제외하고 살롱의 여주인과 철학자 또는 문인 사이에는 염문이 끊이지 않았다. 자연과학에 관한 책을 쓰고 뉴턴의 저서를 번역한 샤틀레 후작부인Gabrielle-Emilie du Châtelet, 1706~49은 특히 '자유로운 여인'으로 문필가들과 깊은 관계를 맺었다. 그녀가 파리에서 추방된 애인 볼테르와 자신의 성에서 14년간 동거생활을 했음은 널리 알려진 사실이다.

디드로는 볼랑 양과 친밀하게 지냈으며 달랑베르는 데팡 부인의 살롱에서 알게 된 레스피나스에게 변함없는 사랑을 품었다. 루소와 바랑 남작부인의 만남은 루소의 삶에 큰 영향을 미쳤다. 그녀와 더불어 지낸 10년 가까운 세월을 루소는 "완전히 나 자신이며…… 나 자신이 정말 살았다고 할 수 있는 시기"였다고 회고했다.

귀부인이 주재한 살롱의 마지막을 장식한 여인은 루이 15세의 애인인 퐁파두르 공작부인Marquise de Pompadour, 1721~64이었다. 서민 집안에서 태어났지만 야심을 가지고 자신의 미모와 재능으로 국왕에게 접근한 그녀는 철학 살롱을 차리는 일이 오랜 꿈이었다. 이 사교계의 여왕은 궁정 사교계에서도 계몽사상가들을 공공연히 비호했다. 그녀는 『백과전서』가 출간되자 루이 15세에게 "이처럼 훌륭한 책은 없었습니다"라며 추천했다. 『법의 정신』의 판매가 금지되자 몽테스키외를 변호하고 예약자들에게 책이 배포되도록 주선했다. 『에밀』이 금서가 되고 루소에게 체포령이 내려졌을 때 그를 보호한 것도 그녀였다. 그녀는 루소를 베르사유 궁전으로 초빙하기 위해 노력하기도 했다. 철학자들도 이 국왕의 애첩을 신뢰하고 그녀에게 많은 것을 기대했다.

철학자 가운데 퐁파두르 부인이 가장 가까이한 인물은 볼테르였다. 볼테르는 부인의 배려로 루이 15세의 시종이 되고 사료편찬관이라는 관직을 받고 아카데미 회원이 될 수 있었다. 부인은 독일의 프리드리히 대왕을 본받아 볼테르를 비롯한 철학자들을 궁정에 초빙하도록 왕에게 간청했으나 실현되지 않았다.

철학 살롱의 귀부인들은 '사상적으로' 계몽주의에 동조했다. 그러나 그것은 어디까지나 앙시앵 레짐의 테두리 안에서의 계몽주의였다. 퐁파두르 부인도 물론 다름이 없었다. 그녀의 말을 들어보자.

> 이 사회는 오랫동안 장님과 같았습니다. 바야흐로 눈을 뜨고 사물을 보고자 합니다. 다른 사람보다 두 배나 사물을 잘 볼 수 있는 계몽주의자들이 때를 만났다 하여 지나치게 열광하지 않기를 바랍니다. 그리스도교는 진실하며 성스러운 안식이기도 합니다. 그러므로 중요한 것은 그것을 파괴하는 것이 아니라 폐해를 바로잡는 일입니다. 불필요한 가지를 잘라주십시오. 그러나 나무 자체를 잘라서는 안 됩니다.

퐁파두르 부인과 더불어 18세기 철학 살롱의 마지막을 장식한 이는 독일의 귀족 출신 철학자 돌바크 남작Baron d'Holbach, 1723~89이다. 그는 디드로와 절친한 사이로 『백과전서』에 400여 항목의 글을 기고했으며 익명으로 『그리스도교 폭로』1761와 『자연의 체계』1770를 간행하며 철저한 종교 비판과 유물론을 전개했다. 『백과전서』는 출간하기에 앞서 그의 살롱에서 관례처럼 토의를 거듭했다.

돌바크의 살롱은 일주일에 이틀 열렸다. 디드로, 루소, 그림을 비롯해 수학자·천문학자로서 프리드리히 대왕의 초빙을 받기도 한 라그

철학자 돌바크 남작.
그는 『백과전서』의 강력한 협력자로서
종교 비판과 유물론을 전개했다.

랑주 등 많은 인사가 드나들어 한때는 음모를 꾸미는 '돌바크당'의 소굴이라는 의심을 받기도 했다. 철학자 이외에 귀족과 상층 부르주아, 그리고 외국의 문필가들도 자주 출입한 그의 살롱에 관해 한 단골 문필가는 이렇게 전해준다.

모임에는 정신적인 행위를 사랑하고 예찬하는 문필가와 상류사회 인사들이 15명이나 20명가량 모였다. 그곳에서 주고받는 담론은 지극히 자유스러우면서도 입씨름 따위는 일어나지 않았다. 시작하는 시간은 오후 2시인데 저녁 7~8시가 되어도 아무도 일어나지 않았다.

그 오찬모임은 가장 자유롭고 배울 것이 많은 이야기를 들을 수 있는 자리였다.

많은 살롱 가운데 가장 자유로웠다는 돌바크 남작의 살롱에서 가장 열기를 띤 주제는 종교를 둘러싼 시비였다. 사람들은 어제는 신을 칭송했지만 오늘은 신을 비방하는 등 저마다 자유로운 담론을 즐겼다. 유신론자도 무신론자도 동석하면서 한결같이 광신을 비웃었다. 모두 철학적 담론의 고수高手였던 것이다. 오찬의 호사스러움은 많은 살롱이 레몬수나 커피에 한두 가지 과자만으로 식탁을 채우는 것과는 대소가 되어 평판이 좋았다.

기쁨으로서의 담론

18세기 계몽주의 시대에 프랑스의 철학은 국적·신분·종파 그리고 정치적 사상에서 벗어나 비교적 자유롭게 귀족과 상층 부르주아, 일반 시민까지도 하나로 묶었다. 그리고 그 중심에 보편적인 '인간성'을 구심점으로 모두 동시대인임을 공감하며 새로운 비전을 향한 담론문화가 존재했다.

"우리의 저술은 특정한 시민에게만 영향을 주지만 우리의 담론은 모든 계층을 감화한다."

디드로가 적절하게 지적한 말이다.

어느 귀족의 진솔한 이야기에 귀를 기울여보자.

우리 젊은 귀족들은 과거에 대한 향수도 미래에 대한 불안도 품지 않은 채, 아래에 깊은 도랑을 숨기고 있는 꽃 융단 위를 가볍게 걷곤 했다. 볼테르의 철학은 우리를 즐겁게 하고 매료했다. 우리는 대담한 문인들이 주장한 계몽주의 사상에 열광해 어디든 그들을 따라갈 수 있으리라고 여겼다. 볼테르는 우리의 에스프리를 매혹하고 루소는 우리의 마음을 사로잡았다. 그들의 타깃은 우리 계급, 우리 특권, 우리 발밑에서 날로 침식되던 권력의 잔해였지만 이 싸움은 우리를 즐겁게 했다.

프랑스혁명은 귀족의 반란에서 비롯되었다. 귀족적 특권과 삶의 양식의 기반이며 근거였던 앙시앵 레짐, 그 구체제에 대한 회의는 아이러니하게 1789년 7월 14일 훨씬 이전 계몽주의 사상의 세례를 받은 귀족들에게서 일어났다. 세례의 제단은 철학 살롱이었다. 18세기 파리의 살롱이 계몽사상가들의 '싸움의 총사령부'로 불리고 프랑스혁명이 살롱에서 일어났다고 일컫는 이유가 여기에 있다.

18세기 철학 살롱의 또 하나 빛나는 성취는 아카데미 프랑세즈의 변화였다. 이 한림원翰林院은 원래 프랑스어의 순화를 표방한 보수주의적 모임이었다. 그러나 새 시대의 메신저인 철학자 퐁트넬과 몽테스키외가 회원이 되면서 파리 대학이 기피한 데카르트 철학을 받아들였다. 이어서 회원이 된 볼테르, 콩도르세, 디드로와 달랑베르(그는 10년 이상 아카데미의 서기, 즉 원장이었다)의 영향 아래 철학 논문이 아카데미에서 발표되면서 그 낡은 상아탑에 신선한 바람이 일기 시작했다.

아카데미 프랑세즈의 회의. 프랑스어의 순수성의 발전을 표방한 아카데미 프랑세즈는
『아카데미 사전』의 편집을 최대의 과제로 삼았다.

루이 13세 치하 국왕의 칙허(勅許)에 의해 발족한 아카데미 프랑세즈를 찾은 루이 14세.

1760~70년에 이르는 10년간, 15회에 걸친 회원선거 가운데 9회에 걸쳐 철학자가 아카데미 회원이 되었다. 철학자는 차차 프랑스 문화의 최고 상징인 왕립 아카데미에서 다수파가 되었다.

프랑스 여성들은 공원에 유모차를 세워놓고 몽테뉴나 파스칼, 볼테르를 읽는다. 『에세』나 『팡세』 『철학서간』은 옛 고전이 아니라 지드나 스탕달의 작품 같은, 프랑스 사람 모두의 애독서다. 프랑스의 초등학교는 국어^{프랑스어}학교로, 고등학교인 리세는 철학학교로 일컬어진다.

1950년대까지만 해도 초등학교에서는 국어가 수업시간 전체^{약 20시간}의 절반가량을 차지하며 읽기·받아쓰기·작문·문법·암송을 철저히 배웠다. 졸업 때까지 프랑스의 명시 100수를 반드시 암송해야 했다. 교과목 가운데 성적을 평가하는 과목은 국어뿐이었다. 이러한 국어 중심의 초등교육은 반듯한 말하기와 글쓰기가 바로 사람됨의 기본이라는 교육관에서 나왔다.

리세에 진학하면 철학 강의가 교과목의 주종을 이룬다. 대표적인 교과서를 펼쳐보면 예술과 기술, 과학과 종교, 형이상학 등 문화 전반을 철학적 인식 방법으로 다루고 있다는 인상이 짙다. 반듯한 언어 교육과 그에 이어지는 논리적이며 합리적인 사고를 위한 철학적 훈련을 중시한다. 유럽 여러 국민의 성격을 논한 저작에서 시그프리드가 프랑스 국민성의 특징으로 유독 '지성'esprit을 강조한 점이 수긍이 간다.

15~16세기 조형예술 중심의 르네상스가 이탈리아 국민문화의 핵심을 이루고 16세기 종교개혁이 낳은 프로테스탄티즘이 독일 국민문화의 핵심을 이룬 데 비해 프랑스 국민문화의 핵심은 18세기 계몽주의라고 할 것이다. 그리고 그 계몽주의를 뒷받침한 것은 이야기와 담론을 즐긴 프랑스적 에스프리였음을 강조하고 싶다.

한편 살롱 문화의 결함과 악덕에 대한 지적이 없지 않음을 우리는 잘 알고 있다. 살롱이 내세운 '사교성'은 앞과 뒤, 겉과 속이 다른 이중성, 거짓을 동반하게 마련이라는 지적이다. 루소는 다음과 같이 고발하듯이 비판했다.

지나치게 치밀한 탐구와 지나치게 섬세한 취미가 사람을 기쁘게 하는 기교가 되고 원칙으로 바뀐 오늘날 우리의 풍속은 허구의 획일성이 지배하고 있다. 모든 정신은 동일한 주형鑄型에 끼워 맞춰진 듯 보인다. 사람들은 끊임없이 예절을 요구당하고 명령받는다. 사람들은 쉴 새 없이 관습을 따를 뿐 자신의 천성을 따르지 않는다.

사실 17~18세기의 일부 문필가들은 살롱 여성들의 시선을 의식하여 우아함에 집착한 나머지 진실성과 상상력을 포기했다. 또한 재치와 부드러움, 가벼운 필체를 지나치게 귀하게 여기며 사상적 고뇌와 치열한 상상력을 밀어제쳤다. 그러나 제1급의 작가·사상가·교양인·지적 엘리트들은 프랑스풍의 에스프리가 지닌 그 사교성을 귀히 여기면서도 이른바 교언영색巧言令色에 빠지는 일이 없었다. 여기서 우리는 살롱에 모였던 이른바 '프레시외즈'précieuse에 관해 생각해보자.

17세기 프랑스의 여류작가 스퀴데리Madeleine de Scudéry, 1607~1701는 남녀간의 이상적인 우정을 주제로 한 장편소설 『클렐리』1654~60를 발표하여 파리 사교계의 여성들에게 큰 공감을 얻었다. 그녀가 마련한 토요회에는 시민과 귀족 출신의 내로라하는 재녀才女들, 즉 프레시외즈들이 모여들었다. 남성에게 예속당한다며 결혼을 거부하고 플라토닉 러브를 주장한 그녀들은 데카르트를 논하고 비속한 말투를 경계하며 거울을 '매력의 조언자', 팔걸이의자를 '회화의 벗'이라고 표현하는 등 독특한 어법을 즐겨 썼다.

품위 있고 점잖은 체하며 현학적인 그녀들을 풍자하여 몰리에르는 『웃음거리 재녀들』1659과 『여학자』1672를 썼다. 프레시외즈는 웃음거리가 되었다. 그러나 여성의 식자율이 불과 14퍼센트에 지나지 않던 남성 지배의 시대에 문자와 글로 자기 자신을 주장한 그녀들은 일종의 페미니스트이기도 했다. 당시 약 120~130명으로 알려진 프레시외

스퀴데리.
여류작가이기도 한 그녀의 살롱에는
특히 당대의 재녀들이 모여들었다.

즈 중에는 라파예트 부인과 스퀴데리를 비롯한 여류문인도 적지 않았다. 그녀들과 함께 "여성의 저작활동이 탄생했다"고 일컬어지는 이유다. 뒤늦은 감이 없지 않으나 여기에서 프랑스 최초의 여류문필가 피장Christine de Pisan, 1364~1430년경에 관해 생각해보자.

피장은 학식자인 아버지의 딸로 태어나 어려서부터 '기나긴 학문의 길'에 들어서는 혜택을 누렸다. 교양 있는 남편과 젊어서 사별한 후 제후와 귀족에게 자작시를 헌정하여 생계를 꾸렸다. 그녀는 프랑스 최초의 여류 직업 시인이었다. 피장은 진정한 연애를 읊는 한편 유명한 『장미 이야기』 논쟁에 참가하여 여성을 옹호한다는 소신을 밝히고 왕공E ☆교육론도 발표하는 등 사회·정치적 관심도 남달랐다. 특히 그녀를

크리스틴 드 피장. 프랑스 최초의 여류문필가인 그녀는
『여성들의 도시』를 통해 여성의 지적 창조성을 강조했다.

문학사상 빛나는 존재로 드높인 것은 남성들에게서 자유로운 자주적인 여성들이 거주하는 도시를 은유적으로 묘사한 『여성들의 도시』[1405]다. 이 논저에서 피장은 정순을 여성의 미덕으로 강조한 보카치오와 그간의 전통적 여성관에 맞서 남성과 다름없는 여성의 지적 자질과 창조적 능력을 강조했다. 『여성들의 도시』가 최초의 근대적 페미니즘 텍스트로 일컬어지는 이유다.

> (살롱풍의) 예절 덕택에 우리의 세기와 우리 국민은 어느 시대, 어느 국민보다도 정신적으로 윤택해질 것이다. 현학직 냄새를 풍기지 않는 철학자풍의 모습, 게르만의 조잡함이나 알프스 저쪽이탈리아, 에스파냐의 지나친 기교와는 한결같이 거리를 둔 자연스럽고 절제 있는 태도야말로 사교계의 교제로 완성된 취미의 성과다.

자연으로의 회귀를 부르짖고 살롱의 행태를 비판한 루소도 살롱 중심의 프랑스적 사교문화의 탁월성과 멋스러움을, 그 빛나는 에스프리를 누구 못지않게 강조했다. 루소도 살롱맨이었던 것이다.

살롱은 출생과 신분, 종파나 정치 이데올로기를 달리하는 다양한 사람이 만나는 자리였다. 그러면서도 세련된 취미와 예절, 새로운 역사를 향한 비전을 하나로 묶은 지성과 교양의 문예공화국을 형성했다. 살롱문화는 날로 확산되어 '상황에 따라' 자유자재인 프랑스적 삶의 양식, 문화의 양식으로 뿌리를 내렸다. 그 밑바닥에 기쁨으로서의 이야기문화, 담론문화가 자리 잡았다.

의회 민주주의의 상징인 고딕 양식의 국회의사당은
또한 영국 담론문화의 빛나는 상징이기도 하다.

영국 신사들의 클럽, 질서와 자유의 커먼센스

영국인, 특히 신사계층의 신조는 '자유'와 '질서'였다.
그것은 질서를 향한 자유이며 자유를 향한 질서였다.
이 점은 보수진영이건 진보진영이건 마찬가지였다.
그 바람직한 전통은 이데올로기의 시대인
20세기까지 이어졌다.

• 본문에서

신사계층과 클럽의 탄생

인간은 사회적 동물이라 불리며 그 증거인 양 우리는 모든 기회를 핑계 삼아 밤이 되면 모인다. 이러한 모임을 보통 클럽이라 부른다.

1711년에 창간된 최초의 근대적 일간신문 『스펙테이터』에 기고한 애디슨의 말이다. 오늘날 많은 나라에서 클럽이라는 단어를 일상적으로 쓰고 있지만 그것은 원래 영국 신사들의 모임을 지칭했다. 영국에서는 귀부인 중심의 프랑스풍 살롱 문화가 거의 뿌리를 내리지 않았다.

클럽의 기원도 살롱과 마찬가지로 멀리 고대 그리스·로마로 거슬러 올라간다. 그리스의 헤타이레이아^{hetaireia, 조합}, 로마의 소달리타스

sodalitas, 동료와 콜로쿠이움colloquium, 단체 등 남성들의 모임이 그것이다. 플라톤의 저작 『향연』의 무대에서도 여성의 모습은 전혀 찾아볼 수 없으므로 살롱보다 클럽에 더 가깝다고 할 것이다.

'클럽'club의 어원은 원을 뜻하는 라틴어 키르쿠스circus이며 고대 그리스·로마의 귀족 청년들이 스포츠를 즐긴 것이 바로 키르쿠스, 즉 클럽에서였다. 고대 로마 최고의 수사가인 키케로가 "클럽에 참석하고 있을 때 그들의 이야기는 좀더 자유로웠다"고 했듯, 클럽은 무엇보다도 자유롭게 이야기를 나누고 담론하는 엘리트 남성들의 모임이었다.

영국의 클럽은 젠틀맨의 사교장이다. 젠틀맨은 영국의 전형적인 교양인을 일컫는다. 그들의 담론과 사교의 장인 클럽은, 젠틀맨이 프랑스의 교양인인 오네톰과 다르듯이, 살롱과는 여러모로 다르며 이색적이다. 젠틀맨의 사교장이요 그것을 넘어 영국 엘리트 남성들의 라이프스타일의 토포스라고 할 수 있는 클럽에 관해 이야기하기에 앞서 젠틀맨에 관해 생각해보자.

16세기 영국의 정치가이자 케임브리지 대학 법학 교수였던 토머스 스미스 경은 1583년에 이렇게 말했다.

> 왕국의 법을 배우는 자, 대학에서 배우는 자, 고전학예를 강의하는 자, 여유롭게 살 수 있는 자, 젠틀맨다운 태도와 책임과 용모를 지닌 자는 모두 마스터라고 불릴 것이다. 그리고 에스콰이어esquire 등 젠틀맨에게 주는 칭호를 갖춘 자는 앞으로도 젠틀맨으로 여겨질 것이다.

19세기의 젊은 신사부부.
그 늠름한 자태는 미래를 향한
비전을 연상케 한다.

그는 젠틀맨, 즉 신사의 조건으로 교양 교육을 받은 품위 있는 인품,
그리고 귀족 또는 그 반열에 오른 신분을 들었다 .

'gentleman'^{신사}이나 'gentry'^{신사계층}란 칭호는 15세기 후반까지만 해
도 가문의 문장紋章을 소유할 권리가 있는 귀족과 극소수의 대지주에
게만 주어졌다. 그들에게는 '고귀한' '반듯하게 자란' '매력적인' '온화
한' 등의 미사여구가 붙어 다녔다. 신사는 귀족이며 귀족이 바로 신사
였던 것이다.

19세기 영국의 정치가이며 작가인 디즈레일리는 영국 사회는 예나

지금이나 '두 국민', 즉 신사계층과 비신사계층으로 나뉘며 두 국민은 영원히 합쳐질 수 없다고 말했다. 무슨 뜻일까.

18세기에 이르면 신사계층에는 세습귀족·성직귀족·준남작·나이트 등 귀족과 더불어 일종의 향신鄕紳이라고 할 수 있는 에스콰이어도 포함되었다. 지배계층인 이들 신사계층의 경제적 기반은 대체로 그들의 지방 영지였다. 그들은 귀족적인 퍼블릭스쿨을 거쳐 옥스퍼드나 케임브리지 대학에서 그리스·로마 시대의 고전을 중심으로 한 교양 교육을 받았다. 17세기 말경 지배계층의 가구 수는 1만 6,500가구쯤 되었다. 이는 영국 총 가구 수의 1.2퍼센트에 해당한다.

신사계층에 이어 도시 시민계급 출신 기업가·국가기관의 공직자·장교·변호사·의사·교수·과학(기술)자·중간급 성직자 등 전문직이 대개 중산층을 형성했다. 그 밖에 소상인·수공업자·장인·노동자·농민 등이 전 국민의 70퍼센트를 차지한 서민층을 이루었다. 그런데 부유한 기업가와 소수의 뛰어난 전문직 인사들이 차차 신사로 대접받고 그 반열에 들어갔다. 말하자면 근대 영국은 권력귀족, 재산기업가, 능력전문직으로 상징되는 신사계층의 합작품이다. 옥스브리지의 교양 교육과 클럽 문화를 향유한 것도 바로 그들이다. 그들의 이데올로기인 리버럴리즘은 자유와 질서, 질서와 자유이며 그 조화를 실현하기 위해 그들은 무엇보다도 언론의 자유와 바람직한 담론문화를 내세웠다.

17~18세기는 유럽 여러 나라의 상류계층에게 사교의 시대였다. 그 중심에 귀부인의 살롱과 신사들의 클럽이 존재했다. 그런데 클럽은 남성들, 신사들만의 사교장이었다. 유독 영국에서만은 왜 살롱이 아닌

남성들만의 클럽이었을까.

자유로이 담론하는 사교모임이라고 하지만 클럽은 출신과 신분은 물론 종파나 정치적 일체감이 요구된 모임이었다. 영국의 클럽은 처음부터 사회·문화적 동질성을 확인하는 동아리 모임으로 출발했다(우리 전통사회의 사대부 계층의 사랑방과 같이 이 점에서도 프랑스의 살롱과는 크게 달랐다).

클럽은 커피하우스<small>영국에서는 카페를 커피하우스라고 부른다</small>에서 파생했다. 런던의 커피하우스는 파리의 카페와는 달리 손님이 대체로 직업별로 나뉜 '단골' 디방의 성격이 강했다. 드골 전 프랑스 대통령은 프랑스와 영국을 갈라놓은 도버해협이 대서양보다 더 넓다고 말했다는데 클럽과 살롱을 들여다보면 그 말이 약간은 이해되는 듯싶다.

개방적이며 사람과 만나기를 좋아하는 프랑스인이 즐거움과 보람을 집 밖에서 찾는 데 비해 영국인은 집 안에서 찾는다. 프랑스 사람들이 카페에서 이야기 나누기를 즐길 때 영국 사람들은 애거서 크리스티의 추리소설을 집에서 읽는다.

"영국인에게 집은 바로 성과 같다."<small>An Englishman's house is his castle.</small>

'홈 마이 스위트 홈'이라는 표현 그대로 영국 사람들은 '가정적'<small>domestic</small>이다. '가정적'이라는 말에서 그들은 삶의 모든 은혜를 떠올린다. 그러면서도 개인주의자인 그들은 집에서도 자신의 방을 꾸린다. '나의 방은 나의 성', 이것은 영국 사람들을 두고 하는 말로 이러한 표현은 다른 나라에는 없다.

주거양식에도 잘 드러나는 영국인의 개인주의는 많은 인파로 북적

영국 신사계층의 전원주택(위)과 갤러리(아래). 화랑·미술관을 지칭하는 갤러리는
원래 궁전이나 귀족 저택의 갤러리, 즉 그림을 장식한 복도에서 유래되었다.

거리는 도시에 대한 혐오감에서도 드러난다. 전형적인 영국인 존 불 John Bull의 최대 바람은 전원주택을 갖는 것이다. 그렇다고 그러한 바람을 누구나 이룰 수 있는 것은 아니다. 소수의 부유한 신사계층만이 누릴 수 있는 혜택이며 특전이다.

대다수 영국 귀족은 지방의 대지주로서 전원에 조상 대대로 물려받은 토지와 저택을 지닌 '컨트리 패밀리'country family다. 그들은 전원의 저택에서 거주하며 어쩌다 런던에 나와 커피하우스에 들러 사람들을 만난다. 커피하우스도 여러 나라의 카페와 마찬가지로 초기에는 일부 엘리트 계층의 사교장이었다.

영국은 16세기 전반까지만 해도 유럽의 변경인 섬나라였으며 영어는 영국의 각계 엘리트 계층도 쓰지 않는 서민의 언어, 즉 방언과도 같은 것이었다. 상류 엘리트들은 일상에서도 라틴어와 프랑스어를 사용했다. 그러다가 엘리자베스 1세 여왕재위 1558~1603 치하에서 산업이 발달하고 셰익스피어를 중심으로 문학사상 일대 황금기를 누렸다. 이러한 발전을 배경으로 1652년에 영국 최초의 커피하우스가 생겨났고 이후 17~18세기에는 커피하우스 문화가 꽃피어 일반 서민까지도 출입하게 되었다. 그 시기는 영국 사회가 신사계층과 비신사계층으로 나뉘고 차별화된 시대이기도 했다.

신사들은 누구나 출입할 수 있는 커피하우스에서 서민들과 마주쳐야 했다. 그들은 그것이 썩 마음에 들지 않았다. 그래서 그들은 단골 커피하우스 안에 칸막이를 치고 끼리끼리 모였다. 그러다 결국 그들 전용의 커피하우스, 즉 클럽을 차렸다. 그렇듯 클럽은 결벽증의 인자가 짙게 깔린 영국 신사들의 프라이버시의 소산이기도 했다.

클럽을 제일 먼저 꾸린 인물은 군인·탐험가·문인이며 당대 신사의 전형으로 일컬어진 월터 롤리 경Sir Walter Raleigh, 1552~1618이다. 그의 '프라이데이 스트리트 클럽'은 선술집 펍에서 매월 첫 번째 금요일에 열렸으며 멤버는 당시 셰익스피어에 이어 인기가 높았던 벤 존슨을 비롯한 극작가들이었다. 셰익스피어도 회원이었을 것으로 전해진다. 그들은 얼마 뒤 여관 겸 선술집인 태번tavern으로 자리를 옮겨 '아폴론 클럽'을 열었다. 2층에 자리 잡은 클럽의 출입문 위에 아폴론 흉상이 걸려 있었다 하여 그렇게 부르게 된 것이다.

우애를 모토로 내세운 아폴론 클럽에서는 비용을 회원들이 나누어 지불했다. 그 홀 안에는 '벤 존슨의 아폴론 사교 규칙'이라는 제목의 글이 라틴어로 쓰여 있었다. 머리말은 다음과 같다.

> 점잖은 사람과 클럽을 좋아하는 사람만 오너라.
> 멍청이나 바보, 잠자리에 연연하는 자는 집을 지켜라.
> 학식이 풍부하고 유쾌한 신사만을 초대한다.

살롱과 달리 클럽은 회원제였으며 그들이 지켜야 할 규칙이 있었다. 그중 몇 가지. ①위트를 존중하라. ②맛있는 식사 뒤 성스러운 것에 관해서는 토론하지 말지어다. ③자기 자신을 위해 상석을 요구해서는 안 된다. ④담배 파이프를 위해, 실내의 습기를 제거하기 위해 불을 꺼버려서는 안 된다.

그들 회원은 커피하우스에 꾸린 클럽 홀에서 정기적으로 모였다. 그런 뒤 개인의 집으로 옮겨 모이다 결국은 클럽을 위한 독자적 건물을 갖게 되었다.

19세기 프랑스의 한 저명한 건축가는 런던의 클럽에 대한 인상을 다음과 같이 묘사했다.

"제법 많은 클럽이 수도의 가장 아름다운 주요 광장에 자리 잡고 있다. 시설은 넓고 크며 대저택의 모습을 띠어 기념비적인 인상을 준다."

클럽은 어느덧 런던의 명물보 사랑받고 런던을 찾는 사람들에게 호기심의 대상이 되었다. 이제 런던의 클럽은 파리의 살롱과 비길 만한 존재가 되었다. 남성들만의, 빛바랜 인상을 주는 클럽이 그토록 번성한 배경은 무엇일까.

영국 사람들이 반긴 '스위트 홈'의 주역은 당연히 가정주부였다. 주부는 가정 안에서 남편보다 우월할 뿐 아니라 티파티를 꾸리며 그녀 중심의 사교생활을 즐겼다. 그러나 청교도적인 아내가 이끄는 사교모임을 남편은 과연 얼마나 달가워했을까.

괴테는 "영국 남성에게 클럽과 커피하우스는 여성의 산책과 같다"고 말했다. 산책이 가정주부에게 일상적인 가정사에서 벗어나는 자유롭고 유연한 놀이와도 비슷하듯(커피하우스는 아직 여인 금지구역이었다), 클럽은 대체로 여성 지배체제인 가정과 일상성에서 남성들이 해방되는 자유의 공간이다. 이 금녀의 구역에 회원의 아내가 남편에게 볼일이 있어 찾아오게 되더라도 밖에서 불러야 한다는 회칙이 정해져

클럽 건물의 정면.

있었다.

런던에서는 15세기경부터 펍과 태번 이외에도 여관인 인ⁱⁿⁿ, 맥줏집 에일하우스^{alehouse} 등이 대성황을 이루고 있었다. 그러나 파리와는 달리 쾌적한 커피하우스나 레스토랑, 호텔은 적었다. 이 점도 신사계층이 그들을 위한 클럽을 꾸리는 데 큰 도움이 되었다. 영국의 궁정문화도 살롱이 아닌 남성 전용 클럽이 탄생하게 된 배경이 되었다.

앞에서도 지적했듯이 섬나라 영국은 르네상스 시대인 16세기에 이르러서도 유럽의 변경이었다. 그러다가 엘리자베스 여왕 치세에 이르러 영국 국교회^{앵글리칸} 처치가 확립되고 에스파냐의 무적함대를 격파하면서 강대국으로 부상했다. 또 셰익스피어를 배출하는 등 문학사상 엘리자베스조^朝 시대를 빛냈다. 여왕도 그리스·라틴 고전에 밝고 프랑

육해군 장교 클럽의 티룸.

스어와 이탈리아어에도 능통한 교양인이었다.

그러나 여왕이나 그 후계자들은 루이 14세의 베르사유를 떠올리게 하는 화려한 궁정문화를 한 번도 꾸리지 않았다. 영국에서 궁전은 단지 왕과 왕실의 거성居城에 지나지 않았다. 파리와는 달리 런던은 한 번도 국왕의 직할지가 되지 못한, 시민계층의 도시였다. 그러므로 귀족이라 해도 궁정문화의 세례를 받지 못한 '컨트리 패밀리'가 대부분이었다. 이러한 사실은 궁정 중심의 귀부인문화의 부재를 뜻했다.

영국 궁정의 문화적 기능과 관련해서 우리는 계관시인桂冠詩人, poet laureate의 존재를 떠올릴 수 있다. 영국 궁정은 1668년 드라이든에게 계관시인의 칭호를 부여한 이래 연이어 궁정문화의 상징으로 계관시인을 뽑고 그에 걸맞은 대접을 했다. 워즈워스[1843], 테니슨[1850]도 계관시인이었다. 옥스퍼드와 케임브리지 대학도 궁정을 본받아 그 칭호를 수여했다. 근대적 의미의 계관시인은 그리스·로마 시대의 고사故事에 따른 것으로 르네상스 시대 이탈리아에서 최초로 페트라르카가 그 칭호를 받은 이래 유럽에서는 시인의 최고 영예로 여겨졌다. 그런데 이 제도는 영국에서도 1930년 종말을 고했다. 그간 선출된 계관시인이 반드시 그 시대 최고의 시인은 아니었다는 사실과 관련이 있었을까.

클럽은 많은 점에서 프리메이슨Freemason과 비슷하다. 세계시민주의적 우애조직인 프리메이슨은 1717년 런던에서 설립되었다. 자유로우면서도 가입할 때 상징적이며 신비로운 의식을 행하고 회원 간에 일정한 신호와 기호를 공유하는 약속 때문에 비밀결사처럼 여겨진 프리메이슨은 때때로 정치적·종교적 박해를 받아왔다.

그 모태는 중세의 교회 건축에 종사한 석공石工, mason 길드였다. 위계제도제, 장인, 우두머리와 비밀결사 같은 특징을 지닌 석공조합이 당시 석공 이외에도 학식층을 흡수하여 뿌리를 내리고 비대해졌듯이, 위계제와 신비로운 의식이 존재하는데도 프리메이슨은 코스모폴리터니즘, 개인주의적 윤리, 인류의 진보에 대한 신념으로 인해 18세기 계몽주의의 흐름 속에서 영국을 근거지로 범유럽적으로 파급되었다. 프리드리히 대왕과 볼테르도 회원이었다. 흥미로운 것은 프리메이슨도 아주 특별한 경우가 아니면 여성의 가입을 허용하지 않았다는 사실이다.

석공조합의 전통을 존중한 런던 시내 선술집 네 곳의 회원들이 모여 1717년 6월 24일 프리메이슨의 런던 본부를 결성했다. 그리고 그 특징을 본받아 클럽이 태동했다.

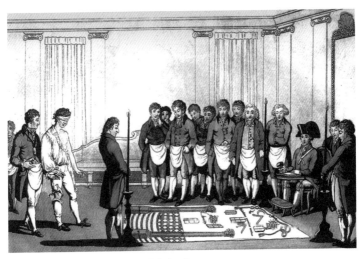

프리메이슨의 입회식. 그 비밀스러운 의식 때문에
프리메이슨은 비밀결사의 인상을 크게 풍겼다.

클럽은 국내외 신문과 잡지를 모아놓은 독서실, 티룸, 끽연실, 포커실, 서재, 숙박시설을 갖추었으며 담화실, 회의실, 식당 등은 각별히 장중하게 꾸며졌다. 세계에서 가장 얇은 책은 독일의 유머책과 영국의 요리책이라고 한다. 런던의 레스토랑은 평이 좋지 않기로 유명하다. 하지만 클럽의 식사는 신사들의 자존심을 충분히 만족시켰다. 런던에서 맛있는 곳은 왕궁과 클럽의 식당밖에 없다고 일컬어지는 이유가 여기에 있다. 클럽 회원은 모두 남성이었지만 특별한 날에는 여성을 초대하기도 했다.

영국에서 18세기는 클럽의 시대다. 갖가지 스포츠 클럽과 원예 클럽이 생겨났다. 육해군 장교 출신의 클럽, 동인도회사의 직원과 그 출신의 '오리엔트 클럽', 런던으로부터 500마일 이상 떨어진 곳을 여행해 본 사람들의 '트래블러스 클럽', 뚱보만 회원이 될 수 있는 '팻 맨 클럽', 킹 성姓을 지닌 사람들만 가입할 수 있는 '킹 클럽' 그리고 같은 취지로 만들어진 동성인同姓人들의 클럽인 '조지 클럽' '클라크 클럽' 등 참으로 다채로웠다. 그 밖에도 '지옥의 불 클럽' '악마 클럽'을 비롯해 기묘한 클럽이 적지 않았다. 영국인 특유의 유머 감각의 또 하나의 발로일까.

정치 클럽과 존슨의 문학 클럽

1719년에 문을 연 '지옥의 불 클럽'은 그리스도교를 비웃는 과격한 독신론자瀆神論者들의 클럽이었다. 청교도혁명이 몰고 온 반종교적인 시대 흐름의 반영이었다. 그렇듯 클럽은 반反그리스도교의 터전으로도 기능했다. 그러나 클럽 가운데 으뜸은 문학 클럽과 정치 클럽이었다.

17세기 중엽 청교도혁명 이후 영국은 왕정을 지지하는 보수적 토리당과 그에 맞선 공화파인 진보적 휘그당의 양당 체제로 나뉘었다. 토리 계열의 인사들은 '옥토버 클럽' '새터데이 클럽' '브러더스 클럽' 등을 꾸리고 휘그 계열 인사들은 '킷캣 클럽'Kit Cat Club을 결성했다.

체제비판적인 중산시민계층이 주축을 이룬 휘그당은 정치강령을 표방함에 있어 전통 지향적인 귀족이나 국교회 성직자 중심의 토리당보다 당연히 할 말이 많았다. 그만큼 그들은 클럽 활동에도 열성적이었다. 그에 반해 토리계의 유력자들은 대개 대지주인 세습귀족과 국교회의 고위 성직자로 비사교적unsociable인 컨트리맨이었다. 그러므로 클럽

활동도 부진했다.

1700년경에 발족된 혁신계열의 킷캣 클럽 창시자는 영국의 자유주의 역사에 빛나는 『권리장전』1689의 기초위원장인 변호사 서머스John Somers와 18세기의 대표적인 출판인으로 알려진 톤슨Jacob Tonson이었다. 39명의 회원으로 이루어진 클럽의 간사인 톤슨은 중산층 상인의 아들로 태어나 일반 중등학교인 문법학교와 출판사의 도제 수업을 마친 뒤 출판을 시작했다.

그는 여러 시인과 극작가의 작품을 간행하는 한편 스틸, 애디슨을 비롯한 여러 언론인과 가까이 지내는 등 18세기 영국 유수의 출판인으로 대성했다. 박식함과 밝고 너그러운 천성, 풍부한 유머와 재치는 그를 가장 바람직한 클럽맨으로 만들었다. 그의 매력에 끌려서였을까. 킷캣 클럽의 회원 가운데는 당시 로열 소사이어티 회원이자 시인이며 문인들의 후원자이기도 한 '궁정의 가장 뛰어난 신사' 색크빌, 훗날 수상이 된 월폴 경을 비롯한 귀족과 상류계층 출신의 거물 정치가, 문인, 저널리스트 그리고 다음 세대의 영국 정계를 짊어지게 될 20~40대의 소장 인물들도 많았다.

톤슨은 클럽 화가에게 부탁하여 전체 회원 40명의 초상화를 그리게 하고 그것을 식당에 장식했다. 그만큼 그는 클럽을 자랑스럽게 여긴 것 같다.

킷캣 클럽은 휘그계 극작가들의 후견인 역할도 훌륭히 다했다. 그들의 작품이 상연되는 날이면 휘그당원들이 극장에 몰려왔다. 그것은 아리따운 여인들과 가까이할 수 있는 나름대로 좋은 기회이기도 했다.

영국 역사상 최초의 거대한 징치의 계절에 문인과 저술가들은 보수와 진보 두 진영으로 나뉘고 상연되는 연극도 모두를 정치의 열풍 속으로 몰아넣었다. 발라드 작가인 더피는 한 오페라 작품에 "고귀하고 존경하는, 뛰어난 시와 음악의 후원자 킷캣 클럽에 바친다"라는 헌사를 명기했다. 꼭 같은 현상이 토리 쪽에서도 일어났다. 토리계 '비프스테이크 클럽'의 최대 과제는 토리의 정책과 강령을 추진하기 위한 전략을 짜내고 홍보하는 일이었다. 그만큼 정치 클럽은 정략적이며 당파적이었다.

킷캣 클럽은 1720년경에 이르자 쇠퇴의 길로 들어섰다. 탄생한 지 20년 만이었다. 킷캣 클럽이 단명^{短命}한 이유는 지나치게 정치색과 당파성이 강했기 때문이었을까.

유럽 최대의 도시 런던에 귀부인 중심의 살롱이 전혀 없을 수는 없었다. 예를 들어 셰익스피어에 관한 저작을 발표한 여류작가 몬터규 Elizabeth Montagu, 1718~1800 부인의 살롱 '블루 스타킹 클럽'Blue Stocking Club 을 우리는 떠올릴 수 있다. 샌드위치 백작의 손자와 결혼한 몬터규 부인의 살롱에는 리틀턴 경, 작가 월폴, 새뮤얼 존슨, 배우이자 극작가인 개릭, 18세기 영국의 대표적 화가이며 왕립미술원의 창립자인 궁정화가 레이놀즈 경, 여류작가인 모어 등 각계 인물들이 출입하여 파리의 살롱 비슷하게 18세기 런던 사교계의 한 중심을 이루었다. 살롱에 모인 여성들은 반드시 정장은 아니더라도, 푸른 양말을 신어도 좋다 하여 '블루 스타킹'이라 불렀다. 이후 '블루 스타킹'은 학문을 취미 삼아 이야기하는 여성들을 비웃는 보통명사가 되었다. 프랑스 살롱의 프레

일리저버스 몬터규 부인.
각계 인물들이 출입한 그녀의 살롱에서는
재녀들의 클럽이 생겨났다.

시외즈를 둘러싼 이야기와도 같다.

『영어사전』1755의 편찬으로 영국 문학사에 불멸의 명성을 기록한 시인이자 비평가 새뮤얼 존슨Samuel Johnson, 1709~84은 1764년에 '더 클럽'The Club, 뒤에 '문학 클럽'으로 개칭을 꾸렸다. 존슨의 문학 클럽에 앞서 카페 '윌리스'Willis가 문학 카페로 유명하여 스위프트나 버킹엄 공도 단골로 출입했다. 이곳은 문학 취미모임의 발원지가 되었다. 뒤에 존슨도 단골이 되었다.

이야기와 담론을 즐긴 존슨은 태어나면서부터 전형적인 카페맨, 클럽맨이었다. 시골 고서점 아들로 태어난 그는 어릴 때부터 독서가였으

새뮤얼 존슨. 영국 문학사상 획기적 업적으로 빛나는 존슨은 또한 전형적 카페맨, 클럽맨이었다.

며 평생 박학다식을 자랑했다. 가난 때문에 옥스퍼드 대학을 중퇴한 뒤 번역을 하며 고생스럽게 생계를 이어갔다. 런던에 거주한 뒤 잡지기 자로서 갖가지 글을 쓰다 오랜 소원이던 시작詩作으로 높이 평가받기에 이르렀다. 그 뒤에도 10여 년 동안 어려운 문필생활을 하다가 풍자시 「인간 소망의 헛됨」1749으로 문명을 굳혔다.

불후의 기념비적 역작 『영어사전』전 2권을 완성하고 이어서 개인잡지 『램블러』를 발간하여 뛰어난 에세이를 연이어 발표했다. 그의 주변에는 당대의 뛰어난 문인들이 모여들어 그의 문학 클럽은 런던의 명소가 되었다. 8년 만에 완성된 『영어사전』의 초판본 2,000부는 순식간에

팔렸다. 그는 서문에 이렇게 썼다.

> 이 사전은 학자의 도움도 없이 유력한 후견인의 도움도 없이, 고요한
> 은둔생활도 대학의 비호도 없이 불편과 소란, 질병과 슬픔 속에서 만
> 들어졌다.

『영어사전』을 발간하고 클럽을 차리면서 존슨은 런던의 가장 유력
한 명사가 되었다. 그는 『영어사전』에서 클럽을 일정한 조건하에 모이
는 선량한 반려(伴侶)들의 모임으로 정의했다. 회원들은 서로를 인생의
동반자로 생각한 것이다. 그의 문학 클럽의 회원은 당초 9명이었으나
순식간에 35명이 되었다. 그는 회원 수를 거기까지로 한정하고 매주
한 번 저녁 7시에 모였다.

회원 중에는 왕립미술원의 초대 원장인 레이놀즈, 정치가이며 저술
가로 『프랑스혁명에 관한 고찰』[1790]의 저자인 버크, 변호사이자 전기
작가인 보즈웰, 시인이며 소설가인 골드스미스, 역사가 기번 그리고 배
우 개릭이 있었다. 그 밖에도 정치가·법조인·의사·주교·대지주 등
각계의 인사들을 망라했다. 『국부론』의 저자인 애덤 스미스, 18세기
유럽을 대표하는 동양학자 존스 경의 이름도 보인다.

의회의 회기 중에는 격주에 한 번씩 모였다. 회원 중에 정치가가 많
았기 때문이다. 모임은 처음에는 선술집 태번에서 열렸는데 점차 개인
주택으로 옮겨졌다. 문학 클럽에서는 정치 담론이 금기시되었으나 그
것은 허사였다. 모두가 정치 담론을 즐긴 것이다. 버크는 보수적이면

서도 자유를 주장한 휘그의 지지자였다. 보수적인 존슨은 "휘그를 만든 자는 악마다"라고 공공연히 비난했다. 그러나 그의 이러한 발언은 클럽의 분위기와 전혀 상관이 없었다.

당대 최고의 명배우인 개릭은 자신이 원하기만 하면 존슨의 클럽에 언제든 입회할 수 있다고 말하고 다녔다. 이를 전해 들은 존슨은 말했다.

"'나도 회원이 된다'고? 우리가 입회를 인정할 것이라고 어찌 감히 생각하지? 영국에서 제일가는 공작도 감히 그렇게 말하지 못하는데."

그러나 얼마 뒤 존슨이 뒷받침하여 개릭은 입회할 수 있었다.

존슨의 문학 클럽에서는 때때로 비상식적인 일들이 일어났다. 그 전형적인 인물은 존슨이었다. 그에게는 흥미진진한 에피소드가 자주 따라다녔다. 그는 미혼이던 26세 때 20세 연상인 46세의 미망인과 결혼했다. 그 여성이 특별히 교양이 있다거나 미모가 뛰어나거나 자산가였던 것도 아니었다. 존슨은 '서로 사랑하는' 사이여서 결혼했노라고 토로했다. 아마도 그녀는 대화를 좋아하는 존슨에게 언제나 즐거움과 기쁨, 감동을 안겨준 이야기꾼이었던 모양이다.

부부의 연을 맺은 10여 년 뒤 그녀가 작고하자 존슨은 대단한 충격과 슬픔에 잠겼다. 그러고 보면 그 결혼은 반듯한 상식의 결실이었던 것 같다.

존슨은 클럽에 늦게 오는 회원을 '폭도'라고 부르며 나무랐다. 그러나 제일 자주 폭도가 되는 것은 그 자신이었다. 선술집에서 취해 오는 것이다.

존슨의 클럽은 문학 클럽이었다. 그러나 그 화제는 시와 문예에 한정되지 않고 철학·역사·정치·경제·자연과학 등 모든 지적 분야에 열려 있었다. 회원도 문인뿐만 아니라 정치가를 포함한 각계각층의 인사들이었다. 그러므로 사회·정치·국정이 공통의 화제였고, 모두의 관심사가 되었다. 이러한 현상은 정치 클럽에서도 마찬가지였다.

대다수 클럽맨은 정계인사를 비롯해 옥스브리지에서 교양 교육을 받은 젠틀맨, 왕성한 지적 호사가인 딜레탕트, 백과전서적 지식인과 교양인이었다. 정치 클럽은 정파적·당파적이었다. 앞에서 지적했듯 혁신계열인 '킷캣 클럽'의 회원 가운데도 귀족과 상류계층 출신의 거물 정치가가 적지 않았다. 모든 영역에 대한 지적 호기심과 정치·사회적 관심이 영국풍의 커먼센스common sense, 양식良識을 배태하고 신분이나 종파, 자신이 속한 당파로부터도 자유로운 풍토를 낳은 것이다. 이제 프랑스의 아카데미 프랑세즈에 비길 만한 영국의 지적 풍토를 상징하는 로열 소사이어티Royal Society에 관해 생각해보자.

로열 소사이어티(정식 명칭은 '자연에 관한 지식을 개선하기 위한 런던 로열 소사이어티'다)의 기원은 1645년으로 거슬러 올라간다. 당시 새로운 학문인 자연과학에 강한 호기심을 지녔던 한 무리의 대학교수와 학식자들이 런던의 한 펍에서 매달 한 번씩 모여 토론하는 클럽을 가졌다. 그중 한 회원이던 화학자이자 물리학자인 보일은 그 클럽을 '보이지 않는 대학'Invisible College이라고 명명했으며 그것이 계기가 되어 로열 소사이어티가 발기되었다.

로열 소사이어티의 초대 회원은 약 10명이었으며 그들은 전문 과학자이기보다는 물리학·해부학·항해술·정역학靜力學 등 과학과 새로운 기술에 관심이 많은 성직자·언어학자·의사였다. 특별회원 96명 가운데 14명은 귀족이었으며 18명은 의사, 5명은 신학박사, 2명은 주교였으며 나머지 인사는 기업가나 사업가였다. 로열 소사이어티는 자연과학의 아카데미를 표방하면서도 전체 회원 가운데 삼분의 일조차도 '과학자'men of science라고 부를 수 없었다.

로열 소사이어티는 오히려 실험과학에 관심과 호기심을 지닌 아마추어들의 학술모임으로 과학과 기술에 대한 신사들의 '호기심'curiocity의 소산이며 일종의 영국식 지적 공화국이었다. 산업적 실용성이 순수한 과학적 관심 못지않게 중요한 과제가 되었다. 과학과 기술은 실용적인 탐구활동으로서 그 무렵 영국을 휩쓴 청교도 정신에 힘입어 신사나 시민계층 또는 귀족 등 교양 있는 사람들 사이에서 그 정당성을 인정받게 되었다. 이 같은 사실이 머지않아 영국에서 과학혁명이 태동하고 경험주의가 뿌리를 내리는 배경이 되었다.

질서와 자유, 이데올로기로부터의 해방

클럽 문화의 최대 수혜자는 정치의 세계에 몸담고 있는 정계 인사들이었다. 정치의 세계는 정치·사회적 이해관계와 역사적 비전을 공유하는 정략적이며 당파적인, 대립된 세계이게 마련이다. 영국의 정치사는 보수적인 토리당훗날 보수당과 진보적인 휘그당자유당→노동당이 양대 주류를 이루어왔다. 그런데 그 보수와 진보는 대체로 경쟁상대일 뿐 결코 적과 동지라는 극심한 상극 관계는 아니었다. 이러한 사실은 체제우호적인 토리당이 결코 새로운 정치·사회적 비전을 외면하지 않고, 체제비판적인 휘그당이 과격한 반체제에 빠지는 일 없이 양당 모두 역사적 상황에 적절히 상응하여suitable 서로 보완하고 상생하는, 바람직한 '뉘앙스'를 굳게 지켜온 역사적 전통에서도 명백하다. 참으로 부럽다고 할 것이다.

영국은 역사상 최초로 근대적 의회제도를 확립하고 자유로운 시민사회를 이룩한 나라다. 그러면서도 영국은 '자유·평등·우애' 같은 슬로건을 모른다. 'democracy'민주의, 'liberty'자유, 'equality'평등, 'fraternity'우애라는 표현도 프랑스어에서 빌려온 것이다.

영국 사람들은 본질적으로 보수적이다. 그 보수주의는 관념적인 사상체계나 이데올로기와는 무관한, 경험이 낳은 '관례'custom에 따른 현실주의의 소산이다. 세계사상 근대적 의회제도를 선구적으로 이룩한 영국에는 성문헌법成文憲法이 없다. "왕은 어느 누구보다 위에 있는 사람이지만 신과 법 아래 있다"라고 법의 지배를 주장했지만 의회주권은 '불문율'不文律로서 '관례'에 따를 뿐이다. 영국 국민과 정치 행태의 본질을 이루는 '균형의 감각'은 여기에서 유래된다. 그 '균형의 감각'이 커먼센스를 낳고 그 상식은 다시 '균형'을 떠받든다. 영국인은 모두 합리주의적 경험철학의 대부인 로크의 제자이지만 특히 정치인들이 각별한 신봉자인 듯하다.

많은 나라에서 정치인들은 슬로건을 좋아하는 신념의 인간이다. 슬로건은 이데올로기의 소산이며 이데올로기는 정치인과 정치적 당파에

명예혁명(왼쪽)과 청교도혁명을 이끈 크롬웰(오른쪽).

따라 확대 · 재생산되어 정치의 세계를 급기야는 적과 동지의 싸움터로 몰고 간다. 프랑스의 '1789년의 이념'은 1830년 파리의 7월혁명과 1848년 유럽 혁명프랑스의 2월혁명, 빈 · 헝가리 · 베를린의 3월혁명을 유발하고, 마르크스주의 · 공산주의 · 파시즘도 그로부터 파생된 것으로 영국인은 생각한다. 청교도혁명 때 국왕 찰스 1세를 단두대로 보낸 1649년의 유혈 사태를 부끄럽게 생각하고, 피를 흘리지 않고 제임스 2세를 추방한 혁명을 명예혁명으로 지칭한 영국은 두 번 다시 유혈혁명을 되풀이하지 않았다.

　존슨은 1784년에 작고했다. 유해는 웨스트민스터 사원에 매장되었다. 그가 그토록 싫어했던 휘그당 계열의 인사들도 그의 죽음을 슬퍼했다. "휘그를 만든 자는 악마다"라고 한 말을 그들은 존슨의 독특한 경구로 받아들인 것이다. 사실 정이 많았던 존슨은 촌철살인의 경구를 발설할 때마다 따뜻한 유머를 잊지 않았다. 무엇보다 휘그 계열 사람들도 일찍부터 이 문호의 애독자였다. 이와 같은 현상은 볼테르와 루소가 팡테옹에 묻힐 때도 마찬가지로 모든 프랑스 사람이 서로 상반된 노선을 걸었던 두 선구자를 애도했다.

우리는 앞에서 살롱과 관련하여 인간성에 뿌리박은 보편적 지성, 프랑스적 에스프리에 관해 생각해보았다. 그리고 그것이 계층과 신분, 종파와 정파를 가리지 않고 한자리에 모여 갖가지 이야기와 담론을 즐긴 살롱 문화를 요람으로 발전하여 프랑스 문화의 특징으로 지리 잡았음을 이해했다. 기쁨으로서의 담론을 즐긴 사교의 세계, 거기에는 여인이 크게 자리 잡았다.

영국의 클럽은 신사들의 모임이었다. 그들은 아무나 드나들 수 있는 커피하우스가 싫어 자신들만의 클럽을 차렸다. 그것도 모자라 정치 클럽을 차려 당파별로 끼리끼리 모였다. 그 밑바닥에 우리는 영국 자유주의를 관통하는 영국인의 지극한 개인주의적 성향이 있음을 본다. 모든 것에 앞서 개인을, 자기 자신을 의식하는 개인주의자인 신사계층은 클럽에서도 가문 대대로 이어져온 귀족 칭호를 쉽게 버리지 못했다. 그만큼 가계※※와 신분에 연연한 것이다. 그러면서도 그들은 세계 최초의 근대사회와 의회 민주주의를 이룩했다. 이 이율배반의 진실을 우리는 어떻게 이해할 수 있을까.

영국의 지식인은 본질적으로 전통 지향적인 보수주의자다. 그런데 이 보수주의는 그들의 자연관과 깊은 관련이 있다. 유럽에서 영국 사람들만큼 자연을 사랑하고 반듯하게 관찰하는 국민은 없다. 자연 관찰을 통해 그들은 자연의 법칙에 대한 신뢰를 갖게 되고 그것은 그대로 현실세계의 질서에 대한 신뢰로 확대되었다. 모든 영국인이 받드는 로크에서부터 흄에 이르는 경험론은 관찰된 자연과 현실의 경험experience에서 이룩된 철학이었다. 이 철학은 개인의 자연권을 강조한 로크에게서 밝혀지듯이 의회 민주주의 이론의 초석이 되었다.

프랑스인이 데카르트의 제자이듯 영국인은 로크라는 학교의 학생이다. 그들은 사물의 '진실'을 논리나 이론에 따라서가 아니라 스스로 겪고 관찰하고 실험한 사실 속에서 찾는다. 유럽 보수주의의 성서로 일컬어지는 『프랑스혁명에 관한 고찰』의 저자가 결코 완고한 보수주의자가 아니었던 이유가 여기에 있다. 추상적이며 관념적인 이론이 아닌 사실에서 출발해, 경험한 사실 위에서 근대과학을 뿌리내린 뉴턴이 영국인임은 필연적이었다고 할 것이다.

괴테는 지나친 철학적 사변 때문에 독일인이 추상적인 언어와 문체를 쓴다고 비판하며, 태어나면서부터 화술가話術家이며 유창하게 글을 쓰는 영국인을 본받아야 한다고 강조했다.

영국인, 특히 신사계층의 신조는 '자유'와 '질서'다. 그것은 질서를 향한 자유이며 자유를 향한 질서였다. 이 점은 보수진영이건 진보진영이건 마찬가지였다. 그 바람직한 전통은 이데올로기의 시대인 20세기까지 이어졌다.

휘그당의 후신인 사회주의적 노동당의 집행위원장은 한때 라스키였다. 당 정책에 결정적인 영향을 미친 이 정치학자는 마르크스주의자였으나 그의 본질은 개인적 자유주의자였다. 한편 1945년 노동당 내각의 수장이 된 애틀리는 부유한 변호사 집안 출신의 사회주의자였다. 그는 제2차 세계대전 때는 보수당 처칠 내각의 부수상이 되었다. 일생 사회주의자였던 그는 1955년 하야 직후 엘리자베스 2세 여왕에게서 백작 칭호를 받았다. 그는 사회주의자이기에 앞서 어떠한 교리나 이데올로기에서도 벗어난 자유로운 영국인이며, 영국의 정치가였다. 프랑스의 국가 상징이 아카데미 프랑세즈이며 프로이센·독일의 상징이 참모본부로 일컬어진 데 비해 근대 영국의 상징은 의회의 하원^{下院}이다. 정치인이 반듯한 나라, 정치인이 손경받는 나라는 좋은 나라다.

영국은 세계사상 최초의 근대국가다. 볼테르, 몽테스키외, 루소를 비롯해 18세기 프랑스 지식사회의 거인들은 모두 선진 영국에서 많은 것을 배웠다. 3년에 걸쳐 영국에서 망명생활을 하다시피 한 볼테르는 언론의 자유, 상인과 손잡고 상업에 종사하는 영국 귀족의 행태, 상인에 대한 범국민적인 존경에 크게 감명받았다. 귀족의 나라 영국은 상인, 즉 부르주아의 나라였던 것이다.

영국에서 시민계급과 귀족의 밀접한 공생 관계, 담론과 화합의 문화가 창출한 공론과 공공성의 파급은 영국뿐만 아니라 유럽의 전통적인 교양이념에 바람직한 전환을 초래했다. 국가권력에서 교회가 해방되어야 한다고 주장한 19세기 옥스퍼드 운동의 주창자 헨리 뉴먼도 자유학예를 '젠틀맨의 지식'으로 강조했듯이 영국에서도 '교양 있는 지성'^{cultivated intellect}이란 프랑스에서와 마찬가지로 우아한 취미, 반듯한 예절, 공정한 마음가짐을 의미했다. 그것은 '이해관계를 넘어선 정신의 자유로운 놀이' 속에서 이뤄진다고 여겨졌다. 시인이며 비평가인 매슈 아널드도 기본적으로 한가한 시간을 누리는 신사 가운데서 교양인을 찾았다. 또한 이에 그치지 않고 교양인에게 "선을 행하고자 하는 도덕적·사회적 정열"을 요구했다. 그는 다음과 같이 말했다.

"교양은 사회적 이념이며 교양인이야말로 평등의 진정한 사도다."

아널드의 이 언명에는 시대적 현실에 대한 그의 통찰이 깔려 있었다. 빅토리아 여왕 치하1837~1901의 영국에서 세계 최초로 열린 런던 만국박람회1851가 상징하듯 그 시대는 정치적 융합과 물질적 번영을 자랑했다. 그러나 이 최초의 공업국가는 어두운 부조리와 모순을 드러내었다. 디즈레일리가 지적한 계급 간의 빈부 차는 한가함과 유행을 즐기는 사람들과 빈곤에 허덕이는 민중, '두 국민'으로 나눠놓았다. 이러한 현실을 반영한 풍자만화 주간지 『펀치』Punch가 1841년에 간행되었다. 최대 부수를 누린 그 독자에는 신사계층도 포함되었다.

제1차 세계대전 때 영국 귀족들은 퍼블릭스쿨에 재학 중인 연령 미달의 그들의 아들들을 자원병으로 최전선에 내보냈으며 그들의 대다수는 전사했다. 노블레스 오블리주 정신의 전형적인 표본이었다. 영국의 귀족들이 지금도 귀족 칭호를 거리낌 없이 쓰는 이유다.

참된 문화, 반듯한 사회란 모든 계층이 일상적인 삶을 누리면서도 그에 더해 교양을 갖추기를 바라며 그 실현을 위해 정치가 제도적으로 뒷받침하는 문화와 사회다. 그리고 이 모든 것의 전제로 각 분야의 상층 인사에게 기대되는 것이 바로 노블레스 오블리주의 미덕이다.

자연의 법칙을 통해 현실세계의 질서를 의식하고 그 질서를 귀하게 여기며 시대에 발맞춰 점진적인 발전을 거듭한 영국. 영국은 유럽 여러 나라가 피를 흘린 혁명을 되풀이하는 시대 속에서 '팍스 브리태니커'를 누릴 수 있었다. 그리고 그 중심에 질서를 위한 자유, 자유를 위한 질서를 받들며 의회 민주주의를 발전시킨 담론의 달인, 반듯한 정치가들이 존재했다.

선비 사대부의 사랑방 문화

기쁨으로서의 담론, 그 담론문화를 꽃피운 살롱과 클럽에 관한 글을 쓰다 보니 지난날 우리 선비 사대부들의 사랑舍廊과 사랑문화가 떠오른다. 주부가 거처하는 내실·안채와는 따로 떨어진, 가장이 거처하며 손님을 맞이하는 사랑, 사랑방. 그곳은 훌륭한 사교장이었다.

> 배우고 자주 습득하니 얼마나 기쁠쏘냐. 벗이 있어 먼 곳에서 찾아오니 이 또한 얼마나 기쁠쏘냐.

배움의 기쁨을 강조한 공자의 말씀이다. 우리의 선비는 배움의 기쁨은 서재에서 누리고, 벗들과의 기쁨은 사랑방에서 나누었다. 사방탁자며 문갑, 서가와 경상, 그리고 문방사우文房四友와 다기茶器가 놓인 선비의 고고한 서재. 그 서재와 달리 사랑방에서는 방 주인을 중심으로 남정네끼리 이야기를 나누며 시작詩作, 주연酒宴, 때로는 기녀妓女도 함께 어울려 풍류와 운사韻事를 즐겼다. 남성들끼리 편을 짜서 활 재주를 겨룬 편사便射와 마찬가지로 사랑은 여인 금지구역이었다.

사랑은 이야기와 담론을 즐기는 곳이다. 강릉 선교장船橋莊의 사랑방은 열화당悅話堂이라고 했던가. 주인의 멋스러운 인품을 짐작케 하는 참으로 그윽한 지칭이다. 우리의 옛 선비 사대부들은 큰 스승 공자를 본받아 이야기와 담론을 좋아하고 갖가지 화제를 즐겼다. 배움과 예절뿐 아니라 운사, 시가詩歌, 서화書畵를 품은 풍류를 사람됨의 기본으로 여기며 초인간적이고 이상야릇한 힘이나 광기를 외면했다.不言怪力亂神 위대한 스승과 제자들이 나눈 아언雅言과 아담雅談을 담은 기록인 『논어』論語는 우리 선비들에게 최고의 교본이었다.

그런데 사랑에 모이는 사람들, 즉 사랑꾼은 사랑 주인을 에워싼 일족낭당一族郎黨의 성격이 없지 않았다. 널리 배워 참된 뜻을 굳혀 조선조 500년 예절의 나라를 이룬 선비 사대부들은 세계문화사에 자랑할 만한 교양문화를 쌓아올려 '교양 속 놀이'游於藝의 경지를 즐겼다. 그러면서도 사랑방은 당시의 가부장적 체제를 반영하여 방 주인을 따라 문벌과 학통學統, 정파를 함께하며 비슷한 신분에 비슷한 생각으로 이해관계를 공유한 사람들의 모임을 면할 수 없었으니 참으로 아쉽다고 할 것이다. 사랑방이 유럽과는 달리 여인 부재의 공간이었다는 사실도 아쉬움의 배경과 관계없지 않은 성싶다. 유교적인 우리 전통사회는 철저한 부권父權·夫權의 사회, 남존여비 사회였다.

여인은 사람을 따르는 자다. 어려서는 부형父兄을 따르고 시집가서는 남편을 따르고 남편이 죽어서는 아이를 따른다.

신사임당.

허난설헌.

이 『예기』禮記의 가르침 그대로 여성의 본질과 미덕은 '정순'貞順이 되었다. 남성은 집 안을 말하지 않고 여성은 밖을 말하지 않는다는 교훈에 따라 여성은 집 밖의 세계와 차단되고 배움의 세계, 문자문화와도 거의 가로막혔다.

조선조 500년 동안 대비大妃가 수렴청정을 할 때는 문서를 내렸다. 그런데 그 문서는 한글이었다(하지만 대비도 한자·한문에 어두웠다고는 생각되지 않는다). 그 '교서'는 한문으로 고쳐서 실록에 담았다고 한다. 한글은 서민의 문자이기에 앞서 여성의 언어였다. 그러나 우리는 몇몇 예외적인 여인을 떠올릴 수 있다. 지금 내 책상에는 김인시金岸曙가 번역한 『꽃다발: 조선여류한시선집朝鮮女流漢詩選集』1944이 놓여 있다. 조선조 여류시인 66인의 작품 200편이 수록되어 있다. 여류들 중에는 사대부 가문의 규수와 소실 그리고 재색을 겸비하고 한시와 시조에 능했던 명기名妓 황진이를 비롯한 기녀도 여럿 있다. 시가 이외에도 그녀들은 필시 서화와 아담도 즐겼으리라. 그리고 보니 내실과 안채는 그녀들의 둘도 없는 자유로운 '놀이'의 터전이 아니었던가.

뛰어난 여류 가운데 대표적인 인물로 신사임당申師任堂, 1504~51과 허난설헌許蘭雪軒, 1563~89을 떠올려보자.

이 땅의 이상적 여인으로 잘 알려진 사임당은 대학자 율곡의 어머니나 현모양처의 거울에만 그치지 않는다. 어려서부터 성리학과 한문학을 배운 교양인이며 시도 읊고 자수와 서화, 특히 그림 솜씨가 뛰어난 화가이며 예술가였다. 사임당이 프랑스에서 태어났다면 랑부예 부인 같은 살롱 그랑드 담이 되었을 것이다.

난설헌은 학자인 문인 가문에서 태어나 소설 『홍길동전』을 쓴 정치인이자 소설가인 허균의 누이다. 그녀는 어렸을 때 아버지의 배려로 당대의 문장가인 이달李達에게 사사했다. 아버지와 형제들과 스승 모두 시대에 앞선 선비들이었다. 그들에게 감화를 받으며 그녀는 문사철文史哲, 폭넓은 교양을 갖췄을 뿐 아니라 사회 모순에도 눈을 떴다. 범속한 남편과의 불행한 결혼생활, 당쟁 때문에 아버지와 남자 형제들이 유배되고 객사한 한恨은 명성을 중국·일본에까지 빛낸 여류시인이자 자유인으로 그녀를 대성케 하는 데 한몫했다.

　그녀의 시 가운데 「규원가」閨怨歌와 「유선시」遊仙詩에서는 아리따운 연정戀情과 이상향을 향한 자유로운 여인의 진심이 향기롭게 풍겨 참으로 감동적이다. 허난설헌이 18세기 프랑스로 옮겨가 살롱을 차린다고 상상해보자. 틀림없이 최고의 살롱 그랑드 담이 되었으리라. 옛 선비 사대부들의 사랑방에 허난설헌 같은 여성들이 자리를 함께했다면 어땠을지 부질없는 생각을 해본다.

　살롱이나 클럽이라고 해도 나라와 도시, 시대에 따라 각양각색이었다. 그러나 공통점은 살롱과 클럽이 배출한 프랑스의 오네톰, 영국의 젠틀맨에서 볼 수 있듯이 사교와 지성이 조화를 이루어 정파나 당파를 구성하더라도 슬로건을 내세운 이데올로기적 논리로부터 자유로웠다는 사실이다.

　나폴레옹은 러시아 원정길에 바이마르에 들러 괴테와 만났다. 괴테와 나눈 대화에서 그는 '운명'으로서의 정치에 관해 지적했다. 프랑스혁명 이래 유럽은 정치의 시대에 들어섰다. 정치의 시대는 이데올로기의 시대이기도 하다. 오늘날 우리는 원하든 원치 않든 정치의 짙은 그림자 아래 적잖이 정치적·이데올로기적 언어로써 생각하고 행동한다. 그에 더해 기술산업사회의 탐욕스러운 시장 원리에서도 좀처럼 벗어나지 못한다.

국가의 품격을 지킨다는 것은 사회가 개인의 경우와 다름없이 서로 이웃에게 귀 기울이며 반듯한 말씨와 예절을 두루 갖추는 것을 일컫는다. 그런데 이 땅의 현실은 어떠한가. 비속어卑俗語가 난무하고 절제를 잃은 표현이 판을 치며 대화와 담론을 기피하는 사회가 아닌가. 시대 착오적 국가주의자들이 자신과 생각이나 입장을 달리하는 사람들을 적으로 압박하고, 이데올로기적 슬로건이 그림자를 드리운 우리의 현실에서는 그 어느 때보다도 반듯한 담론문화가 요구된다고 할 것이다.

독일 베를린의 상징 브란덴부르크 문.

독일의 유대인 살롱, 진실을 향해

> 베를린 살롱에서는 '진정한' '내적으로 진실한' '자연적'인 것이
> 바람직한 일관된 노선으로 명백히 드러났다.
> 궁정 사교계가 존재하지 않았으므로 사교는 공백 상태였으며
> 거기에 젊은 유대인 여성이 살롱의 주인으로 들어앉았다.
> • 페트라 빌헬미-돌링거

바이마르 안나 아말리아의 뮤즈의 궁전

독일의 살롱 문화는 독일제국의 수도 빈이 아니라 프랑스 문화에 심취한 프리드리히 대왕의 베를린에 자리를 잡았다. 독일 문화와 역사에 관심이 있고 무엇인가를 밝히고자 한다면 빈과 베를린의 이질성에 먼저 주목해야 할 것이다.

19세기 독일의 시인 케르너는 다음과 같이 읊었다.

독일이라는 몸의 머리로 신은
베를린을 주셨다.
그러나 신은 그 몸의 마음으로
참된 빈을 간직하도록 했다.

빈의 상징으로 국립 오페라극장이나 빈 교향악단을 떠올린다면 베를린에서는 브란덴부르크 문이 생각난다. 베를린 시민은 오랫동안 이 개선문을 통해 프로이센에 다가서고 그에 공감했다. 독일의 살롱이 군국주의의 요람에서 뿌리를 내렸음은 역사의 아이러니라고 할까.

그러나 독일 최초의 살롱 문화는 베를린에 앞서 작센-바이마르 공국의 도읍 바이마르에서 싹텄다. 그 중심에는 최고의 귀부인으로 일컬어진 공비公妃 아말리아Anna Amalia, 1739~1807가 있었다. 공비는 아들 카를 아우구스트 공을 위해 작가 빌란트를 초빙했다. 얼마 뒤 바이마르에는 훗날 공국의 내각수반이 되는 괴테를 비롯해 사상가 헤르더, 시인 실러도 거주하게 되었다.

괴테의 작품을 작곡하기도 한 아말리아는 특히 음악과 미술을 애호하고 이탈리아를 사랑했으며 궁정에서 정기적으로 시와 문예작품 낭독회도 열었다. 이 모임에는 괴테를 비롯해 헤르더, 작가인 장 파울, 극작가 코체부도 참석했다. 바이마르의 이웃 예나의 대학에는 피히테, 셸링, 헤겔 등 당대 독일을 대표하는 철학자들과 시인 실러도 교수로 재직하여 아말리아의 궁정은 마치 시신詩神 뮤즈의 궁전과 같았다. 공비의 인품에서 바람직한 궁정문화, 귀족문화의 정수를 발견한 괴테는 훗날 그녀 때문에 평생 바이마르에 머물게 됐다고 회고했다. 이 작은 나라의 작은 도읍 바이마르를 통해 독일은 처음으로 문화의 중심지를 갖게 되었다. 그러나 공비의 궁정 살롱의 문예모임은 그녀의 죽음과 함께 막을 내렸다.

바이마르에는 또 하나의 살롱모임이 생겨났다. 철학자 쇼펜하우어

바이마르를 독일 문화의 중심지로 키운 안나 아말리아 공비.

안나 아말리아 공비의 살롱.

의 어머니인 요한나 쇼펜하우어Johanna Schopenhauer, 1766~1838가 주도한
모임이었다. 그녀는 은행가인 남편과 결혼하여 거주한 함부르크에서
계몽사상가인 김나지움 교수 라이마루스의 사교모임에 드나들며 시
인 클롭슈토크, 화가 티슈바인과도 가까이 지냈다. 궁정고문관인 남편
과 사별한 뒤 1806년 이래 바이마르에 거주하면서 '문학다회'文學茶會
를 차렸다. 거기에는 괴테를 비롯한 많은 문인이 출입했다. 괴테는 어
느 날 예고 없이 찾아와 "추밀고문관 괴테를 소개해도 좋을까요" 하며
여주인을 놀라게 했다.

쇼펜하우어 부인은 일찍이 프랑스어에 능통했고, 여행기와 소설을
발표해 생계를 꾸린 독일 최초의 직업적 여류작가이기도 했다. 그녀의
문학다회는 1806년부터 1813년에 이르는 동안 가장 성황을 이루었

다. 빌란트, 슐레겔 형제, 티크 그리고 작센-바이마르 공의 부관을 지 낸 당대 최고의 여행작가인 퓌클러-무스카우도 그 단골이었다.

모임에 많은 인사를 끌어들인 자석磁石은 바로 괴테였다. 바이마르 공국의 최고위직 내각수반이었던 괴테가 꽃가게 딸이자 오락소설가 의 누이동생인 불피우스와 오랜 동거생활 끝에 결혼하여 바이마르 사 교계를 떠들썩하게 했을 때 괴테 편에 선 유일한 여인도 바로 쇼펜하 우어 부인이었다.

열린 마음씨가 큰 미덕이었던 이 궁정고문관 부인의 살롱에서는 시 낭독, 음악 연주 그리고 가벼운 농담이 섞인 대화를 즐겼다. 특히 괴테 를 위해 마련된 화구로 그림을 그리기도 했다. 그들은 문학다회를 통 해 인구 8,000명의 작은 도시 바이마르에서 벌어지는 궁정 사교의 번 거로운 일상에서 일탈하기를 원했다. 하지만 살롱을 능숙하게 꾸린 쇼 펜하우어 부인은 저명한 철학자인 아들과는 사이가 좋지 않아 끝내 모자지간의 인연을 끊어야 했다.

베를린과 귀부인 살롱

베를린은 18세기 독일 살롱과 살롱 문화의 중심지가 되었다. 그리 고 그것은 계몽사상에 경도된 유대인을 주축으로 뿌리를 내렸다. 그러 나 그에 앞서 몇몇 귀족적인 살롱이 없지 않았다.

선제후選帝侯 프리드리히 3세프로이센 왕 프리드리히 1세의 왕비 샤를로테 Sophie Charlotte, 1668~1705의 살롱이 그것이다. 왕비는 예술·문학·철학의 진흥에 힘을 다하고 특히 당대 독일 최고의 철학자 라이프니츠와 가까웠다. 라이프니츠가 초대 원장이 된 베를린 과학아카데미의 창설1700을 발기한 것도 왕비였다. 샤를로테가 36세에 작고했을 때 라이프니츠는 안타까워하면서 이렇게 썼다.

> 나는 지난날 어떠한 여성도 갖지 못한 재치와 인간성이 넘치는 그분과의 대화를 만날 때마다 자주 즐길 수 있었다. 그녀는 지식욕이 참으로 왕성하여 나와 대화하면서 그 염원을 더욱 충족시키려 했다. 만약 죽음의 손에 빼앗기지 않았던들 언젠가 사회 전체를 위해 크게 이바지하셨을 것을.

그 뒤 프로이센 궁정에서 문화사에 기록될 만한 왕족이나 귀족은 나타나지 않았다. 프리드리히 대왕은 46년간의 치세를 통해 프로이센을 유럽의 강국으로 격상시켰다. 그리고 그는 오페라극장, 도서관을 비롯해 장려한 건물들을 건립하여 베를린의 경관을 과시했으나 그의 치하에서 궁정문화는 끝끝내 꽃피지 않았다.

프리드리히는 왕태자 시절 일찍부터 볼테르에 심취하고 프랑스적 교양을 갖춘 계몽군주로 행세했다. 그러나 그의 본성本性은 프로이센적 독일인, 아니 프로이센 왕이었다. 그러므로 그의 역사적 '위엄'은 프로이센풍으로 드러났다. 모두 그를 숭배하지만 그의 곁을 떠나면 안도의 한숨을 쉬었다.

그러나 베를린에는 프랑스 살롱을 본뜬 또 하나의 로코코풍의 귀족적 살롱이 생겨났다. 헨리에테 폰 크레옌Henriette von Crayen, 1755~1832의

크레옌 부인. 프랑스풍 살롱의
여주인은 삶을 마음껏 누렸다.

살롱이다. 크레옌은 베를린에 이주한 프랑스 위그노계의 명문 시민 집
안 출신으로 베를린의 프랑스인 거주지구에서 태어났다. 반[半]프랑스
인이기도 한 그녀의 살롱에서는 거의 프랑스어가 쓰였다. 미모가 뛰어
나고 성격이 활발한데다 어렸을 때 프랑스풍의 교육을 받은 그녀는 은
행가이며 귀족 칭호를 지닌 궁정고문관 프로이센 외교관과 결혼하면
서 라이프치히에 살롱을 차렸다.

'진정 반듯한' 살로니에르[salonnière, 살롱 여주인]인 그녀의 화려한 살롱에
는 여러 나라의 왕족·귀족·외교관·정치가는 물론 작가와 문인도 출
입했다. 빈객 중에는 괴테와 작센-바이마르의 카를 아우구스트 공도
있었다. 귀족과 문인들은 연극을 보며 진지한 담론과 미묘한 농담도

마음껏 즐겼다.

그 살롱의 단골인 작가 장 파울은 부인과 대화 나누기를 둘도 없는 기쁨으로 여기면서도 그녀가 독일어를 제대로 못하는 까닭에 자신의 작품을 '한 줄도' 읽지 못함을 안타까워했다. 한편 부인과 같은 위그노계 출신인 작가 폰타네는 부인을 자신의 작품에서 여주인공의 모델로 삼아 부인과 그 살롱에 대한 경애의 심정을 표현했다. 작센–바이마르 공 가문 출신인 한 귀부인은 50대 중반을 지나도 '젊고 아름다운 로코코풍'의 부인에 대해 다음과 같이 말했다.

> 지금도 대단히 젊고 활발한 정신의 소유자이며 기억력이 뛰어난 부인의 혜택 받은 화술의 재치는 한없는 화제를 안겨주었습니다. 그녀가 원하는 대로 효력을 발휘한 그 유머는 사람을 즐겁게도 하고 두렵게도 했답니다.

태어나면서부터 프랑스풍 벨 에스프리의 소유자였던 크레옌은 자신의 인생을 마음껏 누린 자유여인이었다. 그녀는 자신의 살롱에 출입하는 몇몇 공국의 군주와 귀족들과 특별한 관계를 맺었다. 그것은 비밀도 아니었다. 그녀의 파트너 중에는 프로이센 왕 프리드리히 빌헬름 2세도 있었고, 카를 아우구스트 공과는 아들을 하나 낳기도 했다.

베를린 살롱의 원형, 멘델스존의 독서협회

1790년경 베를린의 인구는 약 14만 명, 그중 유대인은 약 4,400명이었다. 그들은 사회적으로 소외되고 학대받는 종족이었다. 그런 그들이 어떻게 살롱 문화를 일으키고 주도했을까. 이 물음에 답하기 위해서는 먼저 베를린의 지적·문화적 상황을 밝혀야 할 것이다.

베를린은 독일제국에서 오스트리아에 이은 강국 프로이센의 수도였다. 그러나 프로이센은 원래 반半슬라브계의 역사적 전통이 취약한 변경의 땅으로 문화의 불모지였다. 이러한 사정은 18세기 프리드리히 대왕재위 1740~86 이전까지도 크게 달라지지 않았다. 볼테르와 프랑스 문화에 심취한 대왕이 독일 문화를 멸시하여 그의 아카데미를 프랑스의 사상가·문인·학자로 채우고 프랑스어를 아카데미의 공용어로 정했음은 널리 알려진 사실이다.

참모 견장의 제복을 걸친 프로이센의 지주 귀족 융커Junker가 큰 자리를 차지한 그와 그 후계자들의 궁정에서는 궁정문화가 꽃필 수 없었다. 독일 귀족을 빗대어 "무지는 귀족의 징표다"라는 비웃음은 특히 융커에게 적중되었다. 한편 상층시민이라 해도 입신출세를 꿈꾸며 귀족의 생활양식을 흉내내는 등 시민의식은 거의 없다시피 했다. 종교적 자유를 찾아 베를린에 이주한 프랑스의 위그노, 즉 7,000~8,000명에 이르는 신교도 계열의 프랑스인 사이에서도 살롱 문화가 뿌리내리지 못했다.

현실세계에서 소외당한 유대인은 어느 시대건 본질적으로 시대의 새로운 움직임에 민감하다. 특히 18세기 계몽주의가 지닌 인간 해방의 이념은 바로 그들 유대인이 받드는 자유의 신념으로 이어졌다. 베를린의 유대인들에게는 믿음직한 동지들이 존재했다. 18세기 계몽주의의 세례를 흠뻑 받은 지적 엘리트다.

돌을 쌓아올린 싸늘한 거리, 과거를 회상하게 하는 것이 거의 없는 베를린은 현실과 미래에 기대를 걸고 악전고투하며 진취적으로 새로운 것을 찾았다. 베를린의 젊은 세대는 지적 욕구로 목말랐다. 당시 베를린에는 대학도 없었다. 이 프로이센의 수도는 독일의 어느 도시보다 뒤늦은 1810년에야 대학을 세웠다. 이러한 상황에서 독서협회Lesegesellschaft가 여기저기에서 생겨났다. 당시 독서인은 책을 사서 읽기보다 대본점貸本店에서, 그것도 몇 사람이 함께 빌려서 읽었다. 그만큼 책이 귀하고 비쌌기 때문이다. 좋은 책을 그런대로 폭넓게 갖춘 대본점도 베를린에는 한 곳밖에 없었다. 그런 까닭에 베를린에서는 책을 함께 읽는 독서협회가 연이어 생겨났다. 반듯한 독서협회를 제일 먼저 꾸린 것은 멘델스존Moses Mendelssohn, 1729~86이었다.

멘델스존은 그의 집에서 매주 독서협회를 열었다. 거기에는 훗날 베를린을 대표하는 살롱을 차리는 헨리에테 헤르츠와 라헬 레빈 파른하겐, 의사인 헤르츠의 남편, 멘델스존의 두 딸, 작가 모리츠, 유대인 계몽주의자 프리틀렌더가 늘 참가했다. 극작품이 자주 낭독되었다. 멘델스존도 일행과 함께 열심히 드나들었다. 그는 온화한 성품으로 농담을 즐겨 숭배자들을 편안하게 만들었다.

멘델스존은 유대인 거주구역인 게토의 가난한 집안에서 태어났으나 베를린에 있는 견직공장의 공동경영자가 될 만큼 성공했다. 부유한 유대인이 관행처럼 지적·학술적인 길에 들어서듯 그도 철학·문학·수학을 배우며 학문의 길에 들어섰다. 1763년 프로이센 아카데미의 현상논문에 수석 당선되면서차석은 칸트였다 학계의 주목을 받았다. 일찍부터 로크와 라이프니츠, 독일의 계몽철학자 볼프의 영향을 받았으며 칸트와도 편지를 교환하는 사이가 되었다. 노老유대인을 주인공으로 한 『현자賢者 나탄』1779에서 종교적 관용을 강조한 레싱과는 일생 동안 동지로서 우정을 나누었다. 독일·영국의 계몽사상과 유대사상의 공통된 기반에서 신의 존재와 영혼의 불멸을 확신한 멘델스존은 신앙의 자유를 주장하는 한편 그리스도교적 독일 문화를 존중했다. 그의 모임은 유대사상과 그리스도교, 그리고 독일 문화의 자유롭고 열린 공생 관계 속에서 이루어졌다.

1779년에 출판된 『프로이센 왕국 여행자의 견문기』는 베를린의 유대인에 관해 다음과 같이 기술하고 있다.

> 교양 있는 유대인과 신분이 높은 유대인은 그리스도교도와 사귀며 갖가지 흥겨운 일에도 함께 어울려 때때로 그들이 유대인임을 알아차리지 못할 정도다. 특히 훌륭한 교육을 받은 사람들은 품위 있고 우아하다. 유대인이 가장 즐기는 오락은 무대연극이다. 토요일 극장의 일반 좌석은 대부분 그들이 차지한다.

멘델스존의 독서협회에 이어 한 추밀고문관 부처도 독서협회를 마련했다. 그 단골은 엘리트 남성들만으로 그중에는 당시 18세, 17세였던 홈볼트 형제도 있었다. 거기에서는 시, 희곡, 그리고 논문까지 번갈아 낭독했다. 젊은이들은 간단한 식사 뒤 춤을 즐겼다. 이 모임을 주재

모제스 멘델스존. 독일 계몽주의를
대표한 그는 또한 유대인 살롱의
선구자였다.

한 것은 철학·미학·문학·연극에 능통한 김나지움 교수이면서 베를
린 국립극장 감독도 역임한 계몽철학자 엥겔이었다.

또 하나의 대표적인 독서협회는 헝가리 출신으로 동양학 교수를 역
임하고 1769년 이래 베를린에서 출판사를 경영한 인물이 꾸린 수요
협회였다. 모임은 둘로 나뉘었다. 즉, '회칙을 갖춘 모임'에서는 정치와
여러 학문에 관한 강연이 열렸고 '회칙이 없는 모임'에서는 회원들이
문예작품의 낭독·연극·음악을 즐겼다.

수요협회 회원들은 대개 학자·예술가·정치가였으며 여성들도 적
극적으로 참가했다. 회원 중에는 엥겔 밑에서 베를린 국립극장의 무대

감독을 지낸 유명한 배우도 있었다. 물리학자들은 논문을 읽으며 실험도 했다.

유대인 여성 헤르츠 부인의 살롱

베를린 최초의 명실상부한 살롱은 헨리에테 헤르츠Henriette Herz, 1764~1847 부인의 살롱이다. 헤르츠는 포르투갈계 유대인 의사의 딸로 태어났다. 아버지는 어린 시절부터 총명했던 그녀를 교육하는 데 정성을 다했다. 그녀는 15세 때 17세 연상인 같은 유대계 의사 마르쿠스 헤르츠와 결혼했다.

쾨니히스베르크 대학에서 수학한 남편은 칸트의 애제자였다. 그는 자택에 철학 서클을 마련하여 젊은 훔볼트 형제, 셸링, 피히테 등의 철학자들과 친근히 교류했다. 그 뒤 모임은 확대되어 헤르츠 부인도 한쪽에 문학다회를 차렸다프랑스에서와 마찬가지로 살롱이라는 명칭은 아직 없었다. 남편의 학구적인 수요회에서 남성들이 철학 담론에 열중할 때 젊은 여주인은 남녀 문학 애호가들에게 둘러싸여 문학을 화제로 살롱다운 분위기를 돋우었다.

두 모임에는 문인과 철학자 외에도 의사·은행가·외교관 등 각계 인사들이 드나들었으며 한때 베를린에 체류한 프랑스혁명가 미라보 백작도 출입했다. 단골 중 한 사람인 장 파울은 살롱의 분위기를 다음과 같이 표현했다.

학자·유대인·장교·추밀고문관·귀족이, 단적으로 말하면 다른 곳

베를린 대학의 본관과 그 창립자인 훔볼트의 조상.

에서는 터무니없는 일이지만, 여기서는 서로 부둥켜안고 적어도 우호적인 태도로 차나 식사 테이블에 함께 앉는다.

유럽 모든 나라에서 귀족이나 상층시민들이 밖에서 어쩌다 유대인과 만날 수는 있지만 자신의 집으로 유대인을 초대하는 일은 한사코 피했던 그 시절, 유대인 여성이 살롱을 차리고 그 살롱을 독일 최고의 살롱으로 끌어올렸음은 참으로 놀랍다.

"젠다르멘 광장과 헤르츠 부인을 보지 않고는 베를린에 왔노라고 할 수 없다."

"베를린에 있는 헤르츠 부인의 홀에서는 모든 세계를 알 수 있다."

이와 같은 찬사에는 헤르츠 부인의 교양과 너그러운 인품, 그리고 뛰어난 미모도 크게 한몫했다. 그녀를 "천사와 같이 아름다운" 여성이라고 찬탄한 인물은, 낭만주의 시대 프랑스의 대표적 살롱 여주인 장리스 백작부인이었다.

헤르츠 부인은 프랑스어·이탈리아어·영어는 물론 라틴어·그리스어에도 능통하고 인도의 산스크리트어·터키어도 습득한 박학다식한 교양인이었다. 젊은 시절부터 부인을 숭배한 훔볼트는 약혼녀에게 보낸 편지에서 이렇게 털어놓았다.

"나의 성정性情 대부분은 이에테헤르츠 부인의 애칭 덕에 형성되었습니다."

훔볼트에 버금가게, 아니 훔볼트 이상으로 헤르츠 부인과 진정한 우정을 나눈 인물은 종교철학자 슐라이어마허였다. 프로테스탄트 교회의 목사 아들로 태어난 당대 최고의 이 종교철학자는 종교와 신앙을 형이상학적으로만 생각하지 않고 직관과 감성 위에 성립하는 것으로 인식했다. 이는 그가 진정한 살롱맨이며, 독일 살롱 문화의 기초를 뿌리내리게 한 인물이었다는 사실과도 관련된다고 생각하고 싶다.

슐라이어마허는 1796년 베를린에 있는 자선병원의 목사가 되어 베를린에 거주했고 헤르츠 부부의 살롱에 거의 매일 밤 드나들며 여주인과 깊은 신뢰로 맺어졌다.

> 그의 지명도나 명성은 그 무렵에는 그리 대단하지 않았습니다. 그러나 남편이나 나는 일찍부터 그의 위대함을 잘 알고 있었습니다.

헤르츠 부인. 그녀의 살롱은 베를린의
문인·학자들로 언제나 성황을 이루었다.

슐라이어마허에 관한 헤르츠 부인의 훗날 회고담이다.

슐라이어마허는 「사교적 몸가짐에 관한 시론」이라는 글을 1799년
에 발표했다. 신학자·종교철학자와는 약간 어울리지 않는 이러한 글
을 쓰게 된 슐라이어마허는 분명 전형적인 살롱맨이었다. 그는 헤르츠
의 살롱뿐 아니라 그 밖에도 여러 살롱에 출입했다. 무엇이 그로 하여
금 그토록 살롱 출입을 즐기게 했을까. 그의 글의 머리말을 옮겨보자.

어떠한 외부 목적에도 구속되거나 규제받지 않는 자유로운 사교성
은 모든 교양인이 스스로 지니는 최초의 가장 고귀한 욕구 가운데 하

슐라이어마허.

나로, 극히 바람직스럽게 여겨진다. 가정생활의 걱정이나 시민생활의
일에 어쩔 수 없이 얽매여 이를 되풀이하다 보면 그만큼 우리의 사람
됨은 고귀한 이상과는 점점 더 멀어진다.

슐라이어마허는 프랑스풍 모럴리스트이기도 했다. 그는 살롱의 본
질로 번잡한 가정생활이나 사회적인 업무에서 벗어난 자유로운 '사교
성'을 들고, 그것이 교양 있는 사람들이 더욱더 고귀한 마음가짐을 갖
게 한다고 강조했다. 살롱은 그에게 교양인의 둘도 없는 자유로운 만
남의 터전이었다. 그런데 그가 군이 사교성을 주제로 글을 쓴 배경에

는 그와 같은 세대에 속한 독일의 저술가 크니게의 저서『인간교제술』[1788]에 대한 강한 반발이 깔려 있었다.

그리스도교의 신비주의를 받드는 계몽주의적 비밀결사인 광명회[Illuminati]의 회원이기도 한 크니게 백작은 당시 널리 읽힌 그의 저서『인간교제술』의 서문에서 '행복을 누리지 못하는 사람들'을 염두에 두고 기술했다.

> 그들에게는 프랑스인이 말하는 '예절의 에스프리'가 결여되어 있다. 즉, 인간교제술이다. 이 기술은 지적이며 총명하고 재치 있는 사람들보다 오히려 머리가 훨씬 더 나쁜 사람들이 배우지 않고도 몸에 지니고 있다. 그것은 주목을 받고 중용되며, 존경을 받으면서도 시샘을 면하는 기술이다. 어떠한 모임의 흐름에도 자연스럽고 가볍게 대응하는 기술이다.

크니게는 그렇듯 '사교성'을 처세술로 그릇되게 이해했다. 자신이 젊은 시절 궁정에서, 또는 만년에 고위 관직생활에서 맛본 쓰라림 때문이었을까. 슐라이어마허는 크니게가 얻지 못한 행운을 살롱에서 누렸다. 그는 살롱에서 헤르츠 부인뿐만 아니라 슐레겔 형제를 비롯하여 낭만파 시인들, 반듯한 남녀 교양인, 사교가들을 많이 만났다. 그들과의 만남을 통해 고귀한 인간성에 깊이 눈을 떴다. 그렇듯 슐라이어마허가 독일 낭만파의 일원이 되고 독자적인 종교철학자로 크게 기록된 데는 살롱 체험이 적잖이 도움이 되었다.

헤르츠 부인이 살롱을 차린 시기1780년경~1806는 괴테, 실러와 칸트, 피히테로 대표되는 독일 문학과 철학의 황금기였다. 빛나는 업적을 쌓아올린 멘델스존, 훔볼트 형제, 슐라이어마허, 슐레겔 형제, 초기 낭만파의 선구자인 작가 모리츠, 장 파울, 유대인 출신의 정치·문예 비평가 뵈르네 등은 모두 헤르츠 부인 살롱의 단골이었다. 그들은 부인의 회상록『헨리에테 헤르츠, 그녀의 삶과 회상』1850에서도 큰 비중을 차지한다. 그러나 그녀에게 최고의 아이콘은 "새로이 모습을 나타낸 태양" 괴테였다.

헤르츠 부인은 괴테와 실러, 스탈 부인과도 친교를 맺었는데 그 추억을 회상록에서 더듬고 있다. 그 밖에도 베를린을 방문한 유럽 여러 나라의 왕족·귀족·학자·문인·정치가들이 부인의 살롱을 즐겨 찾았다. 헤르츠 부인의 살롱은 독일은 물론 유럽 유수의 살롱이 되었다. 프랑스 살롱의 세계에서는 단골 남성들과 그랑드 담, 또는 거기 출입한 여성들이 빚어낸 염담艶談이 심심치 않게 따라다녔다. 독일 살롱에서는 어떠했을까.

살롱의 여주인과 살롱에 출입한 독일 여성들은 프랑스에서와는 달리 갖가지 구속에 얽매여 자유롭지 못했다. 독일 여성사회에서 전통이나 관습에 반하는 일들은 풍기문란의 스캔들로 낙인찍혔다. 이러한 현상은 유대인 여성들의 경우 더욱 심했다. 그러나 일부 여성들은 일찍부터 극장에 드나들고『젊은 베르테르의 고뇌』를 비롯한 소설들을 탐독하면서 사랑과 일탈을 꿈꾼 '계몽된 여성'이었다.

15세에 결혼한 헤르츠 부인은 40대에 이르러서도 이탈리아 르네상스 시대 베네치아파의 티치아노가 즐겨 그린 여성들과 비교될 만큼 관능적인 미모의 소유자였다. 그녀 자신도 자신의 미모를 은근히 의식했다.

당대 최고의 인문주의자인 훔볼트는 16세 때부터 같은 독서협회의 단골로서 부인을 가까이했다. 귀족 출신의 이 독신 귀공자는 3세 연상의 헤르츠 부인에게 매료되어 그녀와 주고받은 편지에 구애의 심정을 비쳤다. 훗날 부인은 다음과 같이 이야기했다.

"나는 극히 냉정한 편지를 썼으나 그는 나처럼 이성적이지 않았던 것 같다."

두 사람은 일생 동안 변함없는 우정을 나눴다. 훔볼트의 구애를 제외하고는 어떠한 에피소드도 부인과 관련해 전해지지 않는다. 너그럽고 교양 있는 훌륭한 남편과의 가정생활에 만족한 까닭일까.

베를린 살롱에서 화제의 중심은 처음에는 계몽철학이었다. 그러다가 점차 자아의 실현을 지향한 괴테, 실러의 슈투름 운트 드랑 운동, 독일 고전문학이 대화의 주제가 되었다. 문학적 교양은 때로 사람을 일탈케 한다. 내로라하는 교양 있는 남녀들이 만나는 자리, 베를린의 살롱에도 흥미로운 에피소드가 따르게 마련이었다. 그 대표적인 예로 멘델스존의 딸 도로테아와 프리드리히 슐레겔의 만남을 들 수 있다.

멘델스존은 감성이 풍부하고 총명한 딸을 각별히 아끼고 독서모임에도 데리고 다녔다. 일찍부터 계몽사상에 눈을 뜬 도로테아는 낭만주의 시대에서 일탈한 삶을 살았다. 그 절정이 슐레겔과의 만남이었다. 그녀는 1783년 아버지가 맺어준 유복한 은행가 아들과 결혼하여 아들 둘을 낳았다. 남편은 그녀가 "지극히 혐오하는 옛 유대교"에 얽매

도로테아(왼쪽)와 프리드리히 슐레겔(오른쪽). 두 연인은 낭만적 삶을 함께 견디며 살았다.

인 범속한 위인이었다. 때마침 문학다회와 베를린 살롱 문화의 전성기, 사람을 더욱 들뜨게 하는 낭만주의 시대였다.

새로운 운명이 그녀 앞에 찾아왔다. 1797년 슐레겔과의 만남이다. 당시 초기 낭만파 운동의 주역 가운데 한 사람이었던 슐레겔은 헤르츠 부인의 살롱에서 도로테아와 마주쳤다. 두 사람은 바로 연정을 품었다. 슐레겔은 25세로 도로테아보다 8세 연하였다. 도로테아는 그 사랑을 지키기로 마음먹었다.

그녀는 집을 나와 새 보금자리를 꾸렸다. 2년이 지나 결국 남편도 이혼을 받아들였다. 여성의 이혼신청이 법으로 제정된[1794] 직후였다. 그러면서도 19세기 중엽에 이르도록 이혼녀는 탕녀로 여겨졌다. 같은 살롱의 단골이었던 장 파울은 그녀를 '첩'[Nebenfrau]이라고 공공연히 비난했다. 헤르츠 부인과 슐라이어마허만이 그녀 편에 서서 사랑이 없는 결혼생활은 부도덕하다며 그녀를 감쌌다.

한편 슐레겔은 파괴적인 창조성을 통한 근대적 자아와 사랑의 문제를 다룬 작품 『루신데』[1799]에서 당시 연인 사이였던 기혼의 도로테아를 모델로 삼았다. 그러자 그는 패륜아로 몰렸다. 두 연인은 일생 짊어져야 했던 떠들썩한 비난과 고발 속에서 결혼했다. 이때 슐레겔은 말했다.

> 나는 2, 3년간은 그대를 뜨겁게 사랑할 것이오. 그 시기가 지나면 그대와 이성적으로 이야기를 나눌 것이오. 우리 집안은 냉담하고 무료해질 것이오. 그러면 다른 방법으로 그대의 마음에 들도록 할 것이오.

두 사람은 함께 책을 읽고 글을 쓰고 공통된 화제로 이야기를 나누며 흡족한 나날을 보냈다. 그들은 예나로 옮겨가서 작은 살롱을 차렸다.

라헬 부인의 낭만주의적 살롱

헤르츠 부인의 살롱과 더불어 베를린 살롱의 대표 격인 라헬 레빈 파른하겐[Rahel Levin Varnhagen, 1771~1833] 부인의 살롱을 찾아보자.

베를린의 유대인 보석상의 딸로 태어난 라헬은 부모의 집 다락방에 문학 살롱을 차렸다. 다락방 살롱은 검소하지만 낭만적인 이미지를 풍겼다. 인습에 구속받지 않는 자유롭고 활달한 성격의 여주인은 미모가

빼어나진 않았다. 헤르츠 부인은 그녀를 이렇게 평가했다.

"생김새가 아주 지적이며, 우수에 찬 표정이 뚜렷한 얼굴 윤곽에 품위 있고 부드러운 느낌을 주었다."

그녀는 라헬에게 언제나 호의적이었으나 라헬은 그렇지 않았다. 아름답고 부유한 친구에게 "한껏 모양을 부린다"라고 험담했다.

라헬은 그녀의 방을 소수 엘리트들의 담론과 사회 비판의 터전으로, 즐거움이 아닌 배움의 터전으로 꾸렸다. 반듯하면서도 대담한 사교성은 그녀의 큰 미덕이었다.

> 나는 사교를 한없이 사랑합니다. 나 자신이 사교를 위해 태어났고 그 자질을 태어나면서부터 지녔으며, 그에 필요한 것들을 갖췄다고 확신합니다.

그녀가 발산한 자유롭고 편안한 분위기는 멋스런 취미를 지닌 각계의 인사들을 끌어들였다. 그중에는 훔볼트, 장 파울, 프리드리히 슐레겔, 마르쿠스 헤르츠, 멘델스존의 두 딸, 스탈 부인, 오스트리아의 장군이자 루소·볼테르·괴테와도 편지를 교환한 리뉘 공도 있었다. 라헬은 특히 괴테와 피히테를 길잡이자 아이콘으로 여겼다.

괴테는 그녀를 '아름다운 영혼의 소유자'라고 불렀으며 프로이센의 왕자 루이스 페르디난트는 라헬의 피아노 반주에 맞춰 자작곡을 발표했다. 왕자의 미모의 연인도 곧 여주인의 친구가 되었다. 라헬의 살롱에서는 부인들이 이른바 '향기롭지 못한' 여인들과도 자리를 함께했다. 그녀의 다락방은 얼마 안 가 독일 낭만주의 시대의 가장 유명한 살롱이 되었다. 그 비결은 무엇이었을까.

'게뮈트Gemüt로 표현되는 독일 사람들의 독특한 '순수하고 정다운 마음씨'는 자연적·가정적인 심성이며 사회성·사교성과는 거리가 먼 성싶다. 그것은 특히 여성들에게 꾸밈없고 바람직한 미덕으로 여겨져 여성을 가정 속에 묶어놓았다. 라헬은 독일 여성의 자아실현을 위한 첫걸음을 3K(Küche주방, Kinder아이, Kirche교회)를 버리는 데서 찾아야 한다고 주장했다. 라헬은 자신의 살롱이 무엇보다 '자유로운 정신의 공화국'이기를 기대했다. 부인은 새로운 비전을 지향한 프랑스 살롱의 담론하는 문화를 특히 부러워하고 우러러보았다. 그녀는 자주 말했다.

"우리 독일 사람들은 프랑스어처럼 모든 사교를 관통하는 언어를 아직도 지니지 못합니다."

라헬 부인은 스스로를 기성생활의 아웃사이더, 즉 이방인으로 여겼다. 그러나 그것은 본심이 아니었다. 그녀가 진정 바란 것은 다른 데 있었다.

그녀는 일생 유대인으로 살기를 거부했다. 그 극복 방법을 그녀는 그리스도교도인 귀족과 결혼하는 것에서 찾고자 했다. 그녀는 자신에게 매료된 핀켄슈타인 백작이나 에스파냐 외교관인 두르키호와의 만남에서 그 꿈을 이루고자 했다. 그러나 사회적 편견은 그녀에게 큰 상처를 입혔다.

1806년 나폴레옹의 베를린 입성은 그녀의 살롱에 종말을 고했다. 애국주의의 나팔소리와 더불어 그리스도교계 인사들은 더 이상 유대인 여성의 살롱을 찾지 않았다.

라헬 레빈 파른하겐. 지난날을 파묻고
새 시대를 향한 진실을 산 여인.

하지만 라헬은 의기소침해하지 않았다. 프랑스어를 배우고 프랑스어 편지를 통해 새로운 우정을 찾았다. 그러다 튀빙겐 대학에서 수학중인 귀족 가문 출신의 파른하겐 폰 엔제를 만났다. 14세 연하였던 그는 그녀가 당혹스러워할 만큼 열정적이었다. 그와 결혼하면서 라헬은 외교관 부인 파른하겐 폰 엔제, 즉 귀부인이 되었다. 그녀는 결혼 나흘전에 그리스도교로 개종하기도 했다.

그 뒤 5년간 그들 부부는 빈, 프랑크푸르트, 카를스바트에서 지내다베를린으로 돌아왔다. 파른하겐은 1819년에 아내에게 두 번째 살롱을 마련해주었다. 아내를 존경하고 신뢰한 남편의 도움으로 그녀는 새

로운 살롱에서 호화로운 만찬과 음악을 즐길 수 있었다. 라헬의 살롱
은 사상가와 예술가는 물론 베를린의 지적 엘리트의 사랑방이 되었다.
그 빈객 중에는 당시 신설된 베를린 대학의 교수인 역사가 랑케와 철
학자 헤겔, 시인 하이네도 있었다. 당대의 한 저명한 화가는 부인의 살
롱에 뒤늦게 출입하게 된 어리석음을 크게 뉘우쳤다.

> 나는 저명한 라헬을 이제야 알게 된 것을 참으로 부끄럽게 생각합니
> 다. 나는 라헬 일파를 머리가 이상한 유대 청탑파靑鞜派 정도로 여겼
> 습니다. 그러나 나는 라헬의 책 속에서 비할 바 없는 인류의 보물을
> 찾았습니다. 놀랄 만큼 뛰어난 자질을 타고난, 가장 깨끗하고 숭고한
> 내면을 갖춘 인간의 영혼입니다.

당대의 저명한 언론인이며 정치가였던 겐츠는 부인에게 말했다.
"당신이야말로 세계 최초의 인간입니다. 지금도 감각과 정신의 불꽃
을 지닌 모든 사람의 삶의 풍요한 나무입니다."
이 극도의 찬사는 어디에서 오는 것일까. 한나 아렌트가 라헬에 관
해 한 말이 떠오른다.
"온몸으로 삶을 드러냈으니 삶은 그릇됨 없이 그녀에게 명중했다."
한편 라헬 부인은 아름다움과 품위, 재치와 세련미, 유머러스한 농
담으로 아로새겨졌던 옛 살롱을 몹시 그리워했다. 하이네는 그녀에게
바친 시「귀향」에서 그녀를 '옛 시대를 매장하는 데' 도움을 주고 새 시
대를 위해 '산파 역을 다한' 인물로 찬양했다. 사실 부인의 만년과 더불

어 베를린 살롱의 고전시대는 막을 내렸다.

사물의 '진실'을 찾아서

대체로 1780년대에 출범한 베를린의 살롱 문화는 파리보다 약 160년 뒤진 셈이다. 그 시기는 프랑스혁명 직전 계몽주의 사상이 절정에 이른 담론하는 정치의 계절이었다. 베를린의 초기 살롱 문화에서 핵심 역할을 했던 유대계 여성은 모두 독일 계몽사상가인 멘델스존의 제자이자 후예였다.

베를린 살롱의 원형은 이른바 '학문의 나라' 독일답게 독서협회와 문학다회였다. 그 중심에는 유대인 여성이 자리를 차지했다. 그만큼 베를린의 살롱 문화는 이념적이었으며 시대정신에 발을 맞추었다. 파리 살롱의 그랑드 담에 비길 만한 라헬 부인, 헤르츠 부인의 존재는 베를린의 살롱 문화를 훌륭히 격상했다. 살롱이 그 여주인의 여원女苑임을 새삼 실감케 한다.

1780년대에 비롯된 베를린의 살롱 문화는 제1차 세계대전이 발발한 1914년까지 전통이 이어져 살롱 수는 약 90개를 헤아렸다. 그중 약 30개의 살롱이 문화·사회적으로 크게 이바지했다. 그 발자취를 떠올리며 베를린 살롱 문화의 본질을 빌헬미-돌링거는 그의 저서 『베를린 살롱: 역사적·문화적 산책』2000에서 '진정한'echt 것의 탐색이었노라고 지적한다.

앞에서 관찰했듯 살롱과 살롱 문화는 국민적 심성, 멘털리티 그리고 문화·전통에 따라 저마다 특유한 색채를 짙게 풍겼다.

일찍부터 궁정문화가 꽃핀 프랑스의 살롱은 귀부인 중심의 '우아한 연회'인 양 향기로웠다. 살롱은 사교적 교양인 오네톰의 사랑방이었다. 17~18세기 '풍아한 화가' 와토의 그림, 19세기 베를렌의 시집, 19~20세기 드뷔시의 음악에서 전형적으로 나타나듯이(그들은 모두 살롱맨이었다) '우아함'la grâce을 본질로 하는 프랑스 예술, 프랑스 문화를 뿌리내리게 했다.

한편 로코코풍의 궁정과 귀부인문화가 없었던 영국에서는 귀족과 상층 부르주아로 이루어진, 담론하는 신사들의 클럽 문화가 발달했다. 남성들만의 열띤 담론은 필경 정치적이게 마련이다. 그러나 합리적 경험주의자인 그들은 정략적이며 당파적이기에 앞서 '질서'와 함께 '자유'를 표방하여 영국풍의 근대적 시민사회와 의회제도를 구축했다. 그 배경에 귀족과 시민계급 모두 누린 옥스브리지의 인문학적 교양이 크게 가세했음은 물론이다.

그러면 독일 살롱의 '진정성'이란 무엇일까. 베를린 살롱의 원형은 멘델스존의 독서협회였다. 유대인 출신의 계몽주의자로서 소외된 유대인의 인간성 회복을 위한 그의 강한 소명의식은 대체로 멘델스존을 스승으로 받든 유대인 출신 여성들이 꾸린 살롱으로 이어졌다. 그래서 베를린 살롱은 삶을 즐기는 사교의 터전이나 지적 호기심에 찬 딜레탕트의 유연한 놀이터이기보다는 '진실'을 추구하는 동지들의 배움터 성격이 강했다.

유대인 살롱 여주인이나 그 단골들은 대체로 프랑스 문화와 계몽사상에 심취했다. 그러나 그 절대다수는 프로테스탄트였다(유대인들도 대개 프로테스탄트로 개종했다). 베를린 살롱이 프랑스 살롱을 본보기로 하면서도 궁정 사교문화가 부재한 베를린에서 필경 '진정한' '내적으로 진실한' '자연적인' 것을 일관되게 추구한 이유다. 그런데 정치·사회체제의 후진성이 강한 독일에서는 그 진실이 일상적인 삶이나 사회적 관행과 맞서서 추구되어야 했다. 따라서 베를린 살롱은 이념적이며 관념적일 수밖에 없었다. 철학자풍의 단골이 많았던 그 살롱들에서 라 로슈푸코나 새뮤얼 존슨 같은 인물은 찾아볼 수 없었다. 독일 살롱은 이야기와 담론을 즐기는 사교적 놀이터가 아니었다.

독일 신성로마제국 황제의 관.

1930년대의 빈 살롱, 어제의 세계를 회상하며

> 인간의 진가는 그가 무엇을
> 할 수 있는가가 아니라
> 본래 있는 그대로의
> 그의 존재로 드러난다.
> • 프리드리히 빌헬름 니체

어제의 세계 속 추커칸들의 정치 살롱

독일 살롱이라고 하면 으레 빈을 먼저 떠올리기 쉽다. 빈은 1278년 이래 오스트리아 왕국 합스부르크가의 수도였으며 그 뒤 여러 세기에 걸쳐 신성로마제국의 수도이자 황제의 궁정 소재지였다. 19세기 후반 이후 베를린을 빈과 비교하는 현상이 나타나지만 그 이전에는 프로이센의 베를린을 한때 동서유럽에 걸쳐 옛 로마제국 이상으로 거대했던 독일 신성로마제국 황제의 수도와 나란히 이야기하는 것은 어림없는 일이었다.

그러나 영광스러운 궁정문화는 꽃피지 못했다. 그리고 17~18세기에 이르러서도 뛰어난 문인·철학자·사상가의 모습을 거의 찾아볼 수 없었다. 살롱과 살롱 문화란 프랑스 파리에서 볼 수 있었듯이 궁정풍의 귀부인을 중심으로 귀족과 한 무리의 뛰어난 문인과 사상가가 이룩한 사교장, 사교문화가 아니었던가.

빈에서 바람직한 사교문화, 살롱 문화가 꽃피지 못한 것은 빈의 봉건체제 그대로의 엄한 신분적 차별과 근대적 시민계급의 부재, 그리고 합스부르크가의 궁정과 빈의 귀족이 프랑스가 아니라 사교문화, 살롱 문화가 거의 없다시피 한 에스파냐 왕실과 귀족을 전통적으로 본받아 왔다는 사실과도 관련이 있다. 이러한 실상을 스탈 부인은 『독일론』에서 여러 번 지적했다.

> 빈의 사교생활에서 볼 수 있는 주요한 결함 가운데 하나는 귀족과 문인의 교제가 전혀 없다는 사실이다. 사람들은 동료끼리만 지낸다. 보편적인 사상과 공공의 이해가 신장할 기회를 지니지 못하는 나라에서는 당파나 동료만 있을 뿐이다. 이처럼 계급이 나뉘어 있으므로 문인은 우아하지 못하고 귀족과 귀부인은 교양을 갖추지 못한다.

위대한 여제女帝 마리아 테레지아재위 1740~80의 호화로운 궁전 쉰브룬에서도 궁정문화, 사교문화는 꽃피지 못했다. 그러나 귀족풍의 유한계급이 19세기 말 이래 1920~30년대까지도 독특한 향기를 빈에 뿜어대었다.

오스트리아의 저명한 작가이며 비평가인 헤르만 바르는 베를린에서 경제학을 배우고 귀국하면서 빈이 "유럽 19세기의 주류에 뒤처져 있다"고 사회주의자로서 경고했다. 사실 대다수의 빈 시민 특히 교양계층은 합스부르크가가 영광을 누린 '어제의 세계' 속에 머물고 있었다.

유럽은 19세기 말 중공업과 금융자본의 발달로 특징지어진 기술산업사회로 들어서면서 일대 전환기를 맞이했다. 그러면서 부조리한 근대적 뒤틀림이 모든 영역에서 드러나기 시작했다. 이러한 현상은 유럽 여러 나라에서 전통적인 교양계층의 해체 또는 몰락을 초래했다.

교양인 또는 교양계층이란 자기 개인의 삶을 무엇보다도 귀하게 여기는, 그러면서 인문학적 수양과 다채로운 흥취興趣를 가까이하는 인간이다. 그러나 그들도 독서인이고 지성인이었던 만큼 시대의 흐름을 잘 알았고 그것에서 벗어날 수 없었다.

교양인과 지식인, 그 양자의 차이나 구별은 분명하면서도 애매모호하다. 지식인이 지적 전문성과 사회 지향적인 성격이 강한 데 비해 본질적으로 개인주의자인 교양인은 폭넓은 지적 호사가아마추어이며 사교적 인간이라 해도 좋을 것이다.

그러므로 지식인의 터전이 학계나 저널리즘을 비롯한 전문적인 학식을 요구하는 영역인 데 반해 교양인의 터전은 오네톰이나 신사계층에게서 볼 수 있듯이 미술·음악·극장 등 예술 감상의 세계다. 그러나 19세기 중엽 이후 특히 제1차 세계대전 이래 '기술과 대중' 시대의 도래와 현대사의 부상은 지난날 전통사회를 좌지우지한 교양계층의 해체 또는 몰락을 촉진하다시피 했다.

오늘날 바람직한 엘리트상은 기술과 대중의 시대가 잉태한 갖가지 문제를 직시하고 바람직한 공동체를 실현하기 위해 전문성을 갖춘 지성, 그와 더불어 휴머니즘적 교양을 두루 갖춘 인물이라고 할까. 그러나 합스부르크가의 왕도 빈에서는 대다수 지식인과 교양인이 대전환의 도래를 외면하며 '어제의 세계'에 연연했다.

'결핍된 시대'인 현대의 심연을 파헤친 작가이며 지식인인 헤르만 블로흐는 19세기를 전통적 가치체계의 상실로 특징지으며 '비양식非樣式의 시대'라고 지칭했다. 제관帝冠에 기대어 이룩된 고전적인 로코코풍의 양식이 여러 세대에 걸쳐 특유한 미학을 잉태한 빈에서 양식의 해체는 내일을 기약할 수 없는 대전환을 뜻했다. 그러나 빈은 여전히 어제의 세계를 즐기기를 원했다.

오스트리아는 다민족국가이며 다원적 언어의 사회다. 빈의 경우 1900년경 인구 167만 명 중 독일어 36퍼센트, 체코어 23퍼센트, 폴란드어 17퍼센트, 슬라브어 13퍼센트를 사용했다. 그 밖에도 여러 유럽어를 쓰는 사람들이 섞여서 살고 있었다. 독일어를 쓰는 유대인은 15만 명으로 그들 중 약 9퍼센트가 빈에 거주했다. 비평가·시인·극작가인 크라우스가 언어의 다양성을 들어 "빈에서 공공사회는 성립하지 않는다"고 언명한 이유가 여기에 있다.

그러나 동서유럽에 걸친 이 다민족국가에도 통합의 원리는 존재했다. 그것은 국가권력도 근대적인 국민의식도 아니었다. 그 대신에 합스부르크가가 여러 세대에 걸쳐 연출한 제왕帝王의 자기과시와 의례, 그리고 그에 응답한 신민의 중세풍의 충성심이었다. 바로 그 '숭고한 이념' 위에 독특한 '오스트리아 심성 게뮈트'와 미학이 구축되었다. 참으로 가관이었다.

다민족국가의 수도 빈은 합스부르크 제국 이래 게르만·라틴·슬라브계 세 민족의 문화 교류와 융합의 십자로이기도 했다. 이러한 사실은 세기말 빈의 음악·문학·사상·미술의 풍요로운 다산성에서도 잘 드러났다. 즉 문학에서는 슈니츨러와 호프만슈탈 등 '젊은 빈파', 클림트 · 실레 · 코코슈카로 대표되는 회화, 바그너와 존스 등의 건축가, 브루크너 · 볼프 · 말러 · 쇤베르크에 이르는 음악계, 사상의 세계의 프로이트와 아들러 등 현대사의 개막을 알리는 모반을 꿈꾼 인사들에게서 나타났다. 그러나 그들의 모반은 적잖이 비사회적 · 반사회적이었다. 그러니 빈은 본래 그대로의 빈이었다.

19세기 후반 빈도 파리, 런던과 더불어 대대적인 도시 개조에 착수했다. 거리를 둘러싼 약 4킬로미터의 링슈트라세^{환상도로}에는 네오고딕 양식의 포티프 교회와 시청사, 고전양식의 국회의사당, 네오르네상스 양식의 빈 대학이 세워졌다. 빈은 황제 프란츠 요제프 1세에 의해 벨베데레 궁정과도 같이 '아름다운 풍경'^{belvedere}으로 완성된 것이다.

1920~30년대 합스부르크 제국의 '어제의 세계'를 잊지 못한 상류 계층은 사교계를 꾸리고 빈에 적지 않은 살롱을 차렸다. 그중에서도 가장 유명한 것은 추밀고문관인 고명한 해부학자와 결혼한 유대계의 추커칸들^{Berta Zuckerkandl, 1864~1945} 부인의 살롱이었다.

그녀는 자유주의적인 신문 『신빈일보』^{Neues Wiener Tagblatt}를 창간하고 그 편집장을 역임한 부유한 아버지의 딸로 태어났다. 오빠도 『신빈일보』의 편집장이었다. 추커칸들은 어린 시절 빈 지식인의 사랑방과도 같았던 저택에서 자랐으며 거기에서 영국 수상 디즈레일리, 훗날 프랑스의 대정치가가 되는 클레망소와도 만났다. 그녀의 언니는 클레망소의 동생과 결혼했다.

추커칸들은 파리 클레망소의 저택에 자주 출입하여 조각가 로댕, 작

왼쪽 위부터 구스타프 클림트, 에곤 실레,
오스카 코코슈카, 막스 클링거, 오토 바그너,
카를 크라우스, 루트비히 비트겐슈타인, 알프레트 아들러,
오토 바이닝거, 에른스트 블로흐, 슈테판 츠바이크,
지그문트 프로이트, 구스타프 말러.

왼쪽 위부터 요한 슈트라우스, 브루노 발터,
아르놀트 쇤베르크, 요하네스 브람스, 라이너 마리아 릴케,
프란츠 베르펠, 휴고 폰 호프만슈탈, 아르투어 슈니츨러,
로베르트 무질, 프란츠 요제프 1세, 엘리자베트 황후,
파울 비트겐슈타인, 알마 신들러-말러.

곡가 라벨, 시인이며 극작가인 제랄디, 여류시인 안나 드 노아유 등 저명한 예술가나 문인들과 만나 친하게 지냈다. 백작 가문 출신의 노아유는 어릴 때 그녀를 '베르타 아주머니'라고 부르며 따랐다.

그 무렵 빈에서 살롱을 꾸린 여성들은 대체로 상류층 출신으로 문학과 예술 그리고 학문과 시사평론에도 밝은 지적 여성들이었다. 그에 더해 그녀들은 '사교'의 장을 연출하는 자질과 매력도 갖추어 지식사회 여러 분야의 인사들을 끌어들였다. 어쩌다 다른 살롱의 단골이 이중으로 초대되기도 했으나 당시 빈의 살롱은 저마다 '손님을 (전문직별로) 따로따로 나누어서' 초대했다. 이러한 사실은 살롱 문화에도 교양인을 대신해 전문 지식인의 시대가 도래했음을 의미했다.

추커칸들 부인의 살롱에서 특히 주목받은 인물은 당대 문학운동의 선구자 격이었던 바르와 전위 화가들이었다. 특히 예술의 새로운 흐름에 민감했던 여주인은 아르누보 격인 유겐트슈틸의 대모이기도 했다.

> 그녀는 대단히 활기차고 참으로 고상하고 젊음이 넘쳐 새로운 것들을 활기 있게 받아들였다. 클림트와 말러의 친구이며 '빈 공방'의 선구자인 그녀는 호프만이 꾸민 품위 있는 색깔의 실내장식 속에서 마치 이국異國의 꽃과도 흡사했다……. 그녀의 곁에 있으면 언제나 기분이 좋아졌다. 가령 앞날이 어두워 보이더라도 그녀와 함께 있으면 언제나 미래를 낙관하는 마음이 생겨났다.

추커칸들 부인에 대한 당대 빈 최고의 전아한 교양여성으로 알려진 헬레네 폰 노스티츠의 찬사다. 추커칸들 부인은 참으로 천성이 밝은 낙천주의자였다.

늙은 제국이 해체되고 내일을 예측할 수 없는 불확실한 나날을 맞이하면서도 그녀의 낙관주의는 흔들리지 않았다. 그만큼 어제의 빈과 오스트리아를 사랑한 것일까.

그녀의 살롱에는 정치가들도 적잖이 출입했다. 어릴 때부터 아버지 슬하에서 '정치 교육'을 받은 그녀는 자신의 살롱을 서로 대립 관계에 있는 정치가들의 화해 장소로 활용함으로써 그 평판을 더욱더 높였다. 그녀는 지면이 있는 외국의 서물 징지가들을 이용하어 정계의 중재 역을 다하고자 적극적으로 노력하기도 했다.

특히 새로운 정치 이데올로기적인 시대를 초래한 프랑스의 드레퓌스 사건1898은 그녀의 정치의식에 큰 변화를 일으켰다. 즉 귀족적·부르주아적 교양보다는 정치적 관심과 정치 참여가 더욱더 그녀의 관심사가 되었다. 추커칸들 부인은 말로 싸우고 정치적 논설을 쓰는 실천적인 저널리스트로 변해갔다.

그녀는 유럽 국민의 소통과 안정에 이바지하기 위해 1924년 이래 몇 차례 주요한 인터뷰를 감행했다. 대담 상대는 드레퓌스 옹호를 계기로 사회주의로 기운 프랑스의 작가 아나톨 프랑스, 파리 주재 소비에트 대사 크라신, 영국 노동당 내각의 수상 맥도널드 등이었다. 그러나 추커칸들 부인은 다른 한편으로는 살롱의 여주인으로서 클림트의 화풍에 심취했으며, 말러와 그 애인 알마와도 친히 지내고, 빈 공방과 잘츠부르크의 음악축제에도 깊은 관심을 나타냈다. 그녀는 진보적 지성과 어제의 교양을 두루 갖춘 당대 최고의 빈 시민이었다.

1938년 히틀러의 제3제국이 오스트리아를 합병했다. 그녀는 극도의 두려움과 공포에 질려 망설임 없이 프랑스 지배하의 북아프리카 알제리로 망명했다. 그러나 빈의 살롱 문화는 멈추지 않았다.

발레리나 비젠탈의 살롱

빈의 살롱 문화는 히틀러 제3제국의 갈색 제복이 옛 황제의 거리거리를 누비는 암흑 속에서도 자취를 감추지 않았다. 그 대표적인 예로 왕년의 발레리나 비젠탈Grete Wiesenthal, 1885~1970의 살롱을 들 수 있다.

궁정오페라 발레단의 조숙한 발레리나였던 비젠탈은 빈 국립 오페라극장 감독인 말러의 눈에 띄어 7세 때 데뷔하면서부터 빛나는 미래를 이미 굳게 약속받았다. 그녀는 빈 발레단에 참여하고 유럽과 미국 여러 도시의 초청공연에 섰다. 그리고 때로는 안무가나 무대감독으로도 재능을 발휘하고 세계적인 연출가 라인하르트와 협력함으로써 빈 왈츠를 소박한 민중적 무용에서 순수한 무용예술로 격을 높이는 데 크게 이바지했다.

그녀의 예술의 원천은 세기말 유겐트슈틸의 섬세한 향기와 그윽한 장식성이 조화를 이룬 독특한 미학이었다. 많은 비평가가 그녀를 주목하고 그녀에게 매료되었다.

갖가지 시련과 불온한 시대 속에서도 빈틈없는 매력이 넘친 여성, 내적·외적으로 문화적인 매력으로 가득 찬 여성, 문화 전체와 맺어진

귀한 존재. 도둑과도 같았던 탐욕스러운 삶도 신에게도, 사람에게도 사랑받는 혜택을 그녀에게서 빼앗을 수 없었다.

비평가 폴가가 모럴리스트의 눈으로 관찰한 비젠탈의 인간성의 전모다. 그녀는 이런 자질을 살롱의 여주인으로서도 유감없이 발휘했다.

1930년대부터 1960년대 말까지 변화무쌍한 시대, 비젠탈의 살롱은 그녀의 거처인 쾌적한 맨션의 홀에서 막을 열었다. 그 집은 맨션이라기보다 저명한 건축가가 여주인의 섬세한 성정에 맞추어 꾸린 것이었다. 홀에는 친구인 화가가 엘 그레고풍의 색체로 성서에 나오는 풍경을 묘사한 큰 그림이 걸려 있고 의자 사이에 놓인 불타의 흉상과 그리스 젊은이의 입상立像 두 점은 그윽한 분위기를 풍겼다. 손님들은 여주인의 팔걸이의자를 에워싸고 자리를 잡았다.

여주인은 손님들의 이야기에 귀를 기울인다는 살롱 불문율의 예절에 탁월한 능력이 있었다. 그러나 그녀는 사교를 위한 사교에는 별로 관심을 두지 않고 예술가로서 지적 욕구를 채우는 데 정성을 기울였다. 사상과 학문, 정치 문제에도 깊은 관심을 쏟았으며 그에 따라 살롱의 손님도 신중하게 선택했다.

비젠탈의 많은 친구와 친지 중에는 시인이며 번역가인 슈뢰더, 극작가 추크마이어, 문화철학가 카스너 등이 있었다. 당대 오스트리아 최고의 교양인이며 시인·극작가·에세이스트로서 당대 빈 미학을 한 몸에 구현한 호프만슈탈Hugo von Hofmannsthal, 1874~1929도 그녀의 귀한 단골이었다. 그의 시 한 구절을 보자.

그레테 비젠탈. 그녀의 살롱은
히틀러의 그림자가 짙게 드리운
나날 속에서 정치적 담론을 즐겼다.

우리는 꿈꾸는 그릇에서 태어나
꿈은 그 눈동자 눈부셔
벚나무 아래 아이들과도 같으니.

호프만슈탈은 비젠탈 부인을 위해 발레 대본을 작성하는 등 그녀와
각별히 친밀하게 지냈다. 그는 김나지움 재학 중에 이미 시와 산문을
발표하고 명문 카페 그린슈타이들의 단골이 되었으며 유럽 여러 나라
의 시인·문인·지식인 들과도 폭넓은 교류를 즐겼다. 그의 몸속에는
독일인·이탈리아인·유대인의 피가 흘렀으며 귀족 칭호를 지닌 부유

한 기업가 집안 출신이었다. 전아한 고전미와 근대적 우수를 품은 그의 인생과 작품은 빈의 난숙한 문화를 상징적으로 드러냈다. 비젠탈은 호프만슈탈이 작고한 뒤에도 그의 미망인, 아들딸과도 오래도록 사귀었다. 호프만슈탈의 손녀는 '따뜻하고 순수한 빈 말씨'를 배우기 위해 비젠탈의 집에 잠시 하숙을 하기도 했다.

비젠탈과 그녀의 살롱에 출입한 예술가·작가·사상가·정치가 들의 올바른 사람됨과 진실한 우정은 나치스의 빈 침공을 계기로 더욱 빛을 발했다. 그들은 망연자실하면서도 모두 약속이나 한 듯이 반나치주의자가 되고 저마다 자신의 방식으로 저항했다. 그리고 빈이 재생될 수 있는 길을 모색했다. 비젠탈의 살롱은 박해받은 인사들과 위험에 처해 있는 사람들의 피난처가 되었고 반나치활동가들의 구심점이 되었다.

비젠탈 부인은 도움을 요청하는 모든 이의 손을 따뜻이 잡아주었다. 이 여주인은 자신의 집이 게슈타포의 감시하에 놓여 있음을 잘 알고 있었다. 그러나 조금도 개의치 않고 그녀는 자신의 자세를 굳게 지켰다. 훗날 나치스 친위대에게 무참히 살해되는 저명한 극장 지배인인 유대계 에밀 가이거를 구제하기 위해 살롱에서 가이거의 낭독회를 여는 한편 한 사제의 반체제적인 강연회를 열기도 했다. 거기에서는 피신 중인 몇몇 인사의 모습도 볼 수 있었다.

며칠 뒤 나치스의 돌격대원들이 비젠탈 부인의 저택으로 들이닥쳐 강연회에 출석한 사람들의 명단을 밝히라고 여주인을 위협했다. 그녀는 미소를 지으며 맹세코 참가자들과는 면식이 없다고 말했다. 제복의 사나이들은 그대로 돌아갈 수밖에 없었다. 그들은 고명한 발레리나의

20세기 초 빈 부인들의 패션.

후광에 눌렸던 것이다.

비젠탈 부인의 살롱은 어느새 반독일적 모임이 되었다. 박해받고 도피 중이던 인사들도 여주인과 몇몇 저명한 초대객 속에 섞여 있으면 약간은 마음이 편했다. 그들의 저항이라는 것도 실력 행사와는 거리를 둔 것이어서 비밀경찰도 그 점을 알아차리고 가택수색에 요령을 부렸다. 그들도 빈 시민이 아니던가. 비젠탈도 이러한 사실을 알아차리고 1945년 히틀러 제3제국이 붕괴할 때까지 더욱 소신껏 행동했다.

부유한 집안 출신인 비젠탈 부인은 일찍부터 경제적으로 어려운 예술가와 작가, 피신 중인 사람들에게 성세직 지원을 아끼지 않았다. 화가인 남편이 윤택한 명문가 출신이라는 점도 큰 도움이 되었다.

은밀한 그러나 자랑스러운 피난처가 된 비젠탈 부인의 살롱 최고의 빈객은 독일의 '마지막 시성詩聖'으로 불린 극작가이자 소설가인 하우프트만이었다. 1942년 11월 15일 이 문호의 80회 탄생일에 즈음한 축제 주간을 독일 정부는 전적으로 무시하고 하우프트만과 생일이 같은 반유대주의자이자 국수주의 작가인 바르텔스의 탄생일을 보란 듯이 축하했다. 하우프트만은 일찍부터 히틀러의 노여움을 사서 나치스에게 '유대적 평화주의 문학의 대변자' '노동조합의 괴테'로 낙인찍혔다. 괴벨스는 독일의 모든 극장에 하우프트만에 대한 어떠한 경의의 표시도 금지하라고 시달한 지 오래였다.

노문호는 생일날 밤을 가족과 몇몇 벗과 함께 보내기를 원했다. 만찬은 비젠탈의 집에서 열렸다. 하우프트만은 비젠탈 부인을 '빈의 지극히 높은 명예를 상징하는 인물'로 여겼으며, 그녀의 살롱을 그의 고

향의 '별장'과 같은 '영혼을 지켜주는 신비한 피부와 점막'이라고 지칭했다.

1938년 3월 히틀러 제3제국에 의해 오스트리아는 독일에 편입되었다. 오스트리아 태생인 히틀러는 강제합병에 호응한 일반 민중의 열광 속에 빈으로 '개선'했다. 히틀러는 "우리 제국의 '진주'에 어울리는 지위를 빈에 제공하겠노라"고 장담했다. 그러나 빈은 하나의 지방도시로 변해갔다. 합병 직후부터 유대계 정치 지도자를 비롯해 교수·사상가·문인·예술가 들이 망명의 물결을 이루었다. 망명에 실패한 적지 않은 인사들은 강제수용소로 보내졌고, 더 많은 인사들이 빈과 오스트리아에 남아 '국내 망명'의 길을 택했다. 1944년 가을에 이르자 빈도 연일 연합국의 공습 아래 놓였다.

그 무렵 고사포 부대에 배속된 두브로비치는 어느 날 스승 격인 문화철학자 카스너를 방문했다. 이 노철학자의 아파트 주변 일대는 심한 폭격을 받았는데 몸이 불편한 스승이 지하 방공호에 피신하지 못했을까봐 걱정하여 찾아간 것이다. 그곳에 도착해보니 주변 가옥들은 모두 엉망으로 부서졌는데 스승의 아파트만 기적처럼 그대로였다.

남성 두셋의 목소리가 흘러나오는 카스너의 서재 방문을 살짝 열어본 두브로비치는 뜻밖의 광경과 마주쳤다. 어슴푸레한 실내 둥근 테이블 앞에는 휠체어에 앉은 방 주인이 보였고 그 맞은편에는 시인이자 극작가인 멜과 주인의 친한 벗 한 명이 앉아 있었다. 방 주인은 원고를 읽고 있었다. 그를 방해하지 않으려고 두브로비치는 인사도 하지 않고 말없이 앉았다. 낭독을 마친 스승은 손짓을 섞어가며 정열적으로 이야기를 시작했다.

그 광경은 꿈만 같았다. 현관 밖에서는 세계가 멸망할지도 모르는 무서운 일들이 펼쳐지고 있었다. 그런데 이 방에서는 루이 14세 궁정의 사교적 모임에서 담론의 분위기를 특징지은 것은 에스프리가 풍부한 재치였던가 혹은 냉소주의시니시즘였던가 하는 문제를 흔들리는 등불 아래서 논의하고 있었던 것이다. 결례가 되지 않도록 잠시 머뭇거리다가 공습에 얼마나 놀라셨느냐고 인사를 건네자 스승 카스너는 그것은 사소한 일이라며 한마디 하고서는 토론을 계속했다.

가령 극단적인 상황에 놓인다 하더라도 인간은 그 정신적·도덕적 자질에 따라 현실로부터 자신의 독립성을 견지할 수 있다. 내가 목격한 그들의 모습은 그것을 증명한 듯했다.

일종의 감동적인 단막극과도 같은 이 장면은 빈 태생의 저널리스트인 두브로비치가 제1·2차 세계대전 시기 빈의 살롱과 카페를 회상한 저작『횡령당한 역사』1985에 담은 이야기다.

빈의 담론문화를 보여주는 또 하나의 귀한 모습이다. 그들의 그윽한 담론문화가 참으로 부럽고 부럽다.

잘 생각해보면, 프랑스에서도 사람들이 이처럼
말이 많고 기분 좋게 이야기를 즐기는 일은 없었다.
정신의 빛나는 출현, 그 명예의 한 부분은 분명히 시대의
'행운의 혁명', 새 풍속을 만들고 사람들의 기질을 바꾼
중요한 사실, 즉 커피의 유행에 돌려야 할 것이다.

• 쥘 미슐레

2

카페, 도시 속의
열린 살롱

아삼 지방의 차밭.

차와 커피는 세계를 하나로 묶었다

빛은 오리엔트로부터!
젖내음이 풍겨오는 땅.
• 라틴어 격언

차의 길, 동방에서 서방으로

길은 인류 최초의 창조물. 태곳적 인류는 꿈과 바람, 욕망과 믿음, 모험과 호기심을 품고 대륙과 바다에 크고 작은 길을 무수히 만들었다. 길은 인류의 발자취이며 행로의 거울. 먼저 황금과 옥비취과 불로장생의 약을 찾은 환상의 길, 정복과 순례, 모험과 탐구의 길, 그리고 부와 사치를 향한 향료와 비단의 길이 있었다. 이어서 차와 커피가 대륙과 바다의 길을 돌고 돌아 세계를 하나로 묶었다.

미국의 『라이프』지는 1997년에 새 천년을 앞두고 지난 천년의 세계사적 사건 100가지를 선정해 발표했다. 그 가운데 차가 유럽 문화에 초래한 삶의 패턴 변화가 28위에 올랐다.

중국 차는 일찍이 5세기경부터 비단길실크로드을 통해 서역 여러 나라에, 7세기 전반에는 신라에, 9세기 초에는 일본에 전해졌다. 세계의 지붕이라는 티베트에도 전해지고, 베트남과 미얀마도 일찍부터 차의 소비지였다. 9세기에는 무역상들에 의해 아라비아에 전해지고, 17세기에 이르러서야 러시아를 포함한 유럽 전역에 전해졌다.

일찍이 아시아 육지를 횡단하는 고대 동서통상의 길, 즉 비단길이 있었다. 이 길을 통해 서방으로부터 보석·옥·직물 등 산물과 불교·이슬람교가 동아시아에 전해졌다. '비단길'이라는 이름은 서방에 전래된 대표 상품이 중국산 비단이었던 데서 유래되었다. 그만큼 비단이 진귀한 물품이었던가.

실크로드를 우아하게 깐 중국은 또한 차의 길, 티로드를 향기롭게 세계에 깔아놓았다. 참으로 놀랄 만한 세계사적인 위업이다.

그 뒤 유럽에서 동방에 이르는 길을 최초로 연 베네치아 출신의 여행가 마르코 폴로1254~1324는 『동방견문록』에서 중국에 관해 자세히 기술하고 있다. 그런데 만리장성이나 차에 관해서는 한 마디 언급도 없다. 13세기 후반 17년 동안이나 중국에 머문 이 탐험가는 차가 유럽에 전래되기도 전에 중국 차를 제일 먼저 많이 마신 유럽 사람이었을 텐데 말이다.

유럽은 차와 차문화에 관한 한 가장 후발지역이었다. 차의 원산지인 중국과 멀고 그로 인해 교류가 어느 지역보다도 뒤졌기 때문이다.

15세기 말 바스코 다 가마가 희망봉을 돌아 인도 항로를 발견할 때까지 동서교류는 실크로드를 통해 이루어졌다. 그러나 차가 실크로드를 통해 유럽에 전해졌다는 기록은 없다. 동양 항로를 개척한 포르투갈인이 중국 광둥에 첫발을 디딘 것은 16세기 초였으며, 그 무렵 유럽인이 처음으로 차를 접한 것으로 추정된다. 중국 차에 관한 유럽 최초의 기록은 1545년경 이탈리아 항해기에 수록된 것이라 한다.

중국 차문화의 풍속도. 차와 차문화의 원산지 중국에서
차는 일상적 나날 속에 뿌리를 내렸다.

1560년경 최초로 중국 땅을 밟은 포르투갈의 선교사는 "중국에서는 지체 높은 댁에서 손님에게 '차$^{ch'a}$'라는 음료를 대접한다. 맛은 쓰고 주홍색이며, 약용식품을 섞어 만든다"라고 기록했다.

이렇듯 중국 차에 관한 정보는 동방무역에 종사한 항해사나 상인, 선교사에 의해 유럽에 전해졌다. 유럽 사람들에게 중국이란 지리상으로 발견한 이후에도 '극동'에 있는 미지의 땅이었다. 유럽에서 차를 처음으로 수입한 나라는 네덜란드였다.

동남아시아 무역을 독점하다시피 한 네덜란드는 1610년 인도네시아의 자바를 경유하여 일본 녹차를 수입해 유럽 여러 나라에 전했다. 얼마 뒤 네덜란드의 차 무역은 중국 차로 바뀌었다. 17세기 중엽 영국에 전해진 차도 네덜란드 선박에 의해 수입된 것이었다. 그러나 18세기에 이르면 중국 차 수입의 주도권이 영국의 동인도회사로 옮겨진다.

차의 원산지는 중국 윈난성이며 그 종류는 오늘날 1,000종을 헤아린다. 그리고 찻잎의 색깔, 제법製法에 따라 크게 녹차·백차·청차·황차·홍차·흑차 등으로 나뉜다.

차는 세계 170여 개국에서 몇 십 억 인구가 하루에 20억 잔이나 마시는 세계 제일의 마실 거리다. 지금은 아시아를 중심으로 50여 개국에서 생산되며, 아프리카 특히 케냐에서 차재배는 주요 산업으로 부상하고 있다.

1,000종에 이르는 중국의 차나무는 윈난성에서 볼 수 있는 대차수大茶樹를 제외하고는 대개 키가 작고$^{3미터 이하}$ 추위에 강하다. 그에 비해 주로 홍차인 아삼의 차나무는 키가 크고 추위에 약하다.

차를 맛보며 감식하는 중국의 다인들.

차는 민족과 나라에 따라, 그리고 풍토와 전통문화에 따라 자연스럽게 저마다 독특한 끽다喫茶 풍습과 차문화를 낳았다. 우리나라와 일본에서는 중국과 마찬가지로 녹차가 제일 많이 애음되고 있다. 7세기 중엽 왕에게 시집온 당나라 공주에 의해 차가 전래되었다는 티베트에서는 차에 버터를 넣어 마신다. 고산지대에 사는 그들에게 차는 없어서는 안 될 영양원이며, 중국 윈난성에서 가까운 라오스·타이에서는 차에 소금을 넣고 기름에 볶아 먹기도 했다. 북아프리카 서부 불타는 사막의 나라 모로코에서는 풍토에 맞게 중국산 녹차와 설탕 특히 박하 생잎을 넣은 박하차를 마신다.

오늘날 차를 지칭하는 세계 여러 나라의 표현은 원래 중국의 광둥어인 'CH'A'와 푸젠어 'TAY'TE의 두 계보로 나뉜다. 광둥어에 속하는 것으로는 한국어의 '차', 일본어의 'ちゃ', 포르투갈어·힌두어·페르시아어의 'CHA', 아라비아어·러시아어의 'CHAI', 터키어의 'CHAY' 등이 있다. 한편 푸젠어를 따르는 것은 네덜란드어 'THEE', 영어 'TEA', 프랑스어 'THE', 독일어 'TEE' 등이다. 이렇듯 '차'의 지칭이 크게 둘로 나뉜 것은 전래된 경로가 육로와 해로로 나뉜 데서 유래되었다. 즉 광둥어계는 차가 육로를 통해, 푸젠어계는 해상무역을 한 네덜란드를 거쳐 여러 나라에 전해진 까닭이다.

네덜란드와 영국을 비롯한 유럽에 차문화가 널리 뿌리를 내리면서 차는 주요한 교역상품이 되고 자본주의의 파도를 타게 되었다. 17~18세기 중국과 유럽 간의 교역에서 중국은 비단·차·도자기 등을 수출하고 유럽에서 금·은·시계를 수입했다. 교역량은 중국이 소극적이었던 까닭에 많지 않았다. 1793년 무역 확대를 위해 처음으로 중국을 찾은 영국 사절에게 청나라의 건륭제는 말했다.

> 중국은 땅이 넓고 산물이 풍부하여 없는 것이 없다. 단지 중국산 차·자기·비단 등은 서양 여러 나라의 필수품이므로, 광둥에서 무역을 허가하고 필수품을 주어 천조天朝의 은덕을 베풀 뿐이다.

차는 중화中華가 오랑캐에게 베푸는 '천자의 은덕'이었다. 그러나 유럽 자본주의는 그 '상서로운 나무'끼지도 국제분쟁의 마당으로 끌어들였다. 최초의 차란茶亂은 보스턴 티파티 사건1773이다.

사건은 영국이 식민지 아메리카에서 동인도회사의 차에 과세하고 이를 독점·직매하고자 욕심을 드러내 차법령Tea Act, 1773을 제정한 데서 비롯되었다. 그러자 그간 프랑스·네덜란드에서 밀수한 차를 싼값에 들여와 마셔왔던 아메리카 사람들이 크게 격분했다. 당시 식민지 주민에게는 법령에 관한 의결권이 없었다. 그들은 "의결권이 없으면 납세 의무도 없다"는 명분을 내세웠다. 항의자들은 인디언으로 분장하고는 보스턴 만에 정박 중인 동인도회사의 선박을 습격하고 차상자를 바닷속으로 던져버렸다. 이 사건이 계기가 되어 1775년 아메리카 독립전쟁이 일어났다.

차가 일으킨 두 번째 세계사적 사건은 아편전쟁1839이다. 영국은 중국에서 차를 수입했는데, 그 금액이 날로 늘어나 아편전쟁 직전에는 4,067만 파운드에 이르렀다. 영국은 인도나 서아시아에서 재배한 아

차와 다기 교역에 종사한 동인도회사의 선박들.

편(19세기에는 아편을 마약이라고 생각하지 않았으며, 당시 영국과 프랑스에서는 담배와 비슷한 기호품으로 크게 유행했다)을 중국에 밀수하여 그 값을 지불하고자 했다. 그러한 영국의 부당한 처사에 대해 청나라 정부는 영국 상인의 아편을 몰수하여 밀수를 근절하고자 했다. 그 결과 청나라와 영국 사이에 전투가 벌어졌으니 이것이 이른바 아편전쟁이다.

아메리카의 독립과 동아시아 근대화의 개막으로 이어지는 청나라의 저항, 이 두 세계사적 사건의 계기가 똑같이 차였음은 실로 획기적이라고 할 만하다.

차와 그 자본주의적 통상 관계에서 또 하나 흥미로운 사실은 중국차의 운반을 둘러싼 티 클리퍼tea clipper, 차 쾌속선와 티 레이스의 출현이다. 차는 오랫동안 영국의 동인도회사에 의해 수입이 독점되었다. 그러던 것이 1833년 중국 무역이 자유화되면서 많은 차상茶商이 영국의 각항구에서 범선을 몰고 중국으로 향했다. 차는 품질에 따라 가격이 크게 달라지는 일종의 투기상품이다. 그만큼 차 무역은 다른 것에 비해 이윤이 훨씬 높았다. 햇차는 값이 비싸고 시일이 지날수록 값이 떨어진다. 차상들은 최단 시간에 차를 많이 싣고 오는 선박을 물색하는 데성패를 걸었다.

영국에서는 어느 선박이 제일 먼저 차를 싣고 오느냐 하는 경주를벌이기도 했다. 그 결과 차를 빨리 운반하기 위한 쾌속선이 건조되면서 클리퍼 시대가 막을 열었다. 이른바 티 레이스다. 지난날 동양에서향신료를 들여올 때에는 생각지도 못했던, 당시 바야흐로 태동한 자본주의적 시장 원리의 발상이요 경쟁이었다.

1850년 미국의 오리엔트 호가 1,500톤의 차를 싣고 홍콩 – 런던 간을 95일 만에 달린 기록을 세웠다. 당시 배의 속력은 12~13노트였다. 영국의 3대 차회사도 오리엔트 호를 이용했다. 햇차가 나오는 4월 말이 되면 그것을 운반하는 선박이 상하이·푸저우에서 속속 런던으로향했다.

쾌속선에 의한 티 레이스는 1850~60년대에 최고조에 달했으니, 참으로 장관이었을 것이다. 선박은 모두 범선이었다. 당시에는 증기선도 있었으나 범선이 더 빨랐기 때문이다. 경주에 참가한 배의 이름에는'비운'飛雲 '번개' '파도의 물보라' 그리고 요정의 왕비를 의미하는 '타이타니아'도 있었다. 모두 질주를 상징하고 기원하는 이름이다.

클리퍼 가운데 가장 유명한 것은 해양제국 영국이 긍지를 갖고 만든 최신형 쾌속선 '커티 삭'Cutty Sark 호다. '짧은 슈미즈'를 의미하는 이 최고속의 배를 찬양하여 당시 영국의 어느 시인은 "마스트는 숲과 같고 배 이름은 노래와 비슷하다"고 읊었다. 그만큼 차의 나라 영국은 쾌속선에 큰 기대를 걸었던 것이다.

그러나 무슨 운명의 장난이었을까. 커티 삭 호는 한 번도 티 레이스에 참가하지 못하고 퇴출되었다. 수에즈 운하가 개통된 까닭이다. 커티 삭 호는 1869년 11월 17일에 수에즈 운하가 개통되기 보름 전 진수되어 무용지물이 된 것이다. 커티 삭 호는 지금은 런던의 박물관에서 스마트하고 웅장한 선체를 많은 관광객 앞에서 뽐내고 있다. 그러나 그 배가 지닌 비운의 역사를 잘 아는 차 애호가들은 찬탄에 앞서 연민의 시선을 보내게 마련이다.

신의 혜택 커피, 회교도의 모스크에서부터

"빛은 오리엔트로부터!"라고 했던가. 라틴어로 '해돋이' '동방'을 뜻하는 'oriens'는 원래 고대 로마 사람들이 이탈리아반도를 경계로 '서방'occidens과 구별하여 '동방'을 지칭할 때 쓴 말이다. 이때 동방이란 서방에 가까운 발칸 지역, 서아시아 지역, 아프리카 북동부 주변을 일컬었다. 그러나 유럽 고대·중세에 오리엔트는 지리적 개념이기보다 오히려 문화적 개념이었다. "빛은 오리엔트로부터!"라 할 땐 '빛'을 바로 '문화'로 이해해도 좋을 것이다.

커피와 카페 문화도 고대 로마의 시인이 "젖내음이 풍겨오는 땅"이

커티 삭 호. 차 교역을 위해 만들어진 최고의 티 클리퍼(차 쾌속선).

라고 읊은 동방 오리엔트의 '행복한 아라비아'를 시발점으로 유럽에 전해지고 그 뒤 모든 대륙으로 퍼졌다. 아라비아로 통하는 길은 일찍 부터 '유향乳香의 길' '향료의 길'로 불렸다.

커피의 원산지는 아프리카의 에티오피아로 그곳 사람들이 커피를 마시기 시작한 것은 지금으로부터 약 1,000년 전으로 추정된다. 아침 10시에 친척과 지인들이 정해진 집에 모여 커피를 마시는 시간을 가졌다. 그것은 의식과도 같이 일종의 주술적 의미를 지니기까지 했다.

병 치료사들은 커피 향은 악령을 몰아낸다 하여 커피로 정신병 환자를 치료했으며, 점술가는 컵에 남겨진 커피의 찌꺼기를 보고 운세를 점치기도 했다. 사랑·우정·존경·감사의 상징인 커피를 끓이는 일은 전적으로 여성의 몫이었고 거기에도 서열이 따랐으며, 특히 젊고 아름다운 여성이 즐겨 뽑혔다. 커피는 규범과 예의범절로 석 잔까지는 마셔야 하며 도중에 자리를 떠서도 안 되었다. 그처럼 커피는 의전적儀典的·사교적 마실 거리이기도 했다.

에티오피아의 커피 종자는 15세기 중엽 아라비아반도 남서부, '행복의 아라비아'로 불리며 1546년 이래 오스만제국의 영토가 된 예멘에서 처음으로 뿌리를 내렸다. 그 뒤 상품으로 재배되고 주요한 교역품으로서 이집트·시리아에까지 널리 퍼지기 시작했다. 그 발신처는 12~13세기에 태동한 회교인 수피Sufi 교단이었다. 동양의 녹차문화가 선사禪寺에서부터 뿌리내린 사실과도 비슷하여 참으로 흥미롭다.

수피교도들은 커피에 취한 몰아의 상태에서 "알라 이외에 신은 없다. 진정 진실한 주여!"라고 화창話唱했다. 수피가 있는 곳에는 늘 '신의 혜택'인 커피가 놓여 있었다. 지나친 율법주의와 형식주의적인 신앙을 비판하고 경건한 종교생활을 지향한 그들 수피는 신비주의적인 수행자이면서 한편으로는 가정을 가진 상인이요 장인匠人이었다. 그들을 통해 '알라에게 순종하는 사람'들인 무슬림, 회교도들이 모여 예배하는 모스크 밖에서도 차츰 커피를 마시게 되었다.

커피는 그로부터 아라비아반도 이외의 지역으로 퍼지기 시작해

아라비아에서 커피는
의전적 마실 거리.
젊은 미녀가 대접하였다.

1510년대에는 카이로로까지 퍼지고, 그 뒤 순례자와 캐러밴의 낙타에 실려 시리아로, 16세기 중엽에는 이스탄불로 파급되었다.

커피는 이슬람교의 율법을 따르는 무슬림 사회에서 처음에는 찬반양론을 일으켰다. 외래의 마실 거리가 들어올 때 으레 겪는 일종의 문화 충돌이며 통과의례 같은 현상이었다고 할까. 커피를 반대하는 사람들은 특히 그 '행복한 도취'를 두려워했다. 이 점에서 커피는 포도주에 비유되기도 했다.

『코란』을 떠받드는 이슬람법은 청정·참회·예배·단식·순례 등 종교적 규범과 더불어 혼인·이혼·상속·노예와 자유인·재판 등 공사公 私를 가리지 않고 세속적인 법적 규범을 까다롭게 규정했다. 규범에 식 생활이 포함됨은 물론이며, 먹거리 가운데 돼지고기·동물의 피·죽은 고기는 금기였다.

서양의 술 역사에서 가장 오래된 것은 포도주와 맥주이지만, 이슬람 권에서는 중앙 아라비아 지방에서 많이 나는 대추야자술과 벌꿀술이 애음되어왔다. 그러다가 북방에서 포도주가 수입되었다. 포도주는 그 리스도가 최후의 만찬에서 제자들에게 빵과 함께 나눠주었듯, 그리스 도교에서 성스러운 피로 받들어진다.

그러나 『코란』에서 포도주는 선악의 양면성을 지닌 것으로 여겨졌 다. 즉 포도주는 사탄의 하수인인 동시에, 이슬람에게 약속된 천국의 즐거움이며 믿음에 대한 보상으로 내세에서 베풀어지기로 약속된 "형 용할 수 없는 미주美酒"였다.

그렇듯 포도주에 대해 이슬람 세계는 애증 양면의 이중 감정을 지 녔으나, 현실적으로는 끝내 금기였다. 그것이 일으키는 '도취'가, 그리 고 그것을 파는 선술집이 위험시되었기 때문이다. 이슬람 세계에서 선 술집은 금기인 술을 파는 곳으로서, 언제나 법망의 감시 대상이었으며 매춘부·동성애자·광대와 동일시되었다. 그곳에 출입하는 사람들도 천시되었다. 초기 그리스도교와 로마제국 이래 "포도주 속의 진리"In vino veritas라는 격언을 떠받들어온 그리스도교 문명권과는 아주 상반된 이슬람 세계에서 포도주가 당한 액운은 포도주 자체보다 악평이 자자 한 선술집에서 그것이 팔렸다는 사실에서 기인한다.

'카흐와'qahwa, 아라비아어로 자극적인 것, 즉 커피의 어원을 살펴보면 아라비아어에서 그것은 포도주의 별칭이자 술을 가리키는 말이기도 했다. 커피 또한 포도주와 마찬가지로 사람을 '도취' 상태로 빠져들게 하는 마력을 지닌 '악마의 향기'로도 여겨졌다. 그러므로 커피 반대론자들은 모스크의 밤 예배에서 모두 커피 잔을 돌려 마시는 관행도, 예언자의 성탄일에 커피를 제단에 바치는 예법도 무시했다.

> 어떤 사람은 커피를 마시고 신의 이름을 외우며 수행을 위해 노력하는 데 반해, 어떤 자는 술을 마시고 취해 음당한 즐거움을 찾아 신을 모독한다.

커피 애음가들은 애써 커피를 포도주와 차별화하기 위해 노력했다. 마시게 할 것인가, 금지할 것인가? 햄릿적 망설임의 최종 판단은 알라가 내릴 수밖에 없었다.

커피를 둘러싼 시비 판정은 결국 사제와 율법학자들에게 맡겨졌다. 그런데 그들은 그것을 또 의사의 판단으로 넘겼다. 대다수 의사는 사제나 율법학자들과 마찬가지로 커피 애호가였으니, 결과는 불을 보듯 뻔했다. 커피는 점차 공공장소에서 모두 마시는 기호품이 되었다.

하기아 소피아 대성당. 터키의 세기를 상징하는 최고의 회교 사원.

이스탄불, 카페 문화의 자기일탈 자기반란

> "하늘 아래 변하는 것은 없다"라고
> 『코란』은 말씀한다지만
> (이슬람 사람들은) 기도를 드리기 위해 모스크를
> 찾기보다 카페에 가기를 더 좋아하게 되었다.
> 사회적·문화적인 자기일탈이며 자기반란이라고 할 것이다.
> • 본문에서

모스크와 하렘

세계사에서 16세기는 '터키의 세기'로 불린다. 오스만투르크의 수도 이스탄불은 동서문명의 십자로, 동양과 서양이 만나는 곳으로 예부터 그리스인·아르메니아인·이탈리아인·유대인 등 여러 민족이 피를 섞어 융합·거주하는 국제도시였다.

이스탄불에는 꼭 두 번 들렀다. 한번은 그리스 여행길에 한 1박의 나들이였다. 이스탄불은 오랫동안 나에게는 모스크 사원으로 상징되는 이그조틱한 이슬람 세계였다. 그러나 그러한 선입관은 잘못이었다.

이스탄불의 역사는 고대 그리스인이 그곳에 식민도시 비잔티움을 세우면서 시작되었다. 그 뒤 로마제국황제 콘스탄티누스가 제국의 수도를 거기로 옮기면서 콘스탄티노플로 개칭하고, 로마제국이 동서로 분열되면서 비잔틴제국의 수도 그리고 그리스정교회^{正敎會}의 총본산이 되었다. 1453년 오스만제국에 이르러 이스탄불로 이름이 바뀌었다. 역사가 토인비는 터키 민족의 혈통은 현대 터키인의 혈관 속에 미미하다고 한 바 이스탄불은 터키 전체와 더불어 동서양에 걸친 국제적 색채가 참으로 강하다. 이슬람권 여성들은 원래 이슬람 율법 샤리아에 따라 '히잡'머리 가리개과 펑퍼짐한 상·하의를 착용하도록 규제되어왔다. 그러나 그 독특한 모습을 이스탄불에서는 거의 볼 수 없었다. 공화국 수립1923과 함께 단행된 대개혁 속에서 술탄·칼리프제와 일부다처제가 폐지되면서 그것도 금지된 것이다. 오늘날 터키는 유럽연합EU에 가입하기를 희망하고 있다.

"이스탄불을 다스리는 자는 세계를 제패한다"고 일컬어졌다. 정교일체政敎一體인 오스만제국은 칼리프Caliph, 알라의 사도의 후계자이며 술탄Sultan, 제국을 통치하는 세속적 권위자인 최고통치자가 다스렸다. 이러한 구도는 1924년 터키혁명이 일어나기까지 약 1,300년간 존속되었다.

16세기 당시 이스탄불은 인구 70만 명, 웅장하고 화려한 모스크 300여 개를 자랑하며 하기아 소피아성 소피아 대성당와 토프카프 궁전이 상징하듯 옛 로마제국에 비길 만한 영화와 태평성세를 구가했다. 그 분위기를 잘 상징하는 것 중에 이스탄불에도 고대 로마와 흡사하게 남녀 모두 즐겼던 호화롭고 사치스러운 공중욕장이 있다.

오락의 사교장이기도 했던 욕장은 예배에 앞서 몸을 깨끗하게 해야 한다는 종교적 의례와 결부되었다. 유럽 사람들이 '터키탕'이라고 부르며 끌린, 하렘harem이라 부른 비밀스럽고 관능적이며 호사스러운 욕장은 많은 점에서 오해를 받아왔다.

정교일체를 구현한 16세기의 술탄 술레이만(왼쪽)과 셀림 2세(오른쪽).

하렘은 아라비아어로 금단의 장소를 뜻한다. 이슬람 세계에서는 네 명의 정부인을 비롯해 처첩妻妾이나 여자 가족·여자 노예 들은 집주인 이나 근친 이외에는 가까이할 수 없는, 본체와는 격리된 방에 따로 거 주케 했다. 술탄의 경우 많은 여성이 궁녀로서 하렘에서 살게 하고 그 방은 200~300개를 헤아렸다. 하렘 가까이에는 환관들의 대기소도 있었다. 그렇다 보니 하렘은 마치 후궁을 2,000명까지도 거느리고 주 지육림酒池肉林, 즉 음란을 극한 옛 중국의 궁전과 비슷한 것으로 여겨 지기도 하지만 그것은 큰 오해다.

이슬람 세계에서는 13세기 이래 다음과 같은 속담이 널리 퍼졌다.

사람들에게는 다섯 가지 환락이 있다. 일순의 기쁨은 남녀의 화열和悅, 하루의 기쁨은 목욕, 일주일 동안의 기쁨은 세탁한 옷을 입는 일, 1년의 기쁨은 젊은 처녀와의 결혼, 언제나 변치 않는 기쁨은 현세에서 벗과의 사귐과 내세의 낙원이다.

16세기 유럽 사람들에게 이스탄불로 향하는 길은 무엇보다도 '향료의 길'이었다. 동남아시아와 인도의 향료, 이집트의 설탕, 그와 더불어 예멘의 커피 등은 유럽 상류층의 식탁을 진귀하게 꾸민 값비싼 기호품들로, 모두 이스탄불 상인에 의해 전매되었다.

차와 커피는 당연히 일찍부터 동서가 만나는 이 대도시에 전해졌다. 그리고 16세기 후반에 이르면 서로 처마를 맞댄 600여 개의 '차이'홍차를 마시는 장소 '차이하네', 즉 카페가 이스탄불의 또 하나의 명물로 부상한다.

그런데 카페가 선보이기 이전에 사람들이 모인 곳은 선술집이었다. 이슬람 세계의 술 문화를 잠깐 들여다보자.

음주는 반신앙·살인·상해·간통·중상모략·절도와 마찬가지로 『코란』이 규정한 금기였다. 아라비아의 예언자이며 이슬람교의 창시자인 무함마드Muhammad, 570년경~632는 우상숭배와 함께 음주를 사탄의 짓이라고 단죄했다. 그러나 이슬람 이전의 아라비아 세계에서 술은 시빗거리가 아니었다. 아라비아 세계의 최고의 시인, 아부 누와스Abu Nuwas, 747~813는 술과 유흥의 시인으로서 술을 찬미했다.

하렘의 여악사.

술은 태양.

태양은 단지 빛나고 저무나

우리 술은 그 좋은 점이 태양보다 빛난다.

우리는 극락에 살지 못하여도

향기 그윽한 술은 바로 이 세상의 극락.

이슬람 세계의 이태백李太白이라고 할 누와스는 일생 변함없이 술을 찬미했다. 궁정시인인 그의 술 찬미는 당시 이슬람 제국 제일의 번영기에 궁정과 고관대작들이 누린 주연酒宴이나 문인·학식자들의 애주풍속을 반영한 것으로 이해된다. 술을 현세 최고의 쾌락으로 노래한 그는 음주시와 더불어 연애시도 많이 읊어 오늘날에도 아라비아 세계에서 애창된다.

볼에 장밋빛 홍조를 띤 처녀가 있다.

고혹적인 살결의 색시.

사람들은 그녀를 쳐다보며

한없는 아름다움에 넋을 잃었다.

얼굴 몸매 모두 아름다워

항시 싱싱하게 되살아난다.

누와스가 그의 연인을 찬미하며 읊은 시의 구절이다. 온갖 금기로 가득찬 이슬람 세계에서도 다른 문명권에서와 마찬가지로 고대에는 표현이 좀더 너그럽고 유연했던 모양이다.

유럽에서는 16세기경부터 이스탄불 여행 붐이 일부 호사가들 사이에서 일었다. 그리고 그것은 18세기 유럽 상류사회의 '동방 취미'로 이어졌다.

'동방 취미'란 보통 낭만파 회화에서 들라크루아가 대표하듯 중근동지역, 즉 오리엔트의 풍속이나 경관을 주제로 한 경향을 말한다. 그런데 프랑스의 화가 앵그르의 작품 「오달리스크」1814 「터키 목욕탕」1862에서 나타나듯이 동방 취미는 18~19세기 회화나 문학에서뿐만 아니라 유럽 사회 전반에 진하게 드러난다. 그 밑바닥에는 전제적·신비적·관능적이라는 헬레니즘 이래의 동방·오리엔트 이미지가 짙게 깔려 있다. 이른바 오리엔탈리즘이다. 유럽인들의 오리엔탈리즘에 대해 아라비아반도 팔레스타인 태생의 미국 현대 문명 비평가 에드워드 사이드는 그것을 대단한 편견이라 하며 신랄하게 고발했다.

18~19세기 유럽인의 동방 취미의 발신처는 이스탄불이었다. 영국의 여류 추리소설가 애거서 크리스티의 '오리엔트 특급열차'의 목적지도 이스탄불이다. 그녀는 이 작품을 이스탄불의 한 호텔방에서 썼다. 유럽의 동방 취미에 적잖이 이바지한 것은 바로 '터키 커피'라고 불린 커피였다.

이국적인 감칠맛과 고혹적인 향과 색깔, 오리엔트의 커피는 순식간에 유럽의 상류사회를 사로잡았다. 커피와 중국 도자기 잔이 놓인 공

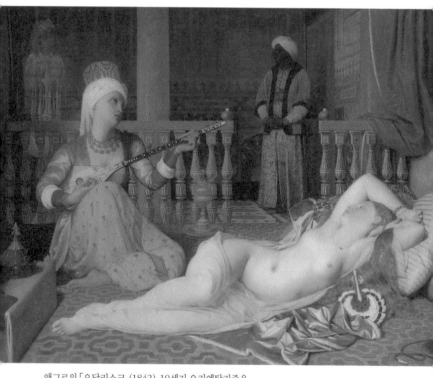

앵그르의 「오달리스크」(1842). 19세기 오리엔탈리즘은
오달리스크, 즉 하렘의 여성(후궁)을 그렸다.

간은 신분과 더불어 삶의 멋을 연출하는 자리이기도 했다. 어디 그뿐일까. 빨간색이나 검은색으로 빛을 발하는, 그리고 중국 도자기 잔으로 꾸민 방에 터키풍 의상을 걸친 아라비아 무어인 흑인 소년이 시중을 드는 패셔너블한 풍속도가 상류사회에서 유행했다. 그들은 즐겨 오리엔트풍의 자기 자신의 모습을 그리게 했다. 우리는 오리엔트풍의 방에서 오리엔트풍 여인의 자태를 드러내고 있는 마리 앙투아네트가 그려진 그림도 볼 수 있다. 그녀가 들고 있는 커피 잔이 인상적이다.

카페, 이스탄불의 유일한 사교상

동방 취미에 훨씬 앞서서 유럽 사람들은 이스탄불의 카페에 관한 이야기를 듣게 되었다. 1585년에 이스탄불 주재 베네치아 대사는 본국에 보낸 보고서 말미에 다음과 같이 밝히고 있다.

> 여기 콘스탄티노플지금의 이스탄불에서는 터키인들이 무료함을 달래기 위해 카베라고 불리는 종자에서 채취한 끓어오르는 검은색 음료를 길거리나 점포에서 마십니다. 이 음료는 머리를 맑게 하는 효력이 있다고들 합니다.

스웨덴 역사가이며 외교관으로서 이스탄불 공사를 지낸 도손 D'Ohsson, 1740~1807은 16세기 이래의 이스탄불의 카페에 관해 언급하면서 단골손님으로 고관대작·귀족·장교·교사·판사 및 법학자 들을 들었다. 그러나 많은 관찰자는 '지위가 아주 높은 사람들'을 제외한 폭

이스탄불의 초기 카페 내부 풍경.

넓은 계층의 사람들이 출입하는 서민 카페에 대해 그리고 신분의 구별
없이 상하 모두에게 열린 카페에 대해서도 전해준다.

> 커피를 원하는 사람은 지위가 높든 낮든 거기서 커피를 마신다. 모두
> 종교나 사회적 지위의 구별 없이 여기에 찾아든다. 많은 사람이 단지
> 이야기를 즐기기 위해 카페에 간다.

처음에는 상류층 인사들만 드나들었던 유럽 카페와는 달리 이스탄
불에서는 상하 계층의 구별 없이 모두 카페를 즐겼던 모양이다. 카페
를 둘러싼 이야기는 매우 다양하고 모순이 깔려 있기도 하다. 그런데

흥미로운 것은 이스탄불이나 카이로, 바그다드를 여행한 유럽 사람의 대부분이 거리에서 마주친 카페에 대해 한결같이 각별한 호기심을 드러내고 있다는 사실이다. 아직 유럽에는 카페가 없었던 시기에 특히 신분이 서로 다른 사람들이 어울려 자리를 함께한, 카페의 자유롭고 개방된 한가로운 사교성이 신기하고 부럽게 비쳤던 것이었을까.

많은 사람이 전보다는 밖에서 커피를 마시기를 원하게 되었다. 처음에는 커피를 선술집에서 마셨다. 그러나 회교도들에게 그곳은 부도덕한 곳, 반듯한 사람들이 기피하는 장소일 수밖에 없었다. 그래서 카페가 탄생하게 된다.

카페는 처음에는 대개 시장 거리에 들어섰다. 그 무렵 대다수 단골은 시장 상인이나 장 보는 서민들이었다. 서민 카페는 주문을 받아 커피를 배달해주기도 했다. 그러다 신분이 높은 사람들도 담론과 사교를 즐기기 위해 카페를 찾게 되면서 선술집과는 전혀 다른 세련된 분위기로 꾸며진 고급 카페가 생겨났다. 16세기 후반 이스탄불에는 600여 개의 카페가 처마를 잇대고 생겨났다. 17세기 초 포르투갈의 한 여행가는 고급 카페의 모습을 전해준다.

카페는 참으로 아름다워 분수, 가까이 흐르는 단천, 나무 그늘, 장미와 갖가지 꽃이 어우러진 시원스럽고 상쾌하며 즐거운 장소였다. 옥외를 좋아하는 손님은 밖에 놓인 의자에 앉아 지나가는 사람들을 바라볼 수 있다. 카페는 손님이 많아 특히 단식斷食이 끝난 밤이면 많은 사람으로 북적거린다.

카페에는 살롱과 테라스, 그리고 주방을 겸한 큰 홀이 있다. 살롱에는 레스토랑풍으로 테이블이 배치되어 있고, 홀 구석에는 웨이터가 커피를 만들어 나르는 서비스대가 놓여 있다. 손님들은 화상을 입을 정도로 뜨거운 커피를 좋아했다. 어쩌다 커피에 설탕을 섞기도 했으나 밀크는 거의 쓰지 않았다. 커피 잔은 도기이거나 깊이 파인 자기 접시였다. 서민 카페에서는 수상쩍은 광대들이 건달들 앞에서 저속한 흥을 돋우었다. 17~18세기 유럽의 카페와 비슷한 모양새였다.

카페에는 왕자부터 비렁뱅이까지 온갖 사람이 신분이나 종파, 사회적 지위에 관계없이 모여들어 서로 이야기를 나누고 담론을 즐겼다고 한다. 사실 정말로 그러했을까. 시 낭송과 문학 담론을 즐긴 상류층의 '그랜드 카페'에 서민이 출입했다는 이야기도 믿기지 않는다. 모든 카페는 물론 여성 금지구역이었다.

카페는 갖가지 모양새를 지녔다. 가끔은 가난한 서생이 재미있는 이야기로 손님들을 즐겁게 하여 푼돈이라도 벌어들이는가 하면 의젓한 학식자가 도덕적인 열변을 토하기도 했다. 카페에서 나누는 잡담이나 화제에는 음담패설도 적지 않았다. 정숙한 여성에 관해 터무니없는 이야기를 퍼뜨리는 짓은 이슬람법에 의해 80회의 채찍형을 받게 되어 있었으나 카페 단골들은 여전히 금단의 이야기를 즐겼다.

카페는 시인과 작가가 자신의 새로운 작품을 선보이는 무대이면서 정보를 교환하고 담론과 정치적 논의를 나누는 터전이기도 했다. 그러므로 카페는 늘 반체제적인 결사가 될 위험을 안고 있었으며 실제로 반란자들의 회합 장소가 되기도 했다. 그리하여 1633년 행정 당국은 대화재 참사를 예방한다는 구실을 내세워 이스탄불의 카페를 폐쇄했다. 그러다가 수십 년 뒤에야 정보원들을 몰래 배치하면서 그 재개를 허용했다. 이러한 이스탄불 카페의 족적을 그 뒤 유럽의 카페가 그대로 되밟았기에 이스탄불의 카페를 카페의 원형으로 일컫는다.

"하늘 아래 변하는 것은 없다"고 『코란』은 말씀한다지만 카페는 무슬림 사회에 잔잔한 문화 충격을 주었다. 모스크에 가는 특정한 날을 제외하고는 밤 외출을 하는 일이 거의 없었던 사람들이 커피의 '신기한 맛'과 카페의 매력에 끌려 밤 나들이를 즐기게 되었다.

당시 외식문화라는 개념이 없었던 이슬람권의 도시에는 레스토랑이 거의 없었다. 식사도 집에서 하고 손님 대접도 당연히 집에서 했다. 카페가 손님을 접대하는 사교의 장이 되면서 이제 사람들은 기도를 드리기 위해 모스크를 찾기보다 카페에 가기를 더 좋아하게 되었다. 전에는 몰랐던 외출의, 나들이의 충동과 갈망, 그러한 변화는 정부가 두려워한 카페에서 정치를 논하는 일 이상으로 어쩌면 훨씬 더 큰 사회적·문화적인 자기일탈이며 자기반란이라고 할 것이다.

부기附記 한마디. 최근에 보도된 외신에 따르면 미국 『타임』지 계열의 여행매체가 뽑은 세계 관광지 50곳 중 이스탄불의 그랜드 바자르, 즉 1455년에 세워진 세계 최고最古의 대시장이 1위를 차지했다고 한다. 뉴욕의 타임스 스퀘어는 3위, 만리장성과 루브르 박물관이 각각 26위, 35위에 올랐다. 그랜드 바자르가 한 해 1억 명의 관광객을 불러들이는 데는 동서문화가 조화를 이루며 그에 더해 풍광이 참으로 아름다운 이스탄불의 오묘한 매력도 크게 작용하였으리라.

홍수가 나도 배 타고 플로리안을 찾아 커피를!

환상의 베네치아, 카페 플로리안으로!

> 그 이름을 듣기만 해도
> 일락과 우수의 마음이 가슴에 샘솟는,
> 말해보아라 베네치아라고.
> •앙리 드 레니에

베네치아, 바다 위 미궁의 미학

소년 시절 본 이후로 두고두고 잊히지 않는 한 장의 풍경 사진이 지금도 눈에 선하다. 사공이 해변가 건물을 배경으로 밤바다를 향해 곤돌라의 노를 젓는 고즈넉한 광경이다. 검게 칠한 곤돌라와 검은 바지에 흰 웃옷 차림의 사공, 그리고 밤바다. 적막감을 강하게 풍기는 까닭이 있음 직한 그 풍경은, 여름방학 때 가족을 따라 해수욕을 즐기다 눈부셨던 해가 자취를 감추고 땅거미가 지기 시작하는 저녁 바다에서 멀리 수평선을 바라보며 어린 마음에 느꼈던 불안한 고적감과 겹쳐졌다. 마치 무엇인가에 홀리듯 밤바다를 홀로 저어가는 곤돌라 사공의 실루엣, 그것은 바다 위의 도시 베네치아를 둘러싼 나의 유럽의 원풍경·원체험이었다.

바다의 도시 베네치아. 아드리아 해 점토층에 박힌 수백만 개의 떡갈나무 말뚝이 기층이 되어 자그마치 118개의 섬, 크고 작은 운하 약

150개, 400개의 다리로 연결되고 결합된 수륙양성水陸兩性의 베네치아. 그 수상도시의 풍경은 소년 시절부터 나에게 불가사의요 상상력을 자극하는 수수께끼, 유혹하는 미궁迷宮이었다.

"신이 자연을 낳고 인간이 도시를 만들었다"고 하지만 바닷속에 숲을 이루고 수면 위에 도시를 만든다는 기상천외한 발상은 과연 어디에서 나왔을까. 베네치아가 피라미드나 만리장성처럼 오만한 제왕들의 권력 의지가 아닌, 유배된 몇 천 명의 사람이 생사를 걸고 비상한 상상력으로 일군 대역사大役事였다는 사실이 참으로 경이롭다.

베네치아는 810년 창건된 통령정부 아래 공화체제를 갖추고 도시 귀족의 지배하에 있었으나 그 본질은 모험적인 항해자와 상인의 도시였다. 귀족을 포함하여 남성 모두 항해자이며 상인이었다. 산물이 무척 부족했던 해상도시의 활로를 동방무역에서 찾고자 한 그들이 본받은 곳은 황금·실크·향료 교역으로 부를 축적한 이스탄불이었다. 이 이슬람의 수도에 봉사하듯 베네치아는 소금·보리·노예 등 그곳에서 원하는 모든 것을 갖다 주었다. 그리고 823년에는 이집트의 알렉산드리아에서부터 산 마르코예수의 12사도 중 한 분으로 처음에는 요한이라 불렸다의 유해를 베네치아로 모셔다 수호성인으로 받들었다.

부유한 상인의 나라 베네치아는 11세기 이후 15세기 말까지 황금기를 이루어 "공화국의 귀부인" "이탈리아의 진주"로 찬탄받았다. 동서 약 5킬로미터, 남북 약 2.5킬로미터에 지나지 않는 이 섬나라는 한때 영국 전체를 능가하는 부를 자랑했다. 부의 원천은 물론 동방무역이었다. 아니 그에 앞서 미지의 세계를 향한 사나이들의 열정과 모험,

탐욕이 있었으니 그것은 베네치아에 독특한 미학을 발산했다.

부유한 상인의 나라 베네치아는 로마, 피렌체와 더불어 이탈리아 최고의 예술도시로 웅장하고 화려한 건축물과 교회가 즐비하다. 그러나 베네치아는 로마나 피렌체가 모르는 독특한 아름다움에 가득 차 있다. 그것은 특히 비잔틴 로마네스크 양식의 산 마르코 대성당과 베네치아 고딕 양식의 우아한 통령궁이 주역으로 연출하는 오리엔트풍의 장려하고도 환상적인 산 마르코 광장의 풍광에서 빛난다.

베네치아는 도시를 건설하는 데 고전만을 고집한 피렌체와는 달리 12~13세기에는 비잔틴 양식산 마르코 대성당, 터키 상관, 토데틴 궁, 꿰르세티 궁, 14~15세기에는 베네치아 고딕 양식통령궁, 포스카리 궁, 카도로 궁, 16세기에는 르네상스 양식산 조르조 마조레 성당, 그리마니 궁, 코르네르 궁, 17~18세기에는 바로크 양식산타 마리아 델라 살루테 성당, 페사로 궁에 열정을 바쳐 오늘날까지 저마다 양식을 달리하는 건축군이 서로 독특한 아름다움을 겨루며 세계에 둘도 없는 고혹적인 풍광으로 우리를 유혹한다.

마치 미의 여신 아프로디테와도 같이 바다에서 태어난 베네치아. 지중해의 한없이 투명한 푸른 하늘과 바다가 서로 사랑놀이를 즐기듯 넘실거리는 빛과 물의 난무亂舞, 그 놀이가 잉태한 많은 부도浮島. 그것은 분명 우리를 현혹하는 변환자재變幻自在의 환상세계다. 우리는 산 마르코 광장을 찾기에 앞서 베네치아파의 회화를 떠올려야 할 것이다.

15~16세기 이탈리아 르네상스 회화는 피렌체와 베네치아를 중심으로 크게 둘로 나뉜다. 베네치아파는, 라파엘로에 이르러 완벽하게 구현되는 조화로운 이상미를 지향한 피렌체파 화가들과는 대조적으

로 강렬한 색채의 아름다움, 그 화려하고 관능적인 색채에 아로새겨진 비밀스럽고 환상적인 세계를 꿈꾸었다.

두 거장 조르조네와 티치아노가 베네치아파의 대표적인 화가다. 은유적인 초록빛 향략적 환상세계를 펼친 조르조네의 「폭풍」1505년경과 관능미 넘치는 티치아노의 꽃의 여신 「플로라」1515년경와 「우르비노의 비너스」1538. 피렌체가 천상의 질서에서 미의 여신을 찾았다면 베네치아는 지상의 현실에서 일락逸樂의 육체를 꿈꿨다. 베네치아의 미의식에서 우리는 오리엔트와 각별한 교감을 나눈 비잔틴 미학의 깊은 영향을, 그리고 바다 위 도시라는 특이한 풍토 속에서 길들여진 독특한 정념의 아름다움을 감지한다.

밤바다를 젓는 곤돌라의 멜랑콜리한 형이상학적 풍경, 운하를 따라 이어지고 사라지는 이슬람풍의 미로迷路 공간. 프루스트는 베네치아를 미로의 꿈으로 묘사했던가! 유럽의 크고 작은 모든 도시의 밑바닥을 이루는 기하학적 질서가 여기에서는 통용되지 않는 성싶다.

모험을 즐기는 뱃사나이와 상인들, 끼 많은 여인들, 밤을 지새우는 민중의 떠들썩함, 베네치아 사람들의 야심과 간계, 호사와 일탈, 이 모든 것을 꿈꾸는 바다 위 도시의 정념.

오리엔트 세계와 서양·유럽이 만나는 십자로, 수륙양성의 물의 도시, 펠리니가 묘사한 대로 "바다 위에 세워지고 하늘에 그려진 거리." 우리는 갖가지 변주곡을 타는 베네치아의 정체성을 어디에서 찾아야 할까.

가지각색의 짙고 옅은 무늬로 넘실넘실 출렁이는 베네치아는 인상

티치아노의 「플로라」(1515년경).

파 화가에게 참으로 좋은 화제畵題였다. 모네는 1908년 10월 베네치아를 방문하여 '끝없이 새록새록 솟는 매혹'의 도시에서 2개월 넘게 지냈다. 그는 빛과 공기와 물의 출렁임을 주조음으로 하는 바다 위 도시를 '돌로 된 인상파'라고 표현했다. 그러고는 「황혼의 베네치아」1908를 비롯하여 29점의 베네치아 풍경을 그렸다. 눈부시게 투명한 지중해의 빛과 바다와 공기, 그 출렁임은 관능적인 미학을 잉태하여 문학적·예술적·음악적非發다 상상력을 뮤즈의 찬란한 아들딸들을 대를 이어 끌어들였다.

베네치아는 가을이 가장 아름답다고 한다. 가을이 지나 겨울이 되면 장마로 접어들면서 약간의 적막과 애수가 찾아든다. 그때가 되면 바닷물이 건물 내부에까지 침입하여 산 마르코 광장도 물바다를 이룬다. 지금 내 탁상에는 한 장의 그림엽서가 놓여 있다. 카페 플로리안에 보트를 저어 찾아온 두 젊은이에게 쟁반을 든 가르송이 찻잔에 커피를 따라주는 장면이다. 배경인 산 마르코 대성당이 안개 속에 희미하고 여느 때와 같은 가르송의 정장 차림이 몹시도 정겹다. 순간 가장 고혹적인 마실 거리 커피가 베네치아와도 같이 생각된다.

16세기 말 터키 주재 베네치아 대사의 말이 또 떠오른다.

"여기 콘스탄티노플에서는 터키인들이 무료함을 달래기 위해 카베라고 불리는 검은색 음료를 길거리나 점포에서 마십니다."

'검은색 음료'란 커피를 말한다. 원산지는 아프리카의 에티오피아로 아라비아권에서 애음된 커피가 카이로에서 베네치아로 수입된 것은 1639년으로 알려졌다. 18세기에 이르면 베네치아는 유럽 커피교역의 중심지가 된다.

베네치아라고 하면 산 마르코 성당과 산 마르코 광장이 먼저 떠오른다. 원래 통령부 부속, 즉 베네치아 공화국 부속인 이 성당은 환상적인 형태와 색채 때문에 종교적 믿음을 북돋우기보다도 베네치아풍의 고혹적인 아름다움으로 우리를 끌어당긴다. 산 마르코 광장, 베네치아 공화국 신재무관저 1층 아케이드 깊숙한 곳에 이탈리아에서 아니 유럽에서도 가장 오래된 카페 '플로리안'Florian이 1720년에 문을 열었다.

그 무렵 이 바다 위 도시에는 플로리안을 비롯해 200여 개에 이르는 카페가 생겨났다. 카페의 상호는 '아라비아인' '비잔틴 황제' '오르페오'현묘한 음색 '풍윤'豊潤 '황금의 잎새' '다이애나의 샘' '새벽' '용기' '희망' 등으로 그 상호들은 당시 베네치아 사람들이 커피와 더불어 무엇을 연상했는지를 엿볼 수 있어 흥미롭다. 18세기 초에 이르면 수백 개에 이르는 크고 작은 카페가 골목에서까지 처마를 맞대고 성황을 이루었다. 생계를 꾸릴 만한 특별한 노하우가 없을 때 사람들은 카페를 차리면 걱정은 면할 수 있다고 말하곤 했다. 그러고 보니 현묘한 빛깔과 맛의 커피는 많은 음료 중에서도 참으로 진정 베네치아적으로 여겨진다.

카페 플로리안은 이름 그대로('플로리안'은 라틴어로 '플로라'Flora, 즉 꽃의 여신이다) 아름다운 실내장식이 화제가 되고 많은 손님으로 붐볐다. 상인들은 상거래를 위해, 장인들은 일거리를 찾아 일찍부터 그

모네의 「황혼의 베네치아」(1908).
모네를 비롯해 인상파에게 베네치아는 매혹적인 화제였다.

곳을 서성거렸다. 귀족들은 밤늦게까지 사교를 즐겼고, 극장이 파한 뒤에는 정장을 차려 입은 신사 숙녀들이 무대의 흥분을 가라앉히기 위해 삼삼오오 몰려들었다. 다른 카페와 마찬가지로 플로리안도 겨울에 특히 더 붐볐다. 좋은 난방시설을 갖추었기 때문이다. 플로리안은 날로 번성하여 "플로리안으로 가자!"안데모 다 플로리안!라는 말이 베네치아 시민들의 입버릇이 되었다.

> "그래 모두들 똑바르게 대접하도록. 손님들을 재빨리 모셔 정성스럽게 내섭하고 싱절에 신경 쓰도록. 기게의 평판은 그대들의 손님 접대에 달렸단다."
> "참으로 가소롭지. 짐꾼, 행상, 인부 들까지도 커피를 마시러 오는 세상이니. 가소롭기 짝이 없어."

18세기 베네치아 태생의 극작가이며 플로리안의 단골인 골도니의 작품 『카페』1750에서 카페 주인과 급사가 아침에 문을 열면서 주고받는 대화의 한 토막이다.

그 무렵 이탈리아 카페는 선술집과도 성격이 비슷해 도박과 매춘 알선의 소굴이자 장물의 은신처이기도 했다. 그만큼 건달들의 출입이 잦았다. 이 점에서 명문 플로리안도 예외가 아니었다. 그 도박판에는 성직자들도 끼어 있었다. 당시 도박은 죄가 안 되는 놀이 정도로 여겨진 모양이다. 플로리안의 상습 도박꾼 중에는 카사노바1725~98도 있었다. 베네치아 태생의 방랑작가이며 희대의 난봉꾼이었던 그는 플로리안의

카사노바.
정사와 모험을 찾아 헤맨 자유인.

단골로 카페에서도 도박과 엽색행각에 열을 올렸다. 삼류극단 배우의
아들인 그의 허풍을 듣기 위해 바람기 많은 여인들이 플로리안에 찾아
들었다.

　자유로운 담론의 터전 카페는 온갖 소식과 정보가 모였다가 사방으
로 퍼지는 곳이다. 이탈리아 최초의 신문 『가제타 베네타』1760년 창간도
플로리안에서 창간되었다. 발행인인 고치 백작은 창간호에서 플로리
안을 찬탄하고 그곳에서 편집회의를 자주 열었다. 당시 신문은 카페에
출입하는 사람들을 제일의 독자로 생각하고 편집되었으며 플로리안
을 비롯해 모든 카페는 신문 판매대를 갖추었다.

카페 플로리안은 역사의 증인이기도 했다. 플로리안은 프랑스혁명, 나폴레옹의 베네치아 점령1797, 오스트리아의 침입과 지배1806~14, 나폴레옹의 재침, 오스트리아의 재지배 그리고 이탈리아 왕국의 합병1866 등 파란 많은 베네치아 역사의 증인이요 무대이기도 했다.

카페는 담론과 사교를 즐기는 사랑방, 이 사랑방은 역사의 격랑 속에서 비판적인 지성의 터전이 되었다. 범유럽적인 혁명이기도 했던 프랑스혁명은 플로리안을 정보와 뉴스의 중심으로, 혁명을 지지하는 국내외 지식인들의 집합소로 만들었다. 그만큼 당국의 경계도 삼엄하여 비밀경찰이 매일 플로리안에 늘러 블랙리스트에 오른 인물들의 동태를 감시했다.

나폴레옹 점령하에서는 베네치아의 모든 극장이 때로는 텅 비기도 하고 상복인 양 검은 옷을 입은 관객들로 가득 차기도 했다. 그것은 애국자들을 투옥한 데 대한 항의이며 극장 귀빈석을 차지한 점령군 장교들에 대한 시위이기도 했다. 산 마르코 광장에서 오스트리아 군악대가 연주를 하면 모든 시민이 일사불란하게 그곳을 빠져나가기도 했다. 한번은 극장 무대에서 한 발레리나가 이탈리아 삼색 국기가 그려진 발레복을 입고 춤을 춰 관중에게 박수갈채를 받았다.

점령군에 대한 저항의 메시지는 플로리안에서 발신되었다. 1848년 이탈리아 해방을 위해 일어난 봉기 때에는 부상당한 시위 참가자들로 플로리안은 마치 야전병원을 방불케 했다. 그러한 플로리안에 대해 당시 한 신문은 다음과 같이 격찬했다.

카페 플로리안의 문양 심벌 마크.

베네치아의 카페 중의 카페, 그곳에 나부끼는 깃발은 공화제,
그 대표자는 마치니, 인장印章은 산 마르코.

전란과 혁명의 계절에도 플로리안은 낭만을 즐기는 남녀들로 변함
없이 붐볐다. 한 연대기 작가는 이렇게 기술했다.

투쟁의 계절에도 베네치아 사람들은 예전과 다름없이 산 마르코 광
장을 산책하고 언제나처럼 카페를 찾는다. 한밤중에도 포도주 잔을
부딪치는 소리와 노랫소리가 들려온다.

창업주인 발렌티노가 작고한 뒤 19세기 중엽 플로리안은 미술아카
데미의 교수를 새 주인으로 맞아 모든 방을 새로 꾸몄다. 그중 메인 룸

플로리안의 메인 홀.
왼쪽 위부터 통령의 방, 자유의 방, 중국인의 방.

인 '통령의 방' 벽에는 '자연과학과 진보'를 상징하는 그림이 걸렸다. 그리고 또 다른 메인 룸 '그리스인의 방' '오리엔트의 방'은 그리스와 페르시아의 풍물로 벽을 장식했다. 그러나 가장 인기가 좋은 곳은 '중국인의 방'으로 거기에 들어서면 중국 전통복장을 한 남녀의 그림이 눈길을 끈다. 차의 시배지始培地 중국에 대한 경의의 표현으로 꾸며진 이 '중국인의 방'에 관해 플로리안 제일의 단골인 프랑스 시인 레니에는 다음과 같이 전해준다.

중국인의 모습에는 사람의 마음을 사로잡는 매력이 있다. 자기磁器가 그려진 벽에 그는 상냥하게 미소 지으며 자랑스럽게 서 있다. 푸른 비단의 짧은 옷을 몸에 걸치고, 산호단추로 그것을 여미고 있다. 발에는 우아한 모양의 신발이 신겨져 있고 얼굴은 중국인 특유의 생김새, 살결은 느낌이 좋은 황색이다. 청조淸朝의 관료들이 길고 섬세한 사대부풍의 수염을 늘어뜨린 모습은 중국의 시에 나오는 동년배들의 모습 그대로다. 때때로 우리는 그의 것이며 그가 우리를 위해 잡아둔 듯 생각되는 저 바의 구석자리를 찾는다. 그는 바로 (우리가) 만나는 장소가 되었다. "중국인 아래에서 5시에"라고 하면 그것은 그 시간에 플로리안에서 만나자는 뜻이다.

베네치아, 쾌락을 탐내는 도시

베네치아는 13세기부터 15세기까지 황금시대를 누렸다. 특히 14~15세기에 모든 바닷길은 베네치아로 통한다고 일컬어졌다. 그러나 영고성쇠는 피할 길 없는 역사의 룰, 이 수상도시에도 황혼이 찾아들었다. 그 계기가 된 것은 터키군의 콘스탄티노플 점령1453과 그에 이은 콜럼버스의 대서양 횡단1492, 바스코 다 가마의 인도 항로 발견1498이었다. 이제 지중해를 주무대로 한 베네치아 중심의 오리엔트 교역이 막을 내리고 포르투갈·에스파냐·네덜란드·영국에 의한 대서양 대항해시대가 열렸다.

그러나 베네치아는 다른 면으로 소생했다. 욕심 많고 거친 모험가들이 되강한 뒤 베네치아 역사를 새로 쓴 것은 철저한 실용주의자였던 조상과는 딴판인 그들의 후손들로, 상인의 시대가 물러가고 꿈꾸는 심미주의자들이 예술과 교양의 시대를 부흥시켜 18세기 베네치아의 르네상스를 맞이한 것이다.

18세기에 들어서면서 인구는 두 배로 늘어났다. 그에 앞서 17세기 초에 베네치아는 국제적인 색채를 짙게 드러내, 지중해 주변에 있는 모든 민족의 상점과 각 나라의 언어를 거리 어디에서도 보고 들을 수 있었다. 이미 16세기에 전 국민의 10퍼센트가 이방인이었다.

베네치아는 풍요로운, 그러나 퇴폐적인 회춘을 맞는다. 그 무대는 300여 개에 이르는 상류계층의 팔라초와 빌라, 12개의 극장, 광장 여기저기에 처마를 맞댄 200여 개의 카페, 1만 척이나 되는 곤돌라(지금은 500척이라고 한다)였다. 어느 작가는 당시의 베네치아를 "유쾌하게 웃고 한순간에 모든 것을 잃는" '불길'에 비유했다. 그 불길은 오페라·연극·투우·수상 창槍 경기·각종 호화 퍼레이드, 특히 카니발을 통해 더욱더 활활 타올랐다.

해마다 12월 말경부터 여름까지 이어지는 카니발은 단순한 축제나 이벤트가 아니라 베네치아에서는 일상적 삶 그 자체였다. 카니발의 하이라이트인 가면놀이에는 통령과 로마 교황청 대사를 비롯한 귀족·귀부인과 숙녀·하인·하녀에 이르기까지 모든 사람이 참가했다. 그리고 이탈리아 내외 여러 지역에서 모여들었다. 카니발 기간에는 베네치아의 인구가 두 배로 늘어났다고 한다. 카니발 기간에 "베네치아에는 단 한 사람 '가면 신사' '가면 숙녀'만 있을 뿐이었다."

'놀이'는 노동 이상으로 개인과 집단의 성정을 잘 드러낸다. 가면극만큼 베네치아 사람들의 기질과 성향, 그리고 그들의 독특한 삶의 정체성을 잘 나타내는 것도 없다. 그렇지 않아도 극장 무대 같은 베네치아는 카니발 계절이면 거리 전체가 극장도시처럼 변했다.

얼굴은 속마음을 내비친다고 하나 그것이 얼마만큼 진실일까. 그것은 오히려 성직자와 상인의 얼굴, 선원과 군인의 얼굴, 귀부인과 집사의 얼굴, 다시 말해 신분에 따라 조련된 표정, 말하자면 가면이 아니던가. "가면을 쓰고 있으면 무엇이든 할 수 있다"고 한다. 그렇다면 가면과 가면극이야말로 마음의 심층적인 리얼리티를, 정직한 자아를 드러내는 본 얼굴이 아닐까 하고 생각해본다.

베네치아는 언제라도 바다 밑으로 가라앉을 도시다. 베네치아의 고문서관에 소장된 치수담당관의 기록에도 "우리의 아름다운 많은 섬이 범람으로 침하되어 소멸 직전의 상태에 있다"고 적혀 있다고 한다. 바다 위 도시의 비현실성과 상실감을 느끼고 육지를 꿈꾸며 미지의 세계를 향한 항해자의 노스탤지어를 알게 되면 베네치아인들이 디오니소

베네치아 카니발 때의 가면 복장.

스적인 가면놀이에 몰두한 그 이유가 짐작된다.

불안과 위기의 정념은 세기말적 예술지상주의, 심미주의의 쾌락을 잉태하고 분출한다. 점잖은 바젤의 문화사가 부르크하르트도 "베네치아의 궁극적인 목적은 권력과 인생을 즐기는 일"이라고 지적하지 않았던가.

이 바다 위 도시에서 '사는 기쁨'에는 살롱 귀부인들이 도시귀족의 정부인 교양 있는 기녀들과 함께 앞장섰다. 베네치아가 한창 문화의 완숙기를 누린 16세기, 그들 바람기 많은 여인의 수는 2,000명을 헤아렸다. 씀씀이가 좋은 영국 남성, 여성을 숭배하는 프랑스 남성, 사교적인 에스파냐 남성, 연애박사인 이탈리아 남성들이 그녀들을 찾아 베네치아에 모여들었다. 상류사회의 부인들은 검은 베일을 쓰고 즐겨 카페에 출몰했으며, 특히 카니발 기간에는 마음껏 '자유'를 누렸다. 낭만적인 곤돌라도 그녀들의 자유와 기쁨을 위한 소도구 구실을 훌륭히 다했음은 물론이다.

베네치아 여인들은 전 유럽에 '베네치아풍 블론드'의 방명芳名을 뽐냈다. 여인들의 끼를 주제로 한 모차르트의 희극 오페라 「여자는 다 그래」는 당시의 베네치아 여인들을 말하는 것만 같다. 베네치아 여인들은 전 유럽에서 제일 먼저 인구 조절을 했으며, 남성은 막내에 한해 결혼할 수 있었고 '사랑'은 남녀 구별 없이 베네치아 사람들의 특기였다. 그러므로 여성들 또한 응수했다.

"남성들 또한 다 그렇다."

베네치아를 가장 잘 알고 가장 사랑한 19~20세기 프랑스의 시인이며 소설가인 레니에는 말한다.

베네치아는 사랑의 선물. 이 거리의 주요한 일은 정성을 다하는 사업, 그것은 바로 사랑하는 것이다. 이러한 관능적인 행위에는 국민 전체가 협력한다. 베네치아의 여인들은 귀부인이든 기녀이든 그 사명을 다하고 있다.

레니에의 베네치아 송가頌歌 「베네치아 스케치」1906의 한 구절을 다시 되새겨본다.

"그 이름을 듣기만 해도/일락과 우수의 마음이 가슴에 샘솟는/말해

사전트의 「베네치아의 거리」(1882). 정체불명의 여인.

보아라 베네치아라고."

　베네치아가 발산하는 비잔틴풍의 독특한 매력에 대해서는 찬탄과 함께 '형편없는 취미' '극히 추하다'는 혹평도 따랐다. 그러면서도 그들 모두 카페 플로리안의 단골이 되었다. 파리의 카페 프로코프와 더불어 유럽 최초의 문학 카페였던 플로리안이라는 파르나스의 반열에는 참으로 많은 시인·문인·예술가와 더불어 각계 인사들이 오르내렸다. 그 인물 가운데 몇몇 인사를 떠올려보자.

　루소는 1743년부터 다음 해까지 프랑스 대사의 비서로 베네치아에 머물며 매일 플로리안에 출입했다. 괴테도 베네치아에 들르면 꼭 플로리안을 찾았다. 하루 열 잔 이상 마실 만큼 커피광이며 젊은 사관 시절에는 파리의 카페 프로코프의 단골이기도 했던 나폴레옹이 점령군의 사령관으로 베네치아에 입성하고 제일 먼저 찾은 곳도 플로리안이었다. 그는 산 마르코 광장에 자리 잡은 플로리안을 "세계에서 가장 아름다운 살롱"이라고 극찬했다.

스탕달도 베네치아와 플로리안을 좋아했으며 작곡가 로시니와 언제나 같은 테이블에 앉았다. 베네치아에서 어느 백작부인과 자유분방한 나날을 보낸 바이런은 사람들로 북적거리는 카페를 좋아하지 않았지만 어쩌다 플로리안에 들르면 같은 영국 출신의 시인 셸리와 테이블을 같이했다. 그는 베네치아를 '바다에서 탄생한 모신母神' '바다의 구석구석까지 모든 권세를 누린' 것으로 읊었다. 바이런의 시에 자극받아 러스킨은 고딕적인 베네치아를 재발견했다.

바이런과 관련하여 철학자 쇼펜하우어의 베네치아 에피소드가 있다. 젊은 쇼펜하우어도 플로리안의 단골이었다. 그는 1818년 11월 무렵, 『이탈리아 기행』을 간행한 괴테에게 편지를 보내 이탈리아 여행에 관한 조언을 청했다. 괴테는 마침 베네치아에 체류 중이던 바이런 경에게 쇼펜하우어를 소개하는 편지를 보내왔다. 쇼펜하우어는 기뻐하며 시인을 만나기를 크게 기대했다. 그러나 그는 곧 그 만남을 단념했다. 그 이유를 훗날 쇼펜하우어는 친구에게 토로했다.

나는 괴테의 편지를 갖고 바이런을 찾아가기로 마음먹고 있었으나 단념했다네. 어느 날 연인과 산책하고 있는데 그녀가 흥분하며 소리

19세기 카페 플로리안의 테라스.

를 지르는 것이 아닌가. "보세요, 영국 시인이에요!" 돌아보니 바이런이 말을 타고 우리 곁을 질주하고 있는 것이 아닌가. 내 애인은 그날 종일 바이런 얘기만 했다네. 나는 괴테의 소개장을 이용하지 않기로 작심했지.

쇼펜하우어는 그 뒤에도 무슨 일이 일어나면 책임을 여인들에게 뒤집어씌우는 버릇이 있었다. "중요한 일을 하려면 여인들이 꼭 방해를 한다"고 말하면서.

프랑스의 여류작가 조르주 상드는 쇼팽, 리스트에 이어 세 번째 연인인 시인 뮈세와 함께 플로리안의 단골이었다. 그들 외에도 베네치아 시민들은 플로리안 테라스에 앉아 커피를 즐기는 여러 나라의 많은 작가와 화가, 그리고 이탈리아 통일의 아버지 마치니와 가리발디의 신봉자들이 정치 담론에 열을 올리는 광경을 자주 볼 수 있었다.

19세기에 이르러서도 뮤즈의 적자嫡子들의 플로리안 순례는 그치지 않았다. 작곡가 바그너의 호사로운 성격은 베네치아와 궁합이 잘 맞아 그곳에 머물러 있는 동안(그는 1858년 이래 이탈리아에 여러 차례 머무르다 1883년 베네치아에서 세상을 떠났다) 아침식사를 대개 플로리안에서 했다. 그 시간이 되면 모국의 거장에게 경의를 표하기 위해 오스트리아 군악대가 산 마르코 광장에서 그의 작품 「탄호이저」 서곡을 연주했다.

바그너에 이어 영국 작가 디킨스, 시인 브라우닝, 프랑스 작가 프루스트, 공쿠르 형제, 아나톨 프랑스, 레니에, 모리스 바레스, 화가 모네와 마네, 독일의 하이네, 니체, 오스트리아의 호프만슈탈, 그리고 릴케, 피카소, 스트라빈스키, 장 콕토, 헤밍웨이가 베네치아와 플로리안 순례 대열에 합류했다. 프루스트는 베네치아에 있을 때의 자기를 '아라비안 나이트의 인물처럼' 느꼈다. 토마스 만은 탐미주의적 작품 『베네치아에서의 죽음』1912의 구상을 플로리안에서 얻었으며 이 소설은 60년 뒤 이탈리아 출신의 비스콘티 감독에 의해 영화화되었다. 이탈리아의 시인 단눈치오가 국제적 미술전이라는 새로운 아이디어를 생각해내고 '베네치아 비엔날레'를 성사시킨 곳도 바로 플로리안이었다.

많은 시인·작가·예술가가 베네치아에 내린 사랑을 토로했다. 그중에서도 베네치아를 가장 좋아하고 사랑한 사람은 러스킨과 레니에였다. 19세기 고딕 리바이벌 운동에 불을 당긴 『베니스의 돌』1851~53의 저자 러스킨에게 베네치아는 "아름다운 것 이외의 것들을 모두 잃은" 것으로 비쳤으며 산 마르코 대성당은 "균형 잡히고 풍요롭고 환상적인 색채의 작품으로, 인간의 상상력을 가득 채운 가장 아름다운 꿈"으로 비쳤다.

나도 산 마르코 광장 플로리안에 앉아

플로리안은 1976년, 창업 당시의 모습 그대로 새롭게 단장하고 국내외의 많은 시인·작가·예술가를 초빙하여 창업 250여 주년을 자축했다. 이때 베네치아는 다음과 같은 찬가를 플로리안에 바쳤다.

유럽은 세계에서 가장 아름다운 곳. 이탈리아는 유럽에서 가장 아름다운 나라. 베네치아는 이탈리아에서 가장 아름다운 도시. 산 마르코 광장은 베네치아에서 가장 아름다운 광장. 그리고 플로리안은 그 광장에서 가장 아름다운 카페다. 그러므로 우리는 세계에서 가장 아름다운 곳에서 커피를 마시고 있는 셈이다.

근 30여 년 전 여름 어느 날, 지중해의 햇살이 몹시 눈부시게 작열하는 산 마르코 광장. 나도 이 환상의 도시에 이제서야 입성했다는 행운에 들뜬 나그네가 되어 통령궁의 종루와 긴 회랑을 여기저기 확인하듯 탐색하고 기웃거렸다. 여기가 바로 산 마르코 광장! 광장은 바닥에 깔린 대리석이나 납작돌 한 점까지도 베네치아의 화려한 역사가 새겨진 비문碑文. 16세기 파사드를 고딕 양식으로 개조했다는 로마네스크 비잔틴 양식의 대성당. 변덕스러운 여인과도 같은 베네치아는 오히려 어느 양식에도 속하지 않는 환상의 건조물들로 "베네치아 양식에서는 역사에 도움을 청해도 헛수고다.""꿈속에서와 같이 베네치아의 시간의 흐름은 보통과는 다르다. 그리고 거리 전체가 지속성과는 관련이 없다"고 지적한 역사가 브로델의 말이 다시 떠오른다.

우리가 피렌체에서 15~16세기의 이탈리아 르네상스를 떠올리듯이 이스탄불·빈·파리·런던·베를린도 특정한 시대와 깊이 관련된 독특한 이미지로 우리 앞에 다가선다. 그러므로 그 도시들을 향한 우리의 기행은 그 역사를 찾고 확인하는 역사기행이게 마련이다. 그러나 베네치아를 낳은 것은 역사가 아니다. 그리고 베네치아는 이탈리아도 유럽도 비잔틴도 아닌 바로 "환상이나 꿈에 가까운 비현실성"의 산물이다.

산 마르코 사원과 오리엔트풍의 둥근 다섯 개의 지붕을 갖춘
흰 지붕의 통령궁 그리고 종루.

이렇게 생각하면서 나는 세 번째로 베네치아를 찾았을 때는 그 환상이 유혹하는 대로 발걸음을 옮기기도 하고 멈추기도 했다. 천년 동안 헤아릴 수 없이 많은 찬탄자의 따뜻한 시선과 애무의 손길이 새겨진 그곳, 정처 없는 걸음의 안식처는 산 마르코 광장과 플로리안이다. 그 플로리안 카페의 열두 개나 된다는 방은 한 번도 차지하지 못했다.

베네치아에서 나는 언제나 들뜬 나그네! 나의 들뜬 설렘은 광장의 밤에 장막이 내리고 불빛을 휘영청 밝힌 플로리안의 테라스에 자리를 잡은 뒤에도 좀처럼 가라앉지 않는다. 티테이블은 얼마나 될까. 200석은 넘는 성싶다. 모두 5대양 6대륙에서 모여든 사람들이다. 그들 모두 오랜 세월 꿈꾸었을 베네치아에 드디어 왔노라는 기쁨을 드러내며 파안대소 흥겹게 떠들어댄다. 산 마르코 광장, 카페 플로리안의 객이 됨을 '신이 베푼' 은덕이라 했던가. 취기가 오른다. 커피에 이어 마신 포도주 탓만은 아니리라. 산 마르코 광장이 그리고 베네치아가 나를 이토록 취하게 만든 것일까.

아직도 여기저기에서 환성이 들려오는 광장을 벗어나 호텔로 향한다. 작은 운하를 따라 인기척이 드문 어두운 골목길 두세 번째 홍예다리 위에서 몸을 굽혀 물길을 내려다보니 홀연히 고독감이 밀려온다. 나그넷길에서 어쩌다 맛본 이방인의 감상적인 고독과는 딴판인, 나 자신이 가공의 인물로 비치는 섬뜩한 고독이다. 한데 몰리고 서로 스친 비좁은 골목길에서 맛본 베네치아의 '가벼움'과 '고요'. 일순 베네치아가, 바그너의 오페라 무대에 출현함 직한 밤바다에 중세풍 성채와 어우러져 나를 매혹하는 것이 아닌가. 어릴 적 밤바다는 언제나 무서운

명계冥界이면서도 그 이미지는 짓궂게 감미로웠다. 에로스와 죽음이 굴절되고 교차되는 베네치아의 변환자재! 그 환상을 뿌리치며 나는 호텔로 가는 길을 재촉했다. 일순 『파우스트』의 한 구절이 떠올랐다.

내가 어느 순간,

멈추어라, 그대는 참으로 아름답다고 말하면

그대는 나를 묶어 매도 좋다.

바로 나는 기꺼이 사라져 없어지리라.

모네의 「점심식사」(1873).

런던의 커피하우스와 스위트 홈의 홍차문화

> 나의 최고의 삶의 가르침은
> 차와 커피를 마시는 인생입니다.
> 좋은 인생이란 재산과 건강, 그리고
> 차와 커피를 마시는 인생입니다.
> 당신도 그렇게 생각하리라 믿습니다.
>
> • 조너선 스위프트

홍차의 전래와 커피하우스의 유행

사람들은 저마다의 마실 거리를 필요로 하는 것일까. 많은 국민이 제각기 그 기호품을 지니고 있는 성싶다. 유럽의 경우 프랑스의 포도주, 독일의 맥주, 이탈리아의 커피, 그리고 영국의 홍차가 그것이다. 이 국민적인 음료를 들여다보면 그들의 자연·풍토와 국민성, 풍속과 문화가 엿보인다.

프랑스 사람들이 포도주 잔을, 독일 사람들이 맥주 컵을 하루에도 여러 번 기울이듯이, 영국 사람들은 차를 하루에 일고여덟 잔 마신다.

차는 크게 색깔·맛·향기로 나눌 수 있으며 그 원산지는 모두 중국이다. 영국에서는 티 혹은 블랙티라고 부르며 레드티라는 말은 없다(그러나 이 글에서는 우리 관례대로 홍차라고 지칭하자). 1610년대 유럽에 처음으로 중국산 차를 들여온 나라는 네덜란드였다. 영국은 1630년대 네덜란드를 통해 중국 차를 처음 접했는데, 우롱계 홍차인 보헤아우이(武夷) 차였다. 그 뒤 영국이 차 교역의 중심이 되고 1766년부터 유럽 최대의 차 소비국이 되었다. 1823년에 이르러 식민 지배하의 인도 히말라야 산맥 사면 아삼 지방에서 영국인에 의해 자생의 차나무가 발견되고 재배되었다. 그 뒤 같은 식민 지배하의 스리랑카실론에서도 재배되었다. 오늘날 세계 최대의 홍차 산지인 인도의 다르질링, 스리랑카의 우바는 중국의 치먼과 함께 세계 3대 명차로 이름이 높다.

다르질링Darjeeling은 시원스러운 맛과 향기가 최고다. '홍차의 샴페인'이라 불리며, 4~5월에 수확하는 제일 좋은 품질의 차는 양도 적어 값이 아주 비싸다. 우바Uva는 6~9월에 딴 것이 최상품으로, 강한 향과 감칠맛, 밝은 오렌지색이 특징이며 밀크티에 잘 맞는다. 한편 홍차의 원조라고 할 수 있는 치먼은 중국 치먼祁門에서 산출되며, 난과 장미꽃 향기와 이국적인 맛으로 '중국 차의 부르고뉴 주酒'로 찬탄을 받으며 널리 사랑받는다.

같은 산지의 차라고 하더라도 차를 딴 시기, 차밭, 그리고 그해의 기후 조건에 따라 품질이 다르다. 영국의 차상들은 품질을 높이기 위해 여러 종의 홍차를 블렌딩한 상품들을 일찍부터 내놓았다.

커피와 차가 오리엔트나 중국에서 전래되기 이전 고대 그리스·로마 시대 이래 유럽 사람들의 기호품은 술, 즉 와인과 맥주였다. 상류사회에서는 품질 좋은 와인을 즐겼다. 그 뒤 이탈리아·프랑스·에스파냐 사람들이 와인을 즐겨 마신 데 비해 영국 사람들은 독일 사람들과 마

영국의 홍차.
몇 백 종의 홍차 중 대표 격은
중국의 치먼, 인도의 다르질링,
스리랑카의 우바다.

찬가지로 맥주를 많이 마셨다.

우리는 영국의 크고 작은 도시, 그리고 시골 마을 도처에서 선술집과 마주친다. 커피하우스가 생기기 이전 선술집인 에일하우스alehouse는 펍pub, public house이라고도 불린 그대로 모든 사람에게 열린 사랑방이었다. 영국은 '식사에 절망한 국민'이라고 일컬어질 만큼 음식이 맛없기로 소문난 나라다. 그래서인지 앵글로색슨은 유럽에서도 술주정뱅이가 많았다. 술로 배를 채운 것이다. 우리가 영국 어디에 가든 펍과 마주치는 이유다.

커피와 차가 전해지면서 사람들은 이제 펍만큼 커피하우스를 즐겨 찾게 되었다. 어느 국민보다도 절제의 미덕을 지녔던 영국 사람들, 자본주의를 선도한 부지런한 그 시민계층은 알코올보다 커피와 차를 더 원했다. 차는 커피와 마찬가지로 근대적인 기호품이다. 근대적 시민사회를 가장 먼저 실현한 영국에서 차문화가 발달한 것은 당연한 일이었다. 어제까지는 종소리에 맞춰 기도를 드렸던 사람들이 이제 시간에 맞춰 차를 마시게 되었다.

카페라고 하면 사람들은 먼저 파리를 연상한다. 그러나 영국 최초의 커피하우스는 파리에 앞선 1650년, 대학의 거리 옥스퍼드에서 탄생했다. 이어서 케임브리지에, 1652년에는 런던 탑 가까이에 런던 최초의 커피하우스 '파스카 로제'Pasqua Rosée가 문을 열었다. 영국에서는 카페라고 하지 않고 보통 '커피하우스'라고 부른다. 영국을 홍차의 나라라고 하지만 홍차에 앞서 일찍이 커피 무역을 거의 독점한 영국 사람들은 1730년경까지는 홍차보다 커피를 훨씬 더 즐겼다. '커피하우스'의 명칭은 여기에서 유래했다.

파스카 로제의 간판에는 "영국 최초로 공적公的으로 만들어 파는 로제의 커피-드링크의 효능"이라는 광고풍의 글귀가 쓰여 있었다. 어느 커피 사가史家는 그 엉성한 커피하우스의 출현을 아기 예수가 태어난 베들레헴의 마구간에 비유했다. 이 말은 21세기를 맞이하면서 미국의 『라이프』지가 지난 천년간의 세계사적 사건 가운데 커피와 차의 보급이 초래한 유럽 사람들의 삶의 패턴 변화를 28위로 꼽은 사실을 상기

초기 커피하우스의 실내 풍경.

한다면 결코 헛된 장담으로만 여겨지지 않는다.

커피하우스는 홍차가 보급되면서 우후죽순으로 생겨났다. 17세기 말경에는 인구 60만의 런던에만 2,000~3,000여 곳을 헤아려 선술집인 에일하우스, 펍의 수를 능가하기에 이르렀다. "취하지 않게 하면서 기운을 돋우는" 마실 거리인 차의 광고 문구가 이제 차 상인과 애음가들의 캐치프레이즈가 되었다.

초기 커피하우스의 단골은 보헤미안적인 예술가나 작가들의 사랑방이던 프랑스나 이탈리아의 카페와는 달리 교수와 학생, 언론인과 법조인, 그리고 기업가 등 전문직 집단이었다. 아직도 런던의 문인들, 보헤미안적인 연극인과 배우들은 선술집 펍을 더 즐겼다. 그러나 차차 그들 이상으로 시인과 문인, 작가들이 커피하우스에 부지런히 출입했다. 그렇게 해서 문학 커피하우스가 탄생했으며 그중 대표적인 것이 런던의 "위트와 재치에 찬 즐거운 대화"의 집 커피하우스 윌Will's coffee house이다.

1660년경에 문을 연 윌에는 방 하나를 빌려 일정한 날, 일정한 시간에 '친한 사람들끼리 모임'을 갖는 관행이 생겨났다. 이것이 영국 클럽의 기원이 된다. 클럽은 앞에서도 밝혔듯이 크게 정치 클럽과 문학 클럽으로 나뉘었다. 계관시인이며 극작가이자 비평가인 문단의 원로 드라이든은 1674년 이래 윌의 단골이 되었다. 그는 오전에는 집에서 집필하고 그 밖의 시간은 으레 윌에서 밤늦게까지 보냈다. 그의 팔걸이 의자는 겨울에는 난롯가에, 여름에는 발코니에 특별히 자리가 마련되어 있었다.

문학 담론을 즐겼던 그를 둘러싼 추종자들 중에는 작가뿐 아니라 배우도 많았다. 드라이든에게 일찍이 "자네는 결코 시인이 될 수 없네"라고 핀잔을 들었던 스위프트도 윌의 단골이었다. 훗날 『로빈슨 크루소』를 발표하여 베스트셀러 작가가 되는 대니얼 디포도 차와 커피의 마니아였다.

한편 신동으로 알려진 시인 포프가 어느 귀족의 소개로 윌의 문학 서클에 처음으로 얼굴을 내민 것은 12세 때였다. 독학으로 고전을 가까이하고 셰익스피어에 이어 명구를 수없이 만들어낸 포프 또한 커피광이어서 밤낮으로 윌에서 사람들을 흥겹게 했다.

유럽의 19세기 말은 보헤미안의 시대. 보헤미안 중의 보헤미안은 화가와 시인이며 그들은 누구보다도 커피하우스를 사랑방처럼 드나들었다. 그들 가운데 커피하우스를 각별히 즐긴 사람은 제임스 휘슬러였다. 미국 태생의 이 상징파 화가는 오스카 와일드를 비롯한 세기말의 총아들과 더불어 당시 런던의 대표적인 문예 커피하우스 '카페 로열' Café Royal의 인기 있는 단골이었다. '카페 로열'의 주인이 프랑스 출신이어서 유독 카페라고 불렸으며 그 지하에는 런던 최고의 와인 저장실을 갖추고 있어 단골들을 더욱 기쁘게 했다.

이미 17세기 말 『내셔널 리뷰』지는 "모든 직업인이, 모든 상인이, 어느 계층, 어느 정파에 속하든 자신의 단골 커피하우스를 갖고 있다"고 보도했다. '나 자신의 커피하우스', 영국풍 개인주의 유전 인자의 또 하나의 발산이다.

1727년에 런던을 여행한 어느 스위스인은 고국에 보낸 편지에서 런던 시민은 초면 인사에서 대개 "당신의 단골 커피하우스는 어디입니까?"라고 묻는다고 전했다. 영국에서 사람을 찾으려면 그의 집주소를 묻지 말고 그의 단골 커피하우스를 찾으라는 말도 있다. 베네치아, 빈, 심지어 파리의 카페에서조차도 볼 수 없는 참으로 흥겨운 심상풍경이다.

팁의 풍습은 커피하우스에서 생겨났다. 즉 '빠른 서비스를 보장하는'to insure promptness, tip은 이 약자다 문구가 쓰인 상자에 푼돈을 넣으면 우선적으로 접대를 받을 수 있었다. 그런데 커피하우스 홀에 있는 큰 테이블이 눈길을 끈다. 그 위에는 대형 『성서』가 펼쳐져 있고 관보·신문·잡지와 함께 갖가지 상품 광고·극장 안내지 등이 놓여 있다. 이 테이블은 원래 커피하우스의 후원자를 위해 마련해놓은 특별석이었으나 차차 손님들을 위한 담론의 자리가 되었다.

커피하우스나 카페는 단순히 커피나 티를 마시기 위한 곳이 아니다. 그에 앞서 손님의 대다수는 이야기를 나누고 담론을 즐기기 위해, 그리고 카페가 좋아 카페로 모여든 것이다.

스위트 홈의 신성한 즐거움, 애프터눈 티

커피하우스의 보급과 더불어 1750년경에 이르면 홍차는 영국 사람들의 국민음료로 뿌리를 내렸다. 그러면서 가난한 농민이나 노동자들까지도 가까이하게 되었다. 그리고 그에 앞서 1717년부터 여성들도 커피하우스에 출입하게 되었다. 그러나 멀고 먼 동방에서 전래된 값비싼 희귀품인 차는 처음에는 궁정과 귀족, 신사계층 사이에서 애음되었다. 그러면서 자연스럽게 의례의 성격을 띠다 18세기에 이르면 귀족과 상류계층의 티타임으로 뿌리를 내렸다. 그중 유명한 것은 런던의 몬터규 부인Elizabeth Montagu, 1720~1800의 티파티였다.

부인은 『셰익스피어론』을 쓴 여류작가로 명문 출신 샌드위치 백작과 결혼한 재원이었다. 그녀의 파티에는 극작가 베크를 비롯하여 뛰어난 저술가와 문인들이 출입했으며 '블루 스타킹'Blue Stocking Society, 靑踏派도 그녀의 살롱 비슷한 티파티에서 생겨났다.

그러나 티파티는 프랑스의 살롱과는 달리 어디까지나 가정적인 사교 의례였다. 그리고 '가정적'domestic이란 바로 주부 중심임을 뜻한다 미식가들을 위한 브리야-사바랭의 고전적 저작인 『맛의 생리학』1826에서는 집주인이 술의 음미에 마음을 쓰듯, 주부는 홍차 맛에 책임이 있다고 말했다. 즉 티파티, 다회茶會는 가정의 여주인이 제일 마음을 써야 할 교양이자 사교 의식이라는 것이다. 빅토리아 시대의 시인 패트모어는 「가정과 천사」라는 시에서 다회와 관련하여 "그녀는 나에게 어울리지 않는다"는 말을 "She is not my cup of tea"로 표현하여 애음가들 사이에서 '이상적인 부인상'을 티타임을 잘하는 여성으로 꼽기도 했다.

1720년경에 이르러 다기 세트와 밀크티를 기본으로 하는 영국풍의 차문화가 뿌리를 내렸다.

런던 국회의사당의 빅벤은 런던의 명물 가운데 하나다. 이 대시종大時鐘(이 시종이 들리는 곳에서 태어난 자만을 순수 런던인이라고 일컫는다고 했다)과 관련하여 다음과 같은 말이 시민들 사이에서는 오래

전부터 오간다고 한다.

> 시계가 오후 4시를 치면 6시까지 영국 내 모든 가정의 주전자가 한 꺼번에 즐겁게 펄펄 끓는 소리를 내고, 도자기 찻잔을 테이블에 나란 히 놓고 설탕을 넣느라 짤그랑 부딪치는 소리가 들린다.

애프터눈 티를 두고 하는 말이다.

영국 사람들은 티타임을 도처에서 즐긴다. 나는 런던의 큰 서점에서 티를 제공하는 '티 레이디'와 두세 번 마주친 적이 있다. 많은 회사나 사무실에서 티 레이디를 고용한 전문업자와 계약하여 보통 오전 11시 와 오후 4시의 티타임에 서빙을 받으며 모두 차를 즐긴다. 그러나 영 국 사람들이 차를 제일 많이 즐기는 곳은 역시 가정이다.

해가 천천히 뜨고 일찍 지는, 그리고 계절을 가리지 않고 언제나 우 산을 끼고 밖으로 나가야 하는 날씨, 안개 낀 런던의 거리. 그러한 영 국의 기후와 풍토는 지중해, 태양이 눈부시게 내리쬐는 유럽 남부와는 참으로 대조적이다. 프랑스와 이탈리아 사람들이 즐거움을 밖에서 찾 고 카페 테라스에서 커피를 즐기는 데 반해 영국 사람들은 집에서 가 족끼리의 티타임을 특히 즐긴다.

'좋은 취미'를 위해 만들어진 신문 『스펙테이터』는 창간사에서 "아 침식사에서 버터를 바른 빵과 차를 즐기는 전문직 가정"을 제일의 독 자로 염두에 두었다고 밝혔다. 『스펙테이터』의 발행인 리처드 스틸은 다음과 같이 말을 이었다.

찻잔을 준비하는 '티 레이디'.

우리 신문이 교양 있는 부인들의 티타임에서 화제가 된다면 더 이상의 영광은 없습니다.

1860년대 영국을 방문하여 영국인의 가정생활에 크게 감명을 받은 프랑스의 문인이며 사상가인 텐은 다음과 같이 기술했다.

"영국인이 모두 마음속 깊이 간직한, 그들이 마음에 그리는 '마이 홈'에는 스스로 선택한 아내와 아이들이 있고 화기애애한 대화가 있다. 그것은 자기만의 내밀한 소우주다……. 가정은 프랑스인과는 달리 마지막 안식처다."

19세기 영국 자본주의의 풍요가 낳은 시민계급의 '홈 스위트 홈' '마이 홈'의 상징이 바로 가정에서 갖는 티타임이었다. 아침식사 전의 얼리 티, 아침식사 때의 모닝 티, 11시와 점심식사 때의 티, 오후 3~5시 사이의 애프터눈 티하이 티, 그리고 저녁식사와 취침 전의 티가 그것이다. 그러나 그들은 티라고 하면 보통 애프터눈 티를 말한다. 애프터눈 티는 커피하우스에서도 오후 3~5시 사이에 즐길 수 있으나 가장 반듯한 것은 집에 손님을 초대하여 마시는 애프터눈 티파티다. 그 티파티는 보통 집의 큰 방에서 또는 정원에서 열린다.

영국에서 누군가를 처음 자기 집의 애프터눈 티에 초대한다는 것은 당신과 친구가 되고 싶다는 의사표시다. 영국의 사교문화는 여주인 중심의 애프터눈 티파티를 통해 꽃피었다.

"애프터눈 티라는 의식에 바치는 시간만큼 즐거운 시간은 인생에 그다지 많지 않다"고 20세기 최고 작가의 한 사람인 헨리 제임스는 말했다(그는 미국에서 태어났으나 유럽의 문화, 특히 영국인의 가정에 매료되어 1876년 이후 영국에 머무르다가 귀화했다). 궁핍한 생활 속에서도 독서와 티타임을 최고의 즐거움으로 여긴 19세기의 영국 작가 기싱의 이야기를 들어보자.

> 애프터눈 티라는 즐거운 차탁茶卓의 관습만큼 영국인의 가정 취미를 잘 드러내는 것은 없다. 오막살이에서조차 티타임에는 신성한 무언가가 느껴진다. 왜냐하면 그것은 번거로운 가사가 끝났음을, 편안하고 단란한 저녁이 시작됨을 알리므로 찻잔과 접시가 짤그랑하며 부딪히는 소리만으로도 마음은 혜택받은 안식으로 끌려들어간다.

티와 커피의 마니아인 『걸리버 여행기』[1726]의 작가 스위프트가 티를 같이 나누어 마신 여인에게 보낸 편지의 한 구절이 떠오른다.

> 차는 우리를 진지하고 매력 있고 철학적으로 만들어줍니다. 나는 당신이 교양인, 좋은 어머니, 완벽한 주부 그리고 훌륭한 티 마니아가 되기를 바랍니다……. 나의 최고의 삶의 가르침은 차와 커피를 마시는 인생입니다……. 좋은 인생이란 재산과 건강, 그리고 차와 커피를 마시는 일입니다. 당신도 그렇게 생각하리라 믿습니다.

애프터눈 티는 가든파티, 밝은 햇빛 아래 푸른 잔디에 티테이블을 꾸민 티가든에서 영국풍의 또 하나의 아름다운 풍경을 연출한다. 정원

연못가 티가든.

은 유럽에서 18세기 풍속과 문화의 주요 주제였다. 남달리 자연을 좋아한 영국 사람들의 일상적인 바람은 바로 집에 정원을 꾸미는 일이다. 영국인은 모두 부지런하고 겸손한 정원사다. 이 정원에 어찌 차가 없으랴.

1834년 런던의 한 신문은 홍차의 전래에 대해 다음과 같은 글을 실었다.

> 어느 날 갑자기 농앙의 끝에 위치한 미지의 세계에서 온 차가 우리의 아침 마실 거리의 모습을 바꿔놓았다.

바뀐 것이 어찌 아침 마실 거리뿐이었을까.

자본주의의 바람을 타고 날로 부유해진 영국 시민사회는 '홈 스위트 홈'이라는 주부 중심의 새로운 생활양식을 주부들에게 안겨주었다. 그러나 그것은 남성들에게는 당연히 불편하고 거북스러웠다. 남편들은 여성 금지구역인 커피하우스에서 자기들끼리 자유와 안락을 누리기로 마음먹었다.

그들은 보통 두세 시간 있을 작정으로 단골 커피하우스에 간다. 그런데 친구가 들어서면 두세 시간을 더 버틸 수 있는 명분이 생긴다. 남편들의 그러한 커피하우스 '중독'을 아내들은 참을 수 없었다. 그녀들은 마침내 1674년에 차와 커피, 커피하우스의 악덕을 열거한 청원서를 당국에 제출했다.

하지만 여인들의 호소는 무위로 돌아갔고, 남성들의 커피하우스 출

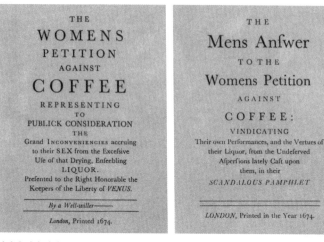

커피에 대한 여성들의 고발장(왼쪽)과 남성들의 응수장(오른쪽).

입은 더욱더 늘어났다. 그 뒤 커피하우스의 여성 출입 금지령이 해제되고 여성들을 위한 우아한 커피하우스가 생겨나면서 차츰 커피하우스는 영국인의 일상적인 삶의 또 하나의 중심이 되었다.

여성들이 커피하우스에 출입하면서 커피하우스는 신문과 잡지에 화제를 뿌리고 문학작품에도 등장했다. 커피하우스는 어느새 모드와 패션의 중심이 된 것이다.

커피하우스의 실내 풍경을 그린 그림에는 한 사나이가 신문이나 잡지를 읽어주면 글을 읽지 못하는 서민들이 그를 둘러싸고 귀 기울여 듣는 장면이 자주 보인다. 전문직 종사자와 지식인들의 사교장이 어느덧 자의식에 눈을 뜬 민중의 열린 배움의 터전, 정보센터가 된 것이다. 20세기에 이르러서도 화이트칼라와 노동복 차림이 각각 나뉘어 찾아든 선술집 펍과는 달리 1페니만 지불하면 누구나 출입할 수 있어 '페니 유니버시티'라고도 불린, 만인에게 개방된 커피하우스의 또 하나의 큰 공덕이다.

초기 커피하우스와 관련하여 특기할 것은 그것이 근대 저널리즘 탄생의 모태이며 요람이기도 했다는 사실이다.

영국 아니 유럽 최초의 근대적 일간지 『스펙테이터』*Spectator*, 1711~12년경 창간는 커피하우스에서 발족했다. 앞서 말했듯이 『스펙테이터』는 "차를 즐기는 사람들을 독자로 히어 창간한다"고 선언했다. 당시 신문은 값이 제법 비싸서 상류계층이나 지식인이 아니고는 쉽사리 사지 못했다. 일상적으로 신문을 읽고 책을 한 달에 두 권 정도 구독하면 교양인·지식인으로 행세하던 시대였다. 당시 차 애호가와 신문 구독자는 말하자면 엘리트 계층이었던 것이다.

신문과 잡지의 편집자들은 담론과 사교의 터전, 일종의 정보센터이기도 한 커피하우스에서 정보를 얻고 기사를 썼다.

초기의 커피하우스는 같은 시대의 프랑스 살롱처럼 문인·작가·교수·학생 등 학식자들의 좋은 사랑방이었을 뿐 아니라 서민을 포함하여 만인에게 열린, 도시 한복판의 "질서 있는 인생의 포괄적인 배움터"였다. 그러한 사실에 관해 『케임브리지 히스토리』는 특별히 한 장을 할애하고 있다. 그 한 구절을 옮겨보자.

(지난날) 작가나 독자들은 진정한 회화會話가 갖는, 성숙한 간결함에 익숙지 못했다. 커피하우스에서 그들은 문학적 사고를 자유롭고 세

련된 문체로 펼치는 것을 배웠다. 대화라는 것은 각성된 사상에 대해 수수께끼 같은 힘을 지닌다. 이야기를 나눔으로써 자기 정신을 훈련하는 사람은 독서로 이해력을 기르고자 하는 사람보다 유연하고 민감하다. 그처럼 중산계층은 자신들의 교육을 완성하기 시작했다. 커피하우스는 그들에게 일종의 기구를 주고 담론과 계급의식에 관한 여론이 형성되기 위한 길을 터주었다. 커피하우스는 새로운 휴머니즘의 확대를 위해 우애를 매개하는 장소가 되었다. 그리고 작가는 그 모임에서 시대의 사상이나 감정과 접촉할 수 있었던 것이다.

참으로 적절한 말이다. 영국은 근대적 의회정치, 근대적 저널리즘과 함께 근대소설의 발생지이기도 하다. 그 배경에 영국풍의 담론문화, 커먼센스, 그리고 삶의 양식의 요람이며 타작의 장이기도 한 커피하우스가 클럽 문화와 더불어 존재했다.

괴테는 여행을 할 때 평소 즐기는 차와 다기를 갖고 다니는 영국 사람들을 보고 감탄했다.

"'한 잔의 좋은 차'A nice cup of tea는 영국 사람들이 가장 즐겨 쓰는 말이며 그들은 어디에서나 차탁茶卓을 벌인다."

지금 런던의 커피하우스는 얼마나 될까. 오래전 영국 명차 트와이닝 티의 런던 본점을 찾아 입수한 『티의 책』1991에는 오늘날 영국의 유명한 커피하우스로 110여 곳을 꼽고 있다. 그 가운데 70여 곳은 런던에, 40여 곳은 지방에 있다고 한다.

최근 외신에 따르면, 영국 차위원회는 '명차점 조합'을 구성하고 그

The SPECTATOR.

Non fumum ex fulgore, sed ex fumo dare lucem Cogitat, ut speciosa dehinc miracula promat. Hor.

To be Continued every Day.

Thursday, March 1. 1711.

I Have observed, that a Reader seldom peruses a Book with Pleasure 'till he knows whether the Writer of it be a black or a fair Man, of a mild or cholerick Disposition, Married or a Batchelor, with other Particulars of the like nature, that conduce very much to the right Understanding of an Author. To gratify this Curiosity, which is so natural to a Reader, I design this Paper, and my next, as Prefatory Discourses to my following Writings, and shall give some Account in them of the several Persons that are engaged in this Work. As the chief Trouble of Compiling, Digesting and Correcting will fall to my Share, I must do my self the Justice to open the Work with my own History.

I was born to a small Hereditary Estate, which I find, by the Writings of the Family, was bounded by the same Hedges and Ditches in *William* the Conqueror's Time that it is at present, and has been delivered down from Father to Son whole and entire, without the Loss or Acquisition of a single Field or Meadow, during the Space of six hundred Years. There goes a Story in the Family, that when my Mother was gone with Child of me about three Months, she dreamt that she was brought to Bed of a Judge: Whether this might proceed from a Law-Suit which was then depending in the Family, or my Father's being a Justice of the Peace, I cannot determine; for I am not so vain as to think it presaged any Dignity that I should arrive at in my future Life, though that was the Interpretation which the Neighbourhood put upon it. The Gravity of my Behaviour at my very first Appearance in the World, and all the Time that I sucked, seemed to favour my Mother's Dream: For, as she has often told me, I threw away my Rattle before I was two Months old, and would not make use of my Coral 'till they had taken away the Bells from it.

As for the rest of my Infancy, there being nothing in it remarkable, I shall pass it over in Silence. I find, that, during my Nonage, I had the Reputation of a very sullen Youth, but was always a Favourite of my School-Master, who used to say, that my Parts were solid and would wear well. I had not been long at the University, before I di-

stinguished my self by a most profound Silence: For during the Space of eight Years, excepting in the publick Exercises of the College, I scarce uttered the Quantity of an hundred Words; and indeed do not remember that I ever spoke three Sentences together in my whole Life. Whilst I was in this Learned Body I applied my self with so much Diligence to my Studies, that there are very few celebrated Books, either in the Learned or the Modern Tongues, which I am not acquainted with.

Upon the Death of my Father I was resolved to travel into Foreign Countries, and therefore left the University, with the Character of an odd unaccountable Fellow, that had a great deal of Learning, if I would but show it. An insatiable Thirst after Knowledge carried me into all the Countries of *Europe*, where there was any thing new or strange to be seen; nay, to such a Degree was my Curiosity raised, that having read the Controversies of some great Men concerning the Antiquities of *Egypt*, I made a Voyage to *Grand Cairo*, on purpose to take the Measure of a Pyramid; and as soon as I had set my self right in that Particular, returned to my Native Country with great Satisfaction.

I have passed my latter Years in this City, where I am frequently seen in most publick Places, tho' there are not above half a dozen of my select Friends that know me; of whom my next Paper shall give a more particular Account. There is no Place of publick Resort, wherein I do not often make my Appearance; sometimes I am seen thrusting my Head into a Round of Politicians at *Will's*, and listning with great Attention to the Narratives that are made in those little Circular Audiences. Sometimes I smoak a Pipe at *Child's*; and whilst I seem attentive to nothing but the *Post-Man*, over-hear the Conversation of every Table in the Room. I appear on *Sunday* Nights at St. *James's* Coffee-House, and sometimes join the little Committee of Politicks in the Inner-Room, as one who comes there to hear and improve. My Face is likewise very well known at the *Grecian*, the *Cocoa-Tree*, and in the Theaters both of *Drury-Lane*, and the *Hey-Market*. I have been taken for a Merchant upon

『스펙테이터』지. 근대 최초의 이 신문의 애독자는 티와 커피를 즐기는 사람들이었다.

회원점으로 커피하우스 67곳을 선정했다고 한다. 선정 기준으로는 차의 맛과 색깔뿐 아니라 종업원의 서비스와 화장실의 위생까지 따질 만큼 엄격하다. 영국 사람들은 지금도 차를 한 사람당 연간 1,355잔가량 마신다고 한다. 이는 미국인의 154배에 이르는 수치라고 한다. 그러나 주스와 특히 1998년 이래 영국에 진출한 스타벅스를 중심으로 한 커피의 급속한 보급에 차는 크게 위협받고 있다. '명차점 조합'이 설립된 것도 국민적인 마실 거리인 차를 더 애호하기 위해서는 좋은 커피하우스가 더욱더 많아야 한다는 취지에서다.

한편 선술집 펍, 영국 사람들 모두의 사랑방인 동네 펍까지도 최근에는 미국풍 패스트푸드점에 밀리고 있다고 한다. '펍을 중심으로'라는 구호 아래 펍 살리기 운동이 전개되고 있다. 그 선두에는 왕세자 찰스가 나서고 있다.

잠을 잘 때 이외에는 찻잔을 입에서 떼지 않았다는 새뮤얼 존슨은 선술집과 티테이블 의자를 "인간 행복의 옥좌"라고 표현하고 "티로 밤을 즐기고 티로써 한밤중을 위안하고 티로 아침을 맞이하여 주전자가 차가워질 틈도 없다"고 토로하였다.

끝으로 1726년에 세워진 성당의 지하 납골당에 있는 커피하우스의 글귀를 몇 가지 되새기며 이 글을 맺고자 한다.

손님은 선반에 놓인 케이크나 사탕을 골라서 언제든 차를 마실 수 있습니다. 케이크 대부분은 성당에서 구운 것이며, 차는 뜨겁고 진하며 풍부합니다.

음악. 눈에 띄지 않는 곳에 가벼운 클래식 테이프가 있습니다. 오후 6시부터 라이브 콘서트가 있으며, 아마도 그 뒤에 차가 나올 것입니다.

서비스. 셀프서비스, 그러나 필요하면 서비스를 제공합니다.

품평. 성 마틴 성당의 지하 납골당에서는 유익하고 고무적인 차 분위기를 맛볼 수 있습니다.

파리 카페의 멋스러운 상징 가르송.

파리, 카페 문화의 영원한 토포스

카페는 앉아 있으면 주고받는 이야기들이 현실성을 더하고,
웅대한 계획이나 유토피아적인 몽상,
아나키즘적인 모반이 생겨나는 유일한 장소다.
• 샤를 드 몽테스키외

행운의 혁명, 커피의 유행

파리는 학생 시절 나에게는 노트르담 대성당과 소르본, 센 강변의 고서점이 어쩌다 떠오르는 아득히 먼 세계였다. 그 그리움을 나는 프랑스 영화나 상송에 심취하면서 달랬다. 그러나 1971년 봄 파리로 첫 나들이를 떠나 일주일 동안 머물면서 파리는 삶의 모든 것을 예술로서 새기고 즐기는 메트로폴리스로 비치고 나에게 더 가까이 다가왔다.

며칠 전 입수한 외지外誌의 파리 특집에서 흥미 있는 기사를 읽었다. 파리에서 "바람직한 열 가지 (찾기)"The Best 10 Things다. 그 첫 번째와 두 번째로 '옛 골목길 산책'과 '시간을 잊어버리는 카페'에서의 한가함을 들고 이어서 고서점, 작은 개인 미술관, '자기를 홀로 마주 대하는' 작은 성당 그리고 베이커리, 레스토랑 등 갖가지 명품점을 들고 있다.

유럽 아니 세계 최고의 예술도시라 할 수 있는 문화의 중심지에는 기념비적인 건조물만 해도 헤아릴 수 없이 많다. 그러므로 파리를 방

문할 때는 비상한 지혜가 필요하다. 욕심을 버리고 한가하게 지내는 것이다. 나는 파리를 두세 번 나들이한 이후부터 파리에 들르는 행운을 얻으면 오르세 미술관, 퐁피두 예술문화센터, 귀스타브 모로 미술관 중 한 곳만 둘러보고 난 뒤 골목길과 큰길을 여기저기 산책하고 노트르담 대성당의 옆모습이 최상의 경관으로 바라보이는 카페에서 여가를 즐긴다.

> 프랑스 사람들은 계속 말을 하지 않으면 견디지 못한다. 그 화제에 관해 알든 모르든 관계없이……

새뮤얼 존슨의 말이다. 수다스럽기는 이탈리아 사람들이 단연 으뜸이어서 그들은 녹아내리는 아이스크림을 먹으면서도 쉴 새 없이 중얼거린다. 하지만 프랑스 사람들도 그들에 뒤지지 않는다.

유럽의 크고 작은 모든 도시를 특징짓는 것 중 하나는 도처에 자리 잡은 카페 풍경이다. 특히 파리는 카페의 거리다. 파리 거리에 처마를 맞대고 있는 카페 풍경은 프랑스인의 다변과 관계가 없지 않다. 프랑스풍 지성 '에스프리'란 카페나 살롱에서 주고받은 이야기들, 담론의 산물이 아니던가!

19세기 프랑스의 역사가 미슐레는 『프랑스사』[1833~67]에서 다음과 같이 토로했다.

> 사람들이 프랑스에서처럼 말을 많이 하고 기분 좋게 이야기를 즐기

는 곳은 없다. 빛나는 정신의 출현, 그 명예의 한 부분은 의심의 여지 없이 시대의 '행운의 혁명,' 새 풍속을 만들고 사람들의 기질을 바꾼 중요한 사실, 즉 커피의 유행에 돌려야 할 것이다.

프랑스 국민사가로 높이 평가받는 이 낭만주의자는 커피의 유행이 프랑스인의 심성과 풍속을 새로이 창출했다고 찬탄하며 그것을 '행운의 혁명'으로 비유했다. 이때 미슐레는 파리 거리거리에 처마를 잇댄 수많은 카페를 축복으로 떠올렸던 것이다.

파리 사람들은 남녀노소 모두 카페 마니아나. 그들은 왜 그토록 카페를 좋아하는 것일까. 그것은 그들의 방랑벽과도 관련이 있다. 파리의 거리거리는 시민들을 벤야민의 이른바 '도시 유보자遊步者'로 만든다. 그만큼 도시 전체가 매력적이라 할까. 디드로가 『라모의 조카』[1823 발표]에서 술회한 정감 어린 한 구절을 되새겨보자.

하늘이 맑건 날씨가 좋지 않건, 저녁 5시가 되면 팔레 루아얄 공원을 산책하는 것이 나의 습관이다. 정치에 관해, 연애에 관해, 취미에 관해, 그리고 철학에 관해 나 자신을 상대로 이야기를 한다. 날씨가 음산하거나 비가 궂은 날이면 카페 드 라 레장스로 피한다.

파리의 시민은 너나 할 것 없이 모두 보헤미안이다. 그리고 보헤미안은 정신의 방탕자다. 그러므로 그들은 말이 많은 지적 아마추어이며 호사가다. 그들의 걸음이 향하는 종착지는 으레 카페다.

1669년 루이 14세를 알현한 터키 특사가 베르사유 궁전에 터키 커피를 전해준 이후 귀족들은 모두 그 '터키풍 리큐어혼성주(混成酒)'를 즐겼다. 커피를 마시는 일은 귀족사회에서 일종의 모드가 되었다. 그러한 새 풍속도에 대해 일부 귀부인들은 혐오감을 느꼈다. 17세기 프랑스 고전문학을 빛낸 여류 서간문학가 세비네 후작부인은 "커피를 마시는 일은 라신의 시와 마찬가지로 유행에 뒤지게 될 것입니다"라고 했다. 이 여류문인은 왜 라신을 외면했을까. 부인은 딸에게도 "커피에 흥미를 잃었다니 잘된 일이다"라고 말했다. 그러나 그녀의 판단은 들어맞지 않았다. 라신이 프랑스 최고의 극작가로 불후의 명성을 얻었듯이 커피 또한 찬란한 카페 문화를 꽃피워 와인과 함께 프랑스 사람들의 최대 기호품이 되었으니 말이다.

문학 카페 프로코프, 모반의 산실

파리 아니 프랑스 최초의 카페 '프로코프'Le Procope는 1686년 소르본 대학이 있는 학식자·지식인의 거리 라틴 구區에서 문을 열었다. 이탈리아계 주인 프로코피오 쿠토는 '어딘지 수상쩍은 욕탕' 건물을 개조하고 신식 난방시설을 마련하는 한편, 벽 한 면을 가득 메운 큰 거울, 크리스털 샹들리에, 대리석 테이블, 고급 의자와 소파, 그에 더해 카페 전체를 주홍색과 금색 톤으로 우아하고 고급스럽게 꾸몄다. 프로코프는 터키풍으로 내장한 다른 카페와 쉽게 구별되었다.

유럽 카페에서 일반적인 가르송(카페에서 서빙을 하는 급사가 한때 '소년'을 뜻하는 가르송이어서 웨이터들이 그렇게 불렸다. 그러나 이

파리 최초의 카페 프로코프.

호칭은 1968년 이후 없어졌고 지금은 '무슈'라고 하는 것이 자연스럽다)이 아래위에 검은색 옷을 입고 팔에는 흰색 헝겊을 걸치고 한 손에 은색 티포트를 받들 듯이 들고 있는 모습은 바로 프로코프에서 시작되었다.

초창기 프로코프의 단골은 대개 남녀 배우와 극장 관객들이었다. 카페 맞은편에 극장 '코메디 프랑세즈'가 있었기 때문이다. 상류사회에서 극장이 사교장의 중심이었던 당시, 카페에서 오고 간 화제도 연극과 오페라로 모였다. 그러나 코메디 프랑세즈가 다른 장소로 이사한 이후, 프로코프의 손님은 부르주아 출신 지식인이 대부분이었다.

귀족들은 1789년 이전에는 대개 살롱에서 커피를 즐겼다. 프로코프 최초의 단골은 자유롭고 예술적인 분위기에 끌려 찾아든 시인 라퐁텐과 퐁트넬, 극작가 보마르셰, 독일의 비평가 그림 남작 등 시인·문인·철학자 들이었으며 차차 그들과 더불어 볼테르, 루소, 몽테스키외, 디드로, 달랑베르, 돌바크 같은 철학자들도 자주 볼 수 있었다. 대단한 커피광으로 하루에 커피를 열 잔씩 마셨다는 청년 장교 나폴레옹도 프로코프에 자주 드나들었으며 찻값을 지불하지 못할 때는 군모를 잡히고 갔다고 한다. 훗날 '프랑스혁명의 맏아들'임을 자처한 나폴레옹의 역사의식도 그가 프로코프의 단골이었다는 사실과 무관하지 않을 것이다.

볼테르는 한 사나이를 평하며 "그는 극장과 프로코프에 출입하는 것으로써 자기 자신을 대단한 인물이라고 여긴다"며 비꼬았다. 하지만 18세기, 바야흐로 담론의 시대가 개막하면서 프로코프는 파리의

황제 나폴레옹의 커피세트.

담론문화의 중심이 되었다.

거리의 살롱 프로코프에서 담론의 첫 주제는 문학이었다. 시가 낭독되고, 새로이 발표되는 작품을 둘러싼 비평이 좌중을 뜨겁게 달구었다. 프로코프가 '문학 카페'라고 불리는 것도 바로 이 때문이다. 그런데 어쩌다 프로코프의 평판을 듣고 사륜마차를 몰고 온 상류층 부인들이 그 장황한 문학 담론을 경원하고 도망치는 일도 종종 있었다.

카페 프로코프의 손님들은 '여름에는 상쾌하게, 겨울에는 따뜻하게' 달여주는 커피와 더불어 홍차와 초콜릿, 그리고 특히 이탈리아인 주인이 만들어주는 아이스크림을 즐겼다. 술과 담배는 금기였다.

프로코프가 문을 열고 얼마 뒤 파리에는 카페가 우후죽순처럼 생겨나 1716년에는 약 300곳, 1788년에 이르면 약 1,800곳을 헤아렸다. 인구 55~60만 명이 모여 사는 유럽 최대의 도시 파리, 일반 시민들도 커피에 맛들이면서 선술집과 흡사한 뒷골목의 초라하고 엉성한 터키 풍 카페에 출입하기 시작했다. 한편 '흠뻑 젖은 발'이라고 불리는 포장 마차 카페가 생겨났는가 하면, 골목에서는 "커피 한잔 하세요! 커피 한 잔 하세요!"를 외치는 커피 행상도 볼 수 있었다.

재미있는 것은 수녀원의 어려운 살림에 보태고자 수녀들이 사람들 의 입방아에 신경을 쓰면서도 수도원 앞거리에 나와 커피를 팔았다는 기록이다. 그녀들도 남몰래 커피를 즐겼으리라 짐작된다.

한편 적지 않은 여성들이 17세기 이후 소설과 극장의 세례를 받고 이어 18세기 계몽사상의 영향 아래 자의식에 눈뜨고 살롱에서 사교와 문학 담론을 즐겼다. 그러면서도 중세풍 파리의 구태의연한 모습과 풍 경 그대로 '여성다운 우아함'을 지켜 카페에는 좀처럼 모습을 드러내 지 않았다. 파리에서 여성들이 카페에 나타나는 것은 19세기, 그것도 중반에 이르러서였다.

유명 카페에는 예나 지금이나 으레 명물 오너 혹은 괴짜 지배인이 있게 마련이다. 18세기 중엽 샤를로트 부인은 죽은 남편이 남긴 카페 를 물려받아 40년간 경영했다. 몽마르트르에 자리 잡은 그녀의 카페 에는 많은 문인이 단골로 출입했다. 그녀도 『카페 주인의 뮤즈』라는 두 권의 시집을 간행했다. 또 프리드리히 대왕에게 바치는 송가를 읊 었으며 그 답례로 프리드리히는 그녀에게 작은 황금 함을 선물했다. 그녀는 볼테르에게서는 포도주 잔을, 18세기 철학의 선구자 격인 사 상가이며 문학가인 퐁트넬에게서는 그의 전집을 선물받았다. 그러나 그녀의 작품을 썩 좋게 여기지 않았던 독일의 평론가 그림 남작은 그녀를 "시에 열광한 카페 여주인"이라고 비꼬면서도 몇몇 좋은 시는 아마도 누군가가 써주었을 것이라고 우겼다.

카페는 날로 그 수를 더해갔다. 카페의 무엇이 사람들을 그토록 매료한 것일까. 카페에서 생애를 보내기를 바랐던 몽테스키외의 이야기를 들어보자.

> 하루 종일 낮과 밤을 이어가면서 모든 계층의 사람과 더불어 앉아 있을 수 있음은 무엇보다 카페의 특권이다. 카페는 앉아 있으면 주고받는 이야기들이 현실성을 더하고, 웅대한 계획이나 유토피아적인 몽상, 아나키즘적인 모반이 생겨나는 유일한 장소다.

17세기가 우아한 '취미'를 즐긴 시대였다면 18세기는 자유로운 담론의 시대였다. 좋은 취미는 귀부인 중심의 살롱 문화를 꽃피우고, 담론은 문인과 철학자를 둘러싼 살롱 문화 그리고 대다수 시민의 카페 문화를 낳았다. 문학 카페인 프로코프는 자연스럽게 계몽의 세기를 상징하는 철학 카페가 되었다. 사람들은 그곳에서 신분과 종파, 이데올로기와 직업을 가리지 않고 모두 담론을 즐기고 철학자가 되었다.

종교적 계시나 형이상학에서부터 취미에 이르기까지, 스콜라적인 논의에서 교역물품, 여인의 머리 모양과 패션, 왕후의 특권과 인민의 인권에 이르기까지 세기를 상징하는 텍스트인 『백과전서』가 다룬 모든 문제, 즉 신의 세계와 국가, 사회, 일상적인 풍속, 개인의 사사로운 삶, 그리고 시대의 새 캐치프레이즈가 될 '문명'civilisation의 모든 문제가 카페의 화제가 되고 담론의 탁상에 올랐다. 프로코프는 문자 그대로 거리 한복판에서 열린 이야기와 담론의 살롱이었다.

그러나 백화난만 세기의 모든 논의는 루소가 말했듯 필경 '정치적' 문제로 귀결되었으니 프로코프도 정치적 담론의 터전이 되어갔다. 그러한 모습을 디드로, 볼테르와도 가까이 지낸 그림 남작(독일 출신의 비평가인 그는 파리에 체류하면 대부분의 시간을 카페와 살롱에서 지냈다)은 참으로 적절하게 다음과 같이 전해준다.

> 우리는 가장 자유로운 사상을 공공연히 글로 쓸 수 없었다. 그러나 카페에서는 자유가 속삭이고 혁명이 농담을 즐겼다. 카페는 이야기하는 신문이며 모반자들의 소굴이다. 거기에서 우리는 자유로운 토론을 통해 사상적으로 싸울 수 있었으며, 구제도를 암호로써 타도할 수 있었다. 카페는 혁명의 대학이었다. 우리 철학자들은 카페에서 상층계급을 문명화·시민화했다. 카페와 살롱에서 사회는 민주주의적이 되었다. 카페와 살롱에서는 과학자 뷔퐁과 몽테스키외, 볼테르와 루소, 그리고 독일 작곡가 글루크와 프랑스 화가 바토가 더불어 담론에 열을 올렸다.

여기서 '아연雅宴의 화가'Maître des fêtes galantes로 불리며 18세기 프랑스 회화의 전통을 쌓아올린 화가 바토와 관련하여 한마디 덧붙이자. 화가들은 이제까지 '무식쟁이'로 업신여겨져 살롱 출입이 금지되는 등 사교계에서 소외되었다. 음악가들도 화가들의 처지와 비슷했다. 그러나

1717년에 화가로서 최초의 아카데미 회원이 되는 바토는 카페에서 여러 문인·철학자와 더불어 허물없이 사교와 담론을 즐겼다. 카페는 점차 보헤미안적인 분위기를 띠게 될 것이다.

정치적 담론은 행동의 기폭제가 되게 마련인가. "파리의 진정한 신문"으로 일컬어진 카페 프로코프는 새로운 사회를 향한 비전과 모반의 터전이 되었다. 1789년을 전후해 카페 프로코프는 혁명의 드라마를 이끈 주역들의 은밀하면서도 공공연한 사랑방이 되었다. 그 좌장은 급진적인 산퀼로트의 발행인이자 시민을 선동하는 데 지도적인 역할을 다한 혁명가 에베르였다. 그를 둘러싸고 당통·마라·네물랭·로베스피에르·미라보 등이 밤이 되면 모여 앉아 정보를 교환하고 혁명 작전을 모의했다.

1792년 6월과 8월의 폭동에 관한 지령도 바로 이곳 프로코프에서 내려졌다. 볼테르와 루소를 비롯하여 뛰어난 철학자들이 거의 세상을 떠난 뒤 프로코프는 혁명 클럽이 되었다. 혁명에 동조하는 일반 시민들도 프로코프에 몰려와 새로운 정보에 귀 기울이고 당시 파리에는 아직 신문이 없었다 자유·평등·우애를 구가했다. 그리고 그들은 반혁명적인 인쇄물들을 프로코프의 문전에서 불살랐다.

1789년 프랑스혁명 전후 자코뱅 당원들이 자유의 상징으로 머리에 즐겨 썼던 '프리지아 모자'붉은 모자도 프로코프에서 처음 선보였다. 흑인 노예해방을 위한 '흑인 벗들의 모임'의 유럽 본부도 놀랍게도 프로코프 내에 설치되었다. 지식인들에게 담론의 사랑방인 카페는 어디에서든 권력의 감시 대상이 되게 마련이었지만 특히 프로코프에는 정부의 스파이가 시도 때도 가리지 않고 공공연히 진을 치고 있었다. '파리 떼'라고 불린 그들을 경계하며 사람들은 은어로 말을 주고받았다. 예를 들어 종교는 '말 많은 여자', 신은 '존재자', 영혼은 '곰보' 혹은 '굴러 먹은 여자'로 표현되었다.

어디 그뿐이었을까. 위기의 시대, 혁명 전야에는 '검은 소문'이 난무하고 사람들은 스캔들을 요구하게 마련이다. 그래서 카페는 대부분 서 푼짜리 문사들이 익명으로 쓴 포르노류의 희문戱文이나 비방 문서의 발신처이기도 했다. 당시 굶주림에 원한이 쌓인 민중의 가장 좋은 타깃은 고위 성직자와 루이 16세, 특히 왕비 마리 앙투아네트였다. 그녀는 탐욕스럽고 음탕한 여인으로 사람들 입에 오르내렸다.

20세기 독일 작가로 1933년에 나치스를 피해 망명길에 오른 카페 맨 케스텐은 프로코프를 염두에 두고 말했다.

> 카페에서 인생을 보낸다. 모든 세대가 카페에서 인생을 보내고 있었다. 그것은 혁명을 낳은 인물이나 혁명이 낳은 인물들이었다. 로베스 피에르같이 카페에서 빈둥거리는 사람들이 만인을 향해 일할 권리를 선언한 것이다.

괴테는 교양이 있는 곳에 정치가 없고, 정치가 있는 곳에 교양이 없다고 했던가. 그러나 그는 독일과는 달리 프랑스, 특히 파리는 교양과 정치, 개인과 사회가 대립 구도를 나타내지 않음을 잘 알고 있었다. 그의 말에 귀 기울여보자.

2ᵉ Année. N° 1. — 4 Janvier 1889.   LE   Le numéro 20 centimes.

PIERROT

PARAISSANT LE VENDREDI

BUREAUX
7, Rue Bleue, 7
PARIS

Directeur : Adolphe WILLETTE

1 an . . . . 16 francs
6 mois . . . 8 —
3 mois . . . 4 —
(Paris et province)

L'ÉPIPHANIE

La Pompadour : « J'étais le gâteau du Roi. »
Monsieur le Ministre : « Possible, mais j'aime mieux la galette du peuple. »

1889년 『르 피에로』지에 실린 퐁파두르 부인 풍자화.
퐁파두르 부인 "난 왕의 과자였어요." 대신 "그러시겠죠."

18세기 말경 파리의 중심지.

파리 같은 도시를 생각해보게. 거기에서는 국가의 위대한 제1급 두뇌가 한곳에 모여 있다네. 그리고 매일 서로 사귀고 경쟁하고 가르치며 발전하지…… 18~19세기 파리를 생각해보게. 100년도 되지 않은 동안에 몰리에르, 볼테르, 디드로, 그 밖의 많은 사람을 통해 그처럼 풍요로운 정신이 분출했다네.

이때 괴테는 마치 옛 그리스의 '아테네 학당'과 비슷한 아카데미 프랑세즈 그리고 프랑스적인 살롱, 카페를 떠올렸을 것이다.

철학자와 혁명가들이 합석한 사랑방이던 카페 프로코프는 한편에서는 살롱이 꽃피운 17세기 취미의 문화를 귀하게 이어받으면서 사회적 진실의 메신저, 자유롭고 유연한 지성, 즉 프랑스적 에스프리의 주요한 모태이자 요람이 되었다. 프랑스혁명 정부에 깊이 관여한 귀족적인 자유주의 정치가 탈레랑이 "18세기를 산 적이 없는 자는 인생의 진정한 기쁨을 모른다"고 한 말이 떠오른다.

폭풍우 같던 혁명과 정치의 계절이 지나자 프로코프는 다시 문학 카페로 돌아갔다. 그곳에는 스탕달·뮈세·발자크·위고·조르주 상드·고티에·아나톨 프랑스·말라르메·베를렌·오스카 와일드 등 19세기 프랑스 문학사를 빛낸 문인들과 그 친구들이 단골로 모여들었다. 그들을 따라 이르바 '신여성들'과 소르본 학생들이 연인의 손을 잡고 프로코프의 문을 두드렸다. 여인들이 출입하기 전우토 피리의 몇몇 카페, 특히 소르본 주변 카페에서는 가르송 대신 여급사를 두기도 했다. 손님들이 좋아한 것이다. 이러한 카페의 변모는 파리 풍속도의 변화를 뒷받침하기도 했다.

파리! 사람들은 '파리'라고 부를 때 무엇을 떠올릴까. 코스모폴리스인 파리는 천의 얼굴을 지닌다. 노트르담과 소르본이 상징하는 고딕적인 파리, 베르사유 궁전이 말해주듯 유럽 궁정문화와 귀족문화의 중심지, 에펠탑이 밝혀주듯 근대 문명의 정화를 떠올릴 것이다. 파리는 1789년과 그것을 이은 7월혁명[1830], 2월혁명[1848]이 기록하듯 유럽 혁명의 발신처. 파리는 진정 최고의 거대한 종합극장이다.

파리를 다음과 같이 찬탄한 나폴레옹은 진정한 파리지앵이었다.

(파리는) 지난날 존재했고 지금도 존재하는 가장 아름다운 도시일 뿐만 아니라 앞으로 존재할 수 있는 가장 아름다운 도시다.

문학 카페 프로코프의 기념엽서.

나폴레옹의 간절한 소원은 제2제정 아래 1850년대 센 도지사인 오스만의 획기적인 파리 도시 개혁을 통해 빛을 볼 수 있었다. 상하수도 정비, 수천 개의 가로수와 가로등, 노트르담 대성당이 있는 시테 섬 개혁, 다리·광장·박물관·미술관·오페라극장 등 호사스러운 공공건축, 그리고 새로이 출현한 파사주쇼핑 아케이드, 백화점과 화랑, 고급 의상실과 레스토랑이 처마를 잇댄 명품 거리. 권력을 손에 넣은 프랑스 부르주아지의 욕망이 창출해낸 일대 파노라마다.

삶의 즐거움을 집보다는 밖에서 찾는 프랑스 사람들의 본능은 파리라는 찬란한 무대에 새로운 풍속도를 연출했다. 그 큰 그림의 완성에는 시인·작가·예술가 들의 지적·예술적인 파시옹, 열정이 가세했다.

프로코프의 볼테르 서재. 지금은 기념실.

그러한 흐름 속에서 파리는 카페와 카페 문화의 황금기를 맞이했다.

카페 주인을 번갈아 바꾸면서도 변함없이 새로운 시대를 향해 문을 열었던 담론의 장 카페 프로코프는 프랑스혁명과의 깊은 인연을 소중히 간직하며 1872년에 문을 닫았다. 그리고 지난 역사를 프로코프는 출입문 옆 둥근 대리석 간판에 자랑스럽게 새겨두었다. 지금은 레스토랑으로 바뀐 프로코프는 해마다 7월 14일을 각별한 감흥으로 맞이한다.

1989년 프랑스혁명 200주년을 맞아 축제 분위기에 들뜬 7월의 어느 날 나는 프로코프를 찾았다. 볼테르·루소·디드로·달랑베르 등의 초상으로 장식된 2층 홀 옆 볼테르의 서재, 프로코프는 단골이던 이 문예공화국의 수장을 위해 서재를 마련해주었고, 볼테르는 그곳에서 독서하고 집필도 했다. 지금도 그때 그대로 그의 책상과 책장이 놓여 있다. 그 볼테르의 방을 기웃거리고 있을 때 '무슈'에게서 메뉴판을 선물받았다. 거기에서 다음과 같은 구절을 읽을 수 있었다.

> 지금으로부터 200년도 훨씬 전에 아마도 지금 당신이 앉아 있는 자리에서 볼테르, 보마르셰, 마라, 당통, 로베스피에르, 벤저민 프랭클린, 베를렌과 감베타, 나폴레옹 보나파르트 같은 사람들도 식사를 했을 것입니다. 그들과 마찬가지로 우리 프로코프에 오신 당신을 환영합니다.

vive Procope, vive café! 프로코프 만세, 카페 만세!

'창조로 술렁이는' 카페 되 마고와 플로르

오스만의 도시 개혁에 따라 19세기 중엽 이후 파리는 오늘날의 모습 그대로 기념비적인 도시가 되었다. 콩코르드 광장에 오벨리스크가 세워지고 오페라극장이 문을 열고 오르세 미술관, 그랑 팔레, 메트로 개통 등 갖가지 건조물이 장관을 이루는 한편 밤이 되면 1만 기의 가스등이 거리거리를 환히 밝혔다.

프랑스혁명 100주년을 기념하여 열린 1889년 만국박람회와 그에 맞춰 세워진 에펠탑. '과학과 기술의 진보에 보내는 (파리의) 확신의 상징'으로 나타난 에펠탑은 프랑스적 취미와 예술, 특히 역사를 외면했다 하여 예술가를 비롯하여 많은 사람을 노하게 했다. 그러나 파리는 19세기 세기말 전후의 벨 에포크를 즐겼다. 그 축제는 시인과 예술가, 보헤미안의 축제였으며 대중의 춤, 새로이 각광 받는 영화와 스포츠의 축제였다. 갖가지 축제의 특별무대는 몽파르나스와 몽마르트르였으며 그 중심에 일군의 카페가 모여 있었다.

먼저 파리 북쪽 언덕 위의 작은 마을 몽마르트르에는 19세기 중엽이래 브라크·들로네·레제·뒤샹 등 프랑스의 화가들뿐만 아니라 칸딘스키·몬드리안·피카소·만 레이 등 현대 미술사를 빛낸 여러 나라의 예술가가 몰려들었다. 그들은 모두 파리를 연인처럼 사랑했다 그리고 그들이 삼삼오오 모이는 곳은 물론 카페였다. 20세기에 이르러 화가와 보헤미안들의 천국은 루이 14세 시대 이래 소르본 학생들의 놀이터였던 몽파르나스로 옮겨졌다. 그 이유는 분명했으니 많은 카페가 있어서였다. 카페의 거리 몽파르나스의 중심은 바로 1885년에 문을 연 '되 마고'다.

몽파르나스 중에서도 특히 생 제르맹 데 프레 지역의 카페에는 일찍부터 고티에·조르주 상드·발자크·졸라 등 19세기 중엽 이후 프랑스 문학을 대표하는 시인, 작가 들이 자주 그 모습을 드러냈다. 이제 지난날의 목가적인 마을은 삶의 기쁨이라는 이미지를 잉태하면서 몽마르트르와 더불어 세기말 파리 문화를 상징하는 예술적·지적 파시옹의 중심지가 되었다.

나무들과 미소와 새들, 일종의 침묵의 음악. 그럼, 그것들은 모두 시

詩 속에 있다. 그러나 그뿐만이 아니다. 말le verbe이 있다. 일상적인 몸짓을 초월하여 들리는 말의 발견이, 그 가락에 끌려 돌연 귀 기울이는 것이 사람 마음속에 있어 마음은 지금 있는 것. 이제부터 나타날 것들을 매복해 기다린다.

깊은 밤 파리의 보행자로 알려진 시인 파르그의 말이다. 카페 되 마고와 플로르는 그 사냥꾼들의 놀이터이자 일터였다.

'두 중국 인형'을 뜻하는 '되 마고'Deux Magots라는 상호는 카페 내부의 기둥 하단에 있는 두 중국인상에서 유래한다. 유럽의 옛 카페나 티 전문점 간판에서는 그로테스크한 혹은 유머러스한 중국인상과 종종 마주친다. 차가 원래 중국에서 전래되었기 때문에 그에 경의를 표하고 있는 것이다. 그러나 되 마고의 중국인은 차가 아니라 실크의 원산지로서 중국을 상징하고 있다. 왜냐하면 그 건물이 원래 실크를 취급한 점포였기 때문이다.

되 마고에서 받은 영수증에는 '문학 카페'라는 문구가 적혀 있으며 메뉴판에도 '지적 엘리트가 모이는 곳'이라고 선명하게 기록되어 있다. 상징파 시인 말라르메·베를렌·랭보가 숭배자들에게 둘러싸여 담론하는 모습도 그려져 있다. 그런데 그 그림에는 모순이 있다. 베를렌과 랭보의 뜨거웠던 '관계'는 베를렌이 랭보를 쏜 충격 사건이 일어난 1873년 이후에는 끝장났기 때문이다.

그들 상징파 시인들과 아폴리네르, 브르통을 비롯한 초현실주의자들도 되 마고의 단골이었다. 1920~30년대에는 시인 발레리, 릴케, 장

담론의 황금시대를 구가한 카페 되 마고.

콕토, 오스카 와일드, 에즈라 파운드, 그리고 화가 막스 에른스트, 피카소, 브라크도 '제집 드나들듯' 되 마고에 출입했다. 그들은 모두 또한 언어의 사냥꾼으로 참으로 세기말적인 장관이다. 그렇듯 되 마고는 파리가 문학과 예술의 메트로폴리스로서 누린 벨 에포크, 카페 문화와 말과 담론의 황금시대를 구가했다. 그러나 되 마고는 프로코프와 마찬가지로 싸움터이기도 했다.

1937년 파리 만국박람회가 '현대 생활에서의 예술과 기술'을 주제로 내걸고 열렸다. 거기에 피카소가 「게르니카」를 출품했다. 파시즘과 그것이 저지른 대학살에 대한 저항이었다. 1930년대에 들어서면서 유

피카소의 「게르니카」(1937).

럼의 하늘에는 파시즘이라는 불길한 구름이 드리웠다. 파시즘을 규탄하며 1935년 브르통, 앙드레 말로, 아라공 등 좌파 작가들이 앞장서서 범유럽적 규모로 '문화 옹호 반파시스트 문학가 회의'를 소집했다.

세계 지식인의 주목을 받은 그 회의는 바로 되 마고에서 열렸다. 회의에 참가한 앙드레 지드, 영국의 헉슬리, 소련의 예렌부르크, 파스테르나크, 오스트리아의 무질, 독일의 하인리히 만, 브레히트, 제거스, 베허 등 유럽 문학을 대표하는 그들은 이후 되 마고의 단골이 되었다.

1885년에 문을 연 '카페 드 플로르'Café de Flore는 꽃과 풍요를 상징하는 여신 플로르의 이름 그대로 문학과 예술, 그리고 사상의 꽃을 풍요롭게 피워 가까이에 있는 카페 '되 마고'와 좋은 라이벌 관계를 이루었다. 그리고 19세기 말 이래 되 마고와 더불어 파리 카페 문화의 황금시대를 연출했다. 지난날 카페 프로코프는 '문학 카페' '철학 카페'라고 불리며 대체로 지식인들의 정치적 담론의 장이었다. 그러나 혁명의 계절이 지나고 19세기 중엽 부르주아지의 사치스러운 평화와 그에 이은 세기말적 탐미주의는 많은 남녀 카페맨을 낳으면서 새로운 카페 풍속도를 그려냈다. 그 중심에 플로르와 되 마고가 자리를 잡았다.

1930년 전후 정치 계절의 도래 속에서도 1920년대의 파리는 축제에 들뜨고 시인과 예술가, 작가와 지식인 또한 '창조로 술렁이는 숲' 속에서 황금의 나날을 구가했다. 그 중심에 생 제르맹 데 프레 거리, 특히 카페 드 플로르가 자리했다.

전위예술의 기수이며 생 제르맹 마을의 장로인 시인 아폴리네르는 피카소를 비롯한 화가·시인들과 손잡고 플로르에서 문예지『파리의 저녁』을 창간했다. 앙드레 지드가 중심이 되어 1908년에 출간한 『신 프랑스 평론』^{NRF}지 및 같은 해에 나온 우파의 『악숑 프랑세즈』지의 산실도 플로르였다. 기성 질서와 가치관의 파괴를 지향한 허무적 반예술운동인 다다^{Dada}에 속한 작가와 화가들도 플로르의 단골이었다. 당시 작가와 예술가들은 문예적·정치적인 입장에 따라 저마다 유대를 다졌으나 플로르는 분파를 초월한 모두의 문예 살롱이었다.

현대 회화의 거장인 드랭은 언제나 미녀들을 거느리고 나타났다. 그중 한 여인이 밤이 늦었다고 말하면 "무슨 소리! 즐거운 시간은 이제부터일세" 하고 나무랐다. 또 밤부터 새벽에 걸친 파리를 노래하여 "파리의 소요객^{逍遙客}"으로 불린 시인 파르그는 친구들과 마주치면 태연히 "플로르에서 자정에 만나세" 하고는 헤어졌다. 카페 드 플로르는 낮과 아침, 야밤도 가리지 않고 단골들로 붐볐다.

『야간비행』의 작가 생텍쥐페리는 언제나 부인을 동반했다. 그 밖에도 플로르의 '신비로운 참가자' 반열에는 조각가 자코메티, 피카소, 헤밍웨이, 카뮈, 앙드레 말로, 비평가이며 기호학자인 롤랑 바르트도 끼어 있었다. 그들의 명성에 끌려 소라야 왕비, 베트남의 옛 황제 바오다이, 대통령이 되기 전의 미테랑도 어느새 단골이 되었다.

현대 프랑스 영화의 스타들, 장 폴 벨몽드, 알랭 들롱, 로망 폴란스키 등과 카르댕, 라거펠트, 아르마니 등 패션 관계 인사들도 파리에서 커피 맛이 가장 좋다는 플로르의 단골이었음을 자랑스럽게 여겼다. 훗날 샹송의 여왕, 아니 영원한 '파리의 연인'이 되는 에디트 피아프가 꽃 파는 소녀로서 귀여움을 뿌린 곳도 플로르였다. 파리는 지난 2003년 그녀의 사망 40주기를 맞아 10월 8일부터 다음 해 1월 말까지 시청 홀에서 '피아프, 파리의 아가씨'라는 전시회를 열어 파리를 위해 노래한 그녀에게 감사의 뜻을 표했다. 플로르의 단골이던 여배우 시몬 시뇨레는 토로했다.

오늘의 나는 1941년 3월의 어느 날 밤 파리 6구 생 제르맹 거리의 카페 플로르에서 태어난 사람입니다.

한편 플로르 창립자의 손자인 작가 뒤랑-부발은 플로르의 지난날들을 추억하며 저서 『카페 플로르』1993에서 "카페의 테이블 위에서 세기를 만든" 많은 사람들의 이야기를 들려준다.

많은 파리지앵에게 플로르와 되 마고를 비롯한 카페는 진정 중세 사람들의 성당과 같은 것, 그들은 바로 카페 신도였다.

1939년 제2차 세계대전이 일어났다. 전쟁은 파리 시민들에게 '전혀 예상 밖의 미치광이 짓'이었다. 독일 제3제국의 파리 점령은 카페의 황금기에 종말을 고하는 듯했다. 그러나 카페맨들은 '굴하지 않는 정신'으로 되 마고와 플로르를 지켰다. 장화를 신은 나치스 장교들이 멋모르고 들어오면 일제히 이야기를 중단하고 침묵시위를 벌였다. 그들이 총총히 물러가면 모두 파안대소하며 다시 이야기에 열을 올렸다. 불쌍한 것은 되 마고와 플로르의 명성을 익히 듣고 설렘과 기대감으로 두 카페에 찾아든 지식인 출신의 독일 신참 장교들이었다. 그들도 결국 견디지 못하고 물러갔다. 그 암흑의 세월에 플로르는 누군가가 적절히 표현했듯이 "폭풍우 속에 굳게 닫힌 노아의 방주"였다.

사르트르와 보부아르의 집필실

"나에게 플로르로 가는 길은 4년 동안 자유로 가는 길이었다"라고 사르트르가 말했듯이 카페는 자유를 사랑하는 모든 파리 시민의 사랑 방이었다. 카페는 특히 전쟁 중에 모든 이에게 프랑스와 프랑스 문화, 파리 그리고 자유와 동의어로 비쳤다. 1944년 8월 12일 해방을 알리는 노트르담의 종소리에 맞추어 사람들은 저마다 자신들의 카페에 모여들었다. 이제 전쟁 중과 전후 플로르에서 '신화'를 일군 사르트르에게로 화제를 옮겨보자.

자신의 자서전에 『말』*Les Mots*, 1964이라는 제목을 단 사르트르는 말의 달인이었다. 한 친구는 이렇게 술회한다.

> 사르트르와 자리를 같이한들 그와의 대화 따위는 존재하지 않는다. 그는 혼자서 쉴 새 없이 말한다. 이쪽에는 말할 틈도 주지 않고 한숨 돌릴 사이도 없이. 말이 바로 분류가 되어 방출된다. 사람들은 말하면서 자신의 말을 노트에 쓰고 있는 사르트르의 모습을 보며 놀란다.

사르트르에게 '말'이란 무엇이며 무엇을 뜻했을까. 사르트르에 따르면 인간은 말에 '포위'당하고 있다. 말은 인간의 신체다. 우리는 스스로 경험한 말과 '만난 말'을 지닌다. 그러나 모든 말은 어떠한 경우에도 타자에 대한 나의, 또는 나에 대한 타자의 작용의 도중에 있다. 그리고 말은 '행위'의 어떤 특수한 계기이며 행위를 떠나서는 이해되지 않는다. 사르트르가 문학과 사상, 인간 존재의 본질로서 '앙가주망'을 그토록 부르짖은 이유다.

"사회참여를 통해 나와 우리 모두는 세계를 발견하고 창조한다."

일생 동시대의 메신저로서 그는 죽음에 이르기까지 정치·사회적인 발언과 행동을 멈추지 않았다.

파리지앵과 파리지엔느는 카페에 들어서면 "입이 잘 돌아 쉴 새 없이 이야기를 한다"고 한다. 말 많은 사르트르는 당연히 대단한 카페맨이었다.

사르트르는 원래 되 마고의 단골이었다. 그러다가 전쟁 전에 여러 문인, 예술가와 함께 난방시설이 좋은 플로르로 옮겼다. 가난한 무명 시절, 추위를 견디기 어려웠기 때문이다. 전쟁이 일어나기 직전 장편소설 『구토』1938와 단편소설 『벽』1939을 발표하여 주목받은 사르트르는 전쟁이 일어나자 싸움터에 나갔다. 그곳에서 포로가 되지만 탈출하여 파리로 돌아왔다.

1941년 어느 날 30대 남녀 한 쌍이 플로르에 들어섰다. 그 안식처를 발견한 사람은 그중 미모의 여인, 보부아르였다. 사르트르의 이야기를 들어보자.

보부아르와 나는 플로르를 근거지로 만들었다. 거기서 우리는 오전

사르트르의 러브레터.

9시부터 정오까지 원고를 쓰고, 점심을 먹기 위해 나갔다. 2시에 돌아와서 4시까지 그곳에서 만난 친구들과 이야기를 나누었다. 그러고는 오후 4시부터 8시까지 원고를 썼다. 우리에게는 플로르가 집이었다. 플로르는 우리만이 살고 있는 닫힌 세계였다. '우리'란 글 쓰는 사람들, 화가, 예술가, 보부아르, 나였다. 플로르에서 나날을 보내는 우리에게 플로르 이외의 파리는 미지의 숲이었다.

한편 플로르 주인은 사르트르와의 만남을 회상한다.

1942년경 문을 열면 정오까지, 그리고 오후부터 폐점 때까지 카페 플로르에 찾아와 머무르는 신사가 있었습니다. 그는 한 여성과 자주 왔습니다. 그들이 누군지 나는 오랫동안 몰랐습니다. 두 사람은 오후에는 2층으로 자리를 옮겨 언제나 방대한 자료를 펼쳐놓고 글을 썼습니다. 그들의 이름을 몰랐습니다. 어느 날 사르트르 씨의 전화가 걸려올 때까지는. 그 뒤 우리는 친구가 되었지요. 얼마 안 있어 그는 친구들에게 둘러싸이게 되었습니다. 유명 인사가 된 것입니다.

'자주 함께 온 여성'이란 물론 사르트르와 생애의 동반자가 되는 『제2의 성』1949의 저자 보부아르다. 서로 자유로운 주체로서 상대에 대해 타자로서의 여자와 남자의 관계, 자유로운 우애의 관계여야 한다는 『제2의 성』의 주장을 그대로 실천한 보부아르와 사르트르. 이 계약부부는 플로르 근처에 있는 각기 다른 자신의 아파트에서 매일 거의 같은 시간에 나와 따로따로 플로르에 모습을 나타냈다.

사르트르는 플로르에서 소설과 희곡뿐 아니라 철학서까지 집필하는 한편, 보부아르의 눈치를 살피며 틈틈이 몇몇 여성에게 때로는 하루에 열 통이 넘는 러브레터를 편지지가 아닌 원고지에 몰래 썼다. 1942년부터 다음 해 겨울에 걸쳐 저술된 '반反신학대전'이라고 불리는 획기적인 저작 『존재와 무』1943의 산실도 카페 플로르였다.

오렌지색 인조 모피 코트로 몸을 감싸고 밀크티를 훌쩍 마시고는 네 시간 동안 원고지에서 눈을 떼지 않고 오직 쓰는 일에만 몰두하는 사르트르의 모습을 보부아르는 "모피와 잉크의 작은 폴Paul"이라고 표현했다. 사르트르는 그 문명文名이 세상을 풍미하면서 '사색의 왕'으로 불

사르트르와 보부아르가 매일 드나들며 카페의 신화를 일구었던 카페 플로르.

리고, 적극적인 사회참여로 '마지막 지식인'으로도 일컬어지면서 카페의 신화를 일군 특별한 카페맨이었다.

1980년 4월 15일 사르트르는 세상을 떠났다. 몽파르나스 묘지로 향하는 그의 관을 실은 차가 길을 지나갈 때 5만 명이 넘는 시민이 길을 가득 메웠다. 아마도 플로르와 되 마고도 세기적 마에스트로와 작별을 고하기 위해 모여든 사람들로 가득 찼을 것이다. 파리는 그와 함께 어쩌면 카페 최상의 벨 에포크를 누렸다고 할까. 지금 카페 되 마고 앞의 생 제르맹 데 프레 광장은 '사르트르-보부아르 광장'으로 불린다.

1949년 7월 2일, 파리의 어느 신문은 한 지면 전체를 "세계에서 가장 유명한 카페의 오너"로 플로르의 제2대 주인인 부발을 대서특필했다. 그러나 우리는 여기에서는 명가르송 파스칼에 관해 이야기를 나누어보자. 유럽의 유서 깊은 카페에는 유명 가르송의 이야기가 따라다니게 마련이다.

1930년경에 플로르의 가르송이 된 파스칼은 예의 바르고 교양 있고, 모든 것을 보고 기억하고 통찰하는 사나이였다. 그러면서도 좀처럼 단골의 이야기에는 끼어들지 않는, 그와 동명인인 『팡세』의 저자가 사람됨의 미덕으로 높이 산 '섬세한' 인품을 지녔다. 파스칼은 특히 재치와 유머로 손님들을 즐겁게 했다. 그가 언젠가 범람하는 이른바 '실존주의자들'을 "그들은 실존주의자가 아니라 비상식주의자들이다"라고 했을 때, 사르트르를 비롯해 동석한 문인들은 모두 "그래, 그렇지" 하고 가가대소 무릎을 쳤다.

문학에 대한 파스칼의 박식과 안목은 카뮈 같은 수준으로 평가받았으며 『한낮의 어둠』의 저자 케스틀러는 파스칼에게 자신의 모든 저작을 선물했다. 파스칼과 자주 토론한 어느 철학자는 그를 데카르트라고 불렀다. "나는 카페의 가르송이다"라고 자부한 파스칼이 1970년 은퇴할 때 플로르의 단골들은 그를 전형적인 플로르맨, 카페계의 모차르트, 금세기 최고의 가르송이라고 칭송하며 아쉬워했다. 1950년대 말의 플로르에 관해 파스칼은 다음과 같이 전해준다.

플로르의 테라스는 맑은 날에는 통행인들에게 놀랄 만한 구경거리입니다. 모두 편안한 표정을 하고 있습니다. 독특한 지성을 나타내는 쾌활한 시선, 몇 사람은 유리 지붕에 상처를 입힐 만큼 큰 제스처를 섞어가며 이야기를 합니다. 가장 괴이한 의상이 최고의 정장과 나란히 자리합니다. 그들의 기품, 예절, 겸손한 말씨, 그리고 진정한 우아함. 플로르의 거리 생 제르맹 데 프레로 말하자면 세계 지성의 수도입니다. 우리에게 햇빛, 상쾌한 공기가 있고 부드러운 손님이 있으면 신이 만드는 나날로 충분합니다.

파리를 참으로 좋아한 『북회귀선』의 작가 헨리 밀러는 "생 제르맹 데 프레가 사라지는 날, 프랑스는 달랠 길 없는 미망인이 되고 그 뒤 오래 살지는 못할 것이다"라고 말했다. 우리는 카페가 없는 파리, 카페가 없는 프랑스 문화를 생각할 수 있을까. 요즘에도 플로르 2층에서는 오후가 되면 원고를 쓰거나 인터뷰하는 사람들의 모습을 볼 수 있으리라.

공항에서 플로르로 바로 직행하는 플로르맨도 있다지만 역사가 브로델의 표현대로 베네치아처럼 사람을 "삼켜버리고 내팽개치고 (그로 하여금) 젊음을 찾게 하는" 파리는 쉴 새 없이 사람을 요동치게 한다. 아침 일찍부터 관광객이 되어 여기저기를 찾아다닌 끝에 카페 테라스에 앉아 보내는 무위의 시간, 그 시간은 내게도 어쩌면 파리에서 맞는 제일 좋은 시간이었다. 나에게 플로르는 2011년에 창립 100주년을 맞이한 명문 출판사 갈리마르의 서점이 가까이에 있어 더욱 좋다.

베를린 중심가의 상징적 풍경.
히틀러의 만행에 대해 영원한 책임이 있음을 다짐하며 재생한 독일.

베를린, 황금의 1920년대의 카페들

베를린 거리가 시작되는 것은, 우리 한량들이
어슬렁어슬렁 거닐던 산책이 이제 막 끝났다고 여기는
그 시각이다. 우리는 베를린 시민들이
다른 사람이 된 것을 알아야 할 것이다.
• 발터 벤야민

1920년대, 베를린은 '미래의 맛을 풍겼다'

잣나무·전나무로 숲을 이룬 수해樹海를 한참 지나면서 펼쳐지는 광대한 모래와 진흙의 땅, 그리고 저습지. 동독 엘베 강을 향해 달리는 버스 창 너머의 모습은 기복이 완만한 언덕과 계곡 등 풍경이 다양한 서독 여기저기의 푸른 경관과는 사뭇 달랐다. 서부 독일이 서유럽이라면 동부 독일은 동유럽이라는 느낌이 강하다. 처음 찾아든 베를린도 분명 동유럽 같았다.

직선을 이룬 폭넓은 길과 20세기풍의 큰 건물들로 도시 전체가 빈틈없이 정돈된 인상이다. 그런데 바람직한 무엇인가가, 귀한 것이 빠져 있는 듯하다. 지난 역사의 이야기, 로망을 들려줄 농밀한 그림자와 빛이 엿보이지 않는다.

브란덴부르크 문이 상징하듯 베를린은 프로이센의 질서와 원리에 따라 구축된 도시다. 티어가르텐에 도열한 융커 출신 장군들과 정치가들의 조상彫像들, 그 사이에 어쩌다 긴 괴테상像도 불편한 표정이다. 하이델베르크에 근 1년 머문 뒤 1972년 봄, 베를린이 동서로 나뉘어 있던 시절에 받은 베를린의 첫인상이다. 그 뒤 두세 번 들를 때마다 베를린은 얼마나 달라졌을까 하고 기대도 해보았으나 그다지 변한 것은 없는 것 같다.

빔 벤데르스의 영화 「베를린 천사의 시」에서 가장 인상적인 것은 노시인이 1920년대의 베를린을 그리워하며 이야기하는 장면이다. 베를린의 1920년대는 독일 문화사상 '황금의 시대'로 일컬어진다. 그러나 그것은 여러 세기에 걸친 문화·전통 위에 드러난 같은 시대의 파리나 빈의 벨 에포크와는 뉘앙스가 매우 다르다.

1927년 베를린의 인구는 400만으로 유럽 제1의 대도시였다. 61종의 신문, 200여 개의 출판사, 3개의 오페라하우스와 130개가 넘는 크고 작은 극장이 있었으며 37개의 영화사가 한 해 약 250편의 영화를 제작하여 363개 영화관에서 상영했다.

"베를린은 미래의 맛을 풍겼다."

1920년대 독일의 신예 극작가 추크마이어의 말이다. 지난날 군국軍國 프로이센의 수도는 예술과 문화의 메트로폴리탄으로 변모하는 놀라운 변신의 소용돌이 속에서 몸부림치고 있었다.

제1차 세계대전의 패전과 그에 따른 혁명은 바이마르 공화국을 낳았다. 그러나 독일 최초의 공화국은 프리드리히 대왕의 그림자가 짙게 드리운 프로이센 500년의 역사를 청발淸拔하려는 정치·사회적 시도

황금기를 이룩한 1920년대의 베를린.

에서 좌절을 거듭했다. 그러면서도 예술과 문학의 세계에서는 과거를 청산하려는 치열한 의지가, 불확실한 실험적 시도, 즉 문학과 조형미술에서 전통과 유대를 단절한 표현주의와 신즉물주의Neue Sachlichkeit가 부상한 것이다. 그 중심 인물은 문학에서는 『서푼짜리 오페라』1928의 작가 브레히트, 케스트너, 추크마이어가 있고, 조형미술에서는 마르크, 칸딘스키, 클레가 있다. 반문명적인 예술운동 다다의 아방가르드도 더불어 자리했다. 그 밖에 불멸의 지휘자 푸르트벵글러의 베를린 필하모닉, 연출의 마술사 라인하르트의 독일 극장, 작가 헤세와 토마스 만이 있고 표현주의 영화 「칼리가리 박사의 밀실」1919도 떠오른다. 「푸른 옷의 천사」1930의 마를레네 디트리히는 "나는 고맙게도 베를린에서 태어났습니다"라면서 다음과 같이 말했다.

> 1920년대의 베를린은 오늘날에도 아직 '새로운' 것으로 불리는 모든 것이 세계에 앞서서 존재하고 있었습니다. 무엇이든 있었습니다. 큰 극장, 대작 영화, 고전음악, 많은 사람이 사랑한 대중음악도. 노래가 연주된 큰 레스토랑, 어쩐지 수상쩍은 변두리 술집도.
>
> 베를린은 생산적이고 아이디어가 풍부하며 이상에 불타고 그러면서도 현실의 대지에 뿌리를 내리고 있었습니다. 이것은 다시는 이룰 수 없는 공동작업이었을는지 모릅니다.

베를린은 창조의 실험장이며 타작打作의 도가니였다. 그리하여 독일 내외로부터 많은 유명·무명의 작가, 예술가들이 베를린으로 모여들었

왼쪽 위부터 작가 브레히트, 케스텐, 벤야민,
칸딘스키, 무대연출가 라인하르트.

다. 추크마이어는 당시를 상기하며 훗날 이렇게 토로했다.

베를린은 미래의 맛을 풍겼다. 그 매력을 위해 누구나 불결과 추위를 기쁘게 참았다. 베를린을 손에 넣은 자야말로 세계의 정복자다.

한편 작가 하인리히 만 또한 1920년대의 베를린을 감동 어린 어조로 전해준다.

유럽 문명의 개화에서 베를린은 중심지인 동시에 처녀지였다. 베를린은 모든 것을 받아들였다. 물론 창조적이었으며 그 이상으로 열려 있었다. 창조자들은 곳곳에서 베를린을 찾아오고 이 대도시는 그에 알맞게 당당했다.

소련과 프랑스의 아방가르드, 그리고 미국의 대중문화에서 이미 이름이 알려진 작가나 예술가들은 미래를 위한 변신을 도모하기 위해, 무명은 무명대로 자기실현을 위해 베를린으로 모여들었다. 그들 유명·무명 작가나 예술가가 베를린에 도착하여 가장 먼저 찾는 곳은 카페였다.

베를린의 카페 문화와 카페 로마니셰스

카페와 카페 문화는 그것이 놓인 도시와 시민의 심성 그리고 시대의 움직임을 비춰주게 마련이다. 지난날 프리드리히 대왕은 커피광이었다고 하지만 그의 수도에 카페가 생긴 것은 파리나 빈에 비해 한 세기 뒤였다. 같은 독일의 국제도시인 함부르크나 라이프치히보다도 10년 이나 지난 뒤였다.

베를린 최초의 카페 주인은 위그노파 신도로서 베를린으로 망명한 프랑스의 흑인이었다. 1721년에 문을 연 그의 '카페하우스 로얄'의 단골은 고급 장교나 관리였다. 19세기에 이르러서도 일반 시민에게 카페는 낯선 존재였다. 커피가 상류계층의 기호품이 된 지 한참 지나고 나서도 서민에게는 금제품이었다.

흥미 있는 사실은 '실리적인' 프로이센의 수도에서 카페는 카페이기보다도 오히려 콘디토라이Konditorei, 즉 과자점을 겸한 카페로서 손님들은 대개 케이크 특히 슈크림을 먹기 위해 카페를 찾았다는 점이다. 그중 몇몇 콘디토라이 카페는 극소수 귀족과 상류계층 인사들을 위해 살롱처럼 고급스럽게 꾸며졌다. 보통 카페에서도 벽에 걸린 프리드리히 대왕이나 국왕의 초상화가 굽어보는 홀의 주역은 근위장교들이었다. 한쪽 구석에서는 프로이센을 혐오하는 청년독일파 작가들이 눈치를 살피며 담론을 나누었다. 참으로 프로이센의 수도다운 베를린 카페의 풍경이다.

베를린을 별로 좋아하지 않았던 괴테의 말이 떠오른다.

"사람들은 여기 베를린에서는 이야기를 하지 않고 저마다 자기주장만 할 뿐이다."

부지런하고 규율에 충실한 베를린 사람들은 한가함을 즐기는 데 서투르다. 카페란 무위도식하는 보헤미안 한량들의 사랑방이 아니던가.

운터 덴 린덴 거리를 소요하며 케이크와 맥주를 즐기던 일반 시민들이 아닌, 베를린의 보헤미안들이 카페에 몰려들기 시작한 것도 19세기 말 아니 20세기 초에 이르러서였다. 1920년대의 변화 속에서 베를린은 이제야 카페 도시가 된 것이다. 진정 베를린의 카페 문화가 뿌리를 내린 것도 최대의 번화가인 쿠담 거리에 자리 잡은 '카페 베스텐스'Café des Westens에 이르러서였다.

베스텐스는 1898년에 문을 열자 모든 분야의 뛰어난 인사들인 그 손님들로 곧 유명해졌다. 그 중심에는 초기 표현주의자들이 자리했다. 그들은 명확한 이념이나 통일된 노선이 없었으며 그 대다수는 작가나 예술가로서 자기 이름을 남기지도 못했다. 그러나 그들은 20세기 전환기의 획기적 현상을 한 몸으로 불살랐다. 좌절한 이단자와 그들을 둘러싼 보헤미안으로 떠들썩한 카페 베스텐스를 사람들은 '과대망상증 카페'라고 이름지었다. 예술가를 좋아한 카페 주인은 빚만 지는 단골들에게 관대했다.

카페는 도시의 문화·풍속이 그대로 드러나는 곳이다. 제1차 세계대전과 1920년대 베를린에서 막 펼쳐진 새로운 문화 풍경은 카페의 지도地圖를 바꾸어놓았으며 카페의 '이동' 현상을 일으켰다. 그리하여 '카페 베스텐스'를 대신하여 이제 '로마니셰스 카페'Romanisches Café가 베를린에서 카페 중의 카페가 되었다.

1916년 카이저 빌헬름 기념교회 맞은편에 문을 연 '로마니셰스 카페'는 1918년경부터 베를린 화가들의 주요 사랑방이 되었다. '로마네스크풍 카페'라는 명칭은 바로 가까이에 있는 네오로마네스크 양식의 큰 상관商館에 빗대어 붙여진 이름이다. 그 상관은 한 젊은 작가가 '창조적 정신의 대합실'이라고 그럴듯한 이름을 부여했으나 건물 자체는 크기만 하고 생기가 없는데다 내부도 품위 없는 인테리어로 장식되었다. 그에 더해 카페는 모여든 젊은 예술가들에게 결코 편한 곳이 못 되었다.

카페 주인은 국내외의 많은 신문을 갖춰놓는 배려는 하면서도 커피 한 잔으로 여러 시간을 버티는 미래의 파르나소스의 주역들에게는 인정사정없이 내했디. "계산은 반드시 하고 다시는 오지 않도록 부탁합니다"라고 인쇄된 쪽지를 컵 옆에 놓기도 했다. 가난한 넌글들이 지난날의 '과대망상증 카페'를 그리워하며 비웃은 이 '불쌍한 카페'가 1925년쯤에는 유명해졌다. 관광 시리즈 책자의 베를린 편에 꼭 들러봐야 할 명소로 '로마니셰스 카페'를 소개한 것이다. 그 책자에서는 '로마니셰스 카페'를 다음과 같이 추켜세웠다.

로마니셰스 카페는 베를린의 횡단면이다. 여기에는 미래의 예술가나 진정 철저한 보헤미안들이 모여들 뿐만 아니라 날카로운 문학 센스를 지닌 광고 대리인부터 인기 있는 이혼 전문 변호사, 평판 좋은 정신과 의사에 이르기까지 다양한 인사가 모여 있다.

카페의 홀은 신분계층에 따라서 묵시적으로 나뉘어 있었다. 입구 왼쪽의 자그마한 정사각형 홀은 이미 명성을 얻은 인사들의 방으로 '헤엄치는 이들의 풀'이라고 불렸다. 유명 화가나 디자이너 그리고 연출가 라인하르트의 모습도 볼 수 있었다. 입구 오른쪽 60~70개의 테이블이 놓인 큰 직사각형 홀은 '헤엄치지 않는 이들의 풀'로 불리며 언젠가 '헤엄치는 이들의 풀'의 단골이 되기를 꿈꾸는 작가나 예술가 지망생들로 붐볐다.

한편 화가들은 독일 인상파의 대표적 화가이며 좌담의 명수인 슬레포크트를 중심으로 '헤엄치지 않는 이들의 풀' 입구 바로 왼쪽에 자신들의 상석常席을 마련했다. 그들 가운데 어느 화가는 로마니셰스 카페를 대도시 베를린을 움직이는 '작은 마녀'로 비유했다.

'작은 풀'로부터 꼬불꼬불한 계단이 화랑으로 통하고 그 뒤편의 체스 홀은 밖에서도 보였다. 베를린에서도 가장 아름답다는 평판을 듣는 로마니셰스 카페의 테라스는 언제나 손님으로 만석이었다.

로마니셰스 카페의 하루는 그 모태인 베를린과 마찬가지로 언제나 어수선했다. 전 세계의 신문이 서가에 꽂히고 아침 8시에 입구의 회전문이 열리면 제일 먼저 찾아든, 밤을 꼬박 새운 두 난봉꾼이 첫 커피 주문을 독촉한다. 9시가 되면 잔주름이 많은 40대 남자가 오늘은 자신의 투고 원고가 실렸기를 기대하며 신문을 뒤진다. 10시부터 오후 1시 사이에는 무명의 작가, 예술가 지망생이 하나둘 모여든다. 그들도 신문부터 찾는다. 진한 화장을 한 여인도 일찍부터 자태를 나타낸다.

오후 2시부터 4시 사이에는 이름이 다소 알려진 인물들이 나 보라는 듯 등장한다. 그들은 대개 한 잔의 모카 커피가 생각나서 고급 레스토랑 '켐핀스키'에서 로마니셰스 카페로 직행한 사람들이다. 4시경은 가르송의 교대 시간으로 한 무리의 문학청년들이 지불하지 못하는 데

로마니셰스 카페의 외관(위)과
그 홀 안의 모습을 그린 스케치(아래).

대해 변명을 늘어놓는다.

"돈을 갖고 있는 친구를 기다리고 있소. 우리를 잘 알지 않소. 이 금 테 만년필을 담보로 잡아도 좋소."

구석에서는 젊은 연인들이 레몬주스를 마시며 새롱거리고 있다.

저녁 7시. 대부분의 손님이 흑빵을 찾고, 간혹 비프스테이크를 주문 하는 손님도 있다. 공짜 영화표를 얻고자 조감독에게 떼를 쓰는 여인 도 보인다. 영화가 끝날 때까지는 손님이 뜸하다가도 금세 활기를 찾 는다. 밤 12시부터 새벽 3시까지는 다시 조용해진다. 집 없고 갈 곳 없 는 자가 마지막까지 끈질기게 버티지만 새벽 3시가 되면 영락없이 폐 점이다.

로마니셰스 카페는 날로 유명해졌다. 1930년경부터 카이저 빌헬름 기념교회를 순회하는 유람 자동차 운전사들이 목청 높여 외쳤다.

"신사 숙녀 여러분, 오른쪽에 보이는 것이 로마니셰스 카페입니다. 돈이 되지 않는 예술을 한다는 사람들의 올림포스, 베를린 보헤미안 들의 중심지입니다."

보헤미안의 사랑방인 카페는 보헤미안 중의 보헤미안족인 화가들 을 첫 번째 손님으로 맞게 마련이지만 로마니셰스 카페는 특히 화가들 의 사랑방이었다. 그들은 1916년경부터 특별석을 마련했다. 그들 중 에는 독일 인상파의 대표 격이던 슬레포크트를 좌장으로, 프러시아 예 술아카데미 총재 리베르만, 신즉물주의의 디크스 잡지 『횡단면』의 창 간인 플레히트하임 같은 거물급 화가들도 있었으며 그들과 섞여 화상 畵商이나 미술 출판인도 자주 합석했다. '카페 베스텐스'의 '혁명가들의 테이블'에서 이사 온 공산주의자 로자 룩셈부르크, 리프크네히트 그리고 소련 작가 예렌부르크의 모습도 종종 볼 수 있었다.

특히 당대 화단을 대표한 거장 칸딘스키는 바우하우스의 교수로 바이마르에 거주하면서 어쩌다가 베를린에 오면 반드시 로마니셰스 카페에 들렀다. 그럴 때면 베를린의 화가들이 몰려들어 장관을 이루고 칸딘스키의 테이블은 뉴스의 초점이 되기도 했다.

로마니셰스 카페를 유명하게 만든 것은 화가·작가와 더불어 저널리스트였다. 특히 신문·잡지의 문예란 편집자들에게 제1급의 화가와 작가, 문예 비평가와 저널리스트들이 모이는 이 카페는 하루에 한 민은 꼭 들러야 할 '거래처'였다.

로마니셰스 카페에는 화가나 작가, 저널리스트의 상석 외에도 '주 1회석' 및 '아가씨들의 자리'도 있었다. 전자는 주마다 한 번 정도 데이트 장소로 이용되는 테이블을 가리키며 후자는 어엿한 숙녀 혹은 정체불명의 여성이 정사情事를 기대하며 미지의 이성을 기다리는 자리를 빗댄 것이다. 해마다 한 번, 즉 섣달 그믐날 밤이면 사방에서 프록코트의 신사, 야회복의 숙녀, 인도의 무희로 분장한 여인들이 카페로 몰려들었다.

인생의 가장 좋은 나날들을 카페에서 보냈다는 신즉물주의의 대표적 작가 케스텐, 그에 못지않은 카페맨은 시인이며 소설가인 케스트너로 물론 로마니셰스 카페의 단골이었다. 그가 베를린에서 펼친 활발한 활동은 카페에서 문예 편집자들과 만난 데서 시작되었다. '시인이란 집에서 유유자적 시상詩想을 가다듬는 사람'이라고 생각하는 젊은 여성

칸딘스키의 「검은 아치가 있는 회화」(1912).

숭배자들의 예상과는 달리 케스트너는 주로 카페에서 시를 지었다. 처녀 시집 『허리 위의 심장』[1928]뿐만 아니라 세계적 명성을 안겨다준 소년소설 『에밀과 탐정들』[1929]도 카페에 마련된 그의 테이블에서 햇빛을 보았다.

케스트너는 로마니셰스 카페를 비롯해 '카페 카를톤' '카페 레온' 등으로 카페를 전전한 카페맨이었다. 원고를 쓰고 있을 때 누군가가 어깨 너머로 엿보는 것을 싫어하면서도 그는 종일 카페에서 집필했다. 그러고는 중얼거렸다.

"나는 전용 카페를 만든다. 내가 살고 있는 곳에 문학 카페가 문을 연다."

시인·예술가와 더불어 출판인 중에도 카페맨이 적지 않다. 미술 살롱을 개설한 적도 있는 1920~30년대 독일의 한 대표적 출판인은 다음과 같이 토로했다.

이 세상에 카페가 존재하지 않는다면 과연 문학을 할 수 있을까. 누구나 카페에서는 전쟁터에서와는 전혀 다른 사람으로 변한다. 그곳에서 자신의 숨겨진 자질을 발견하고 미래의 꿈을 키운다.

제복 시대의 도래와 카페맨의 대탈출

몇 세대에 걸쳐 육군 소위·중위가 국민적 교육자로 행세한 지난날의 베를린을 망각하고자 한 황금의 1920년대, 산책과 카페를 즐긴 방랑자들의 시대는 필경 하나의 단막극인 양 단명할 수밖에 없었을까.

어느 저널리스트는 1929년 당시의 로마니셰스 카페를 다음과 같이 묘사하고 있다.

이제 카페의 단골들은 이전에 만났던 이상주의적 보헤미안이 아니라 그들과는 모습이 다른 보헤미안, 현실적인 보헤미안이다. 시대의 슬로건인 비즈니스가 그들마저도 사로잡고 있었다. 더 이상 그들은 『일리아스』를 낭독하거나 3부작 작품을 운율로 고쳐 만든다거나 라파엘풍 전원 풍경을 그릴 만큼 별나지 않았다.

사실 카페는 숨겨진 꿈을 안고 내면의 세계를 이리저리 편력하는 보헤미안들의 터전이었다. 베를린의 황금의 1920년대는 그들 방랑자들에 의해 구축되었다. 그 자신도 방랑자였던 벤야민은 「한량들의 회귀」라는 글에서 말한다.

베를린 거리가 시작되는 것은, 우리 한량들이 어슬렁어슬렁 거닐던 산책이 이제 막 끝났다고 여기는 그 시각이다. 그 산책은 이제까지 한 번도 빛을 보지 못했던 베를린에서 부활하는 것일까. 우리는 베를린 시민들이 다른 사람이 된 것을 알아야 할 것이다. 수도를 만들었다는 (지난날의) 사람들이 가졌던 의심스러운 자부는 '(우리 한량들의) 고향 베를린'이라는 애정으로 바뀌기 시작하고 있다.

벤야민Walter Benjamin, 1892~1940은 베를린의 유대계 부르주아 집안 출신이었다. 그는 1933년 이래 프랑스로 망명해 지내는 나날 속에서 유년 시절에 향수를 느끼며 『1900년경 베를린의 유년 시절』1932~38을 썼다. 이 아름다운 회상록에서 그는 프리드리히 대왕의 석고상이 굽어보는 교정에서 '전쟁놀이를 하는 무리들'이 선호하는 학교를 '시간제 감옥'으로 여기며 "혼자 있는 것만이 유일하게 인간적인 상태"임을 의식했다. 그 얼마 뒤 그는 프로이센 대對 프랑스의 보불전쟁1870에서의 프랑스의 패배를 "세계사가 영광스러운 무덤 속으로 가라앉은" 것으로 보았다. 그리고 베를린의 전승기념탑을 그 무덤 위에 세워진 묘비라고 비판하고 비웃었다. 이러한 벤야민도 1920년대 베를린의 변모를 믿고 기대한 것이었을까.

베를린은 단지 거대한 산업도시로 바뀌어갔다. 그리고 시민들은 돈 계산하는 무리가 되었다. 많은 사진가, 신문·잡지의 삽화가, 리포터, 사회자, 영화배우가 작품 제작에 앞서 '도대체 몇 마르크나 되느냐?'고 자기 자신에게 묻곤 했다. 1920년대 빛과 그림자가 더불어 드리운, 그러면서 날로 정체가 불투명한 그림자가 짙게 드리우기 시작한 바이마르 공화국을 둘러싼 불확실성의 변주곡에 결산서를 들이댄 것은 갈색 제복을 입은 침입자들이었다.

히틀러 제3제국의 제복과 장화 차림의 사나이들은 제일 먼저, 그들이 참을 수 없었던이쪽도 마찬가지였지만 카페를, 불손한 담론의 장이자 건방진 보헤미안들의 사랑방인 카페를 덮쳤다. 영어 교사로서 베를린에 거주한 영국 작가 이셔우드는 나치스 대두 전야에 독일을 체험한 기록인 『베를린이여 안녕』1939에서 다음과 같이 기술하고 있다.

나는 매일 밤 기념교회당 가까이에 있는, 좌석이 절반은 텅 빈 큰 문학 카페 로마니셰스에 앉아 있었다. 거기서는 유대인이나 좌파 지식인들이 지금도 대리석 테이블에서 이마를 맞대고 불안한 듯 소곤소곤대고 있다. 많은 사람이 자신들에게 체포의 날이 시시각각 다가오고 있음을 분명히 알고 있다. 오늘이 아니더라도 내일, 그렇지 않으면 다음 주에는 체포된다. 거의 매일 밤 나치스의 돌격대가 카페에 들이닥쳤다. 지금도 여전히 그 모든 것이 믿기지 않는다.

많은 작가·예술가·지식인은 불안을 떨치지 못하면서도 사태의 심각성을 알아차리지 못했다. 카페에서 꾸며진 그들의 '세계관'은 현실 세계를 애써 외면했으나 결론은 업보처럼 다가왔다. 황금의 1920년대를 누린 그들은 활화산 위에서 춤을 추었다는 말인가. 일찍부터 표현주의적 도취로부터 거리를 두며 역사적 상황을 통찰하여 1933년 2월 국회 방화 사건 직후 망명길에 오른 브레히트는 특별한 예외였다. 결국 단골들을 잃어 빈집이나 다름없던 로마니셰스 카페는 전쟁 말 베를린 시가전 때 철저히 파괴되고 말았다.

좋은 카페란 커피나 티를 맛보며 이야기와 담론을 자유로이 즐기는 곳, 보고 싶은 사람과 만나는 사교장. 그러므로 자유롭고 반듯한 시대란 사람들을 매료하는 좋은 카페, 카페 문화가 꽃핀 시대라고 해도 좋을 것이다. 제2차 세계대전에서 문명사상 그 유례가 없을 만큼 최악의 참상을 겪은 베를린에 카페다운 카페가 다시 모습을 나타낸 것은 1970년대 말에 이르러서였다. 전후 오랫동안 카페는 베이커리와 비슷

오늘날 베를린의 카페 문화를 상징하는 카페 아인슈타인.

했다. 작가와 예술가들도 한동안 유서 깊은 제과점을 만남의 장소로 이용했다. 해방된 날 바로 활기를 되찾아 북적거렸던 파리의 카페와는 대조적이었다. 그만큼 베를린은 전쟁의 상처가 심각하고, 카페 문화도 파리와는 달라서였을까.

오늘날 베를린의 카페 문화를 상징하는 것은 1978년에 문을 연 '카페 아인슈타인'이며 그 산파역은 두 오스트리아인이 맡았다. 그들은 빈의 카페와 베를린의 1920년대 문학 카페를 염두에 두고 쿠담에 있는 유명 배우의 낡은 저택을 대대적으로 개축하여 카페와 독일 학술교류회의 화랑을 만들었다. 개점에 즈음해서는 베를린 필하모닉이 기념 연주를 하고, 문학작품 낭독과 환경보호에 관한 이벤트를 여는 등 크

동서독 통합 뒤 '베를린의 벽'에 그려진 풍자화들.

나큰 화제를 불러일으켰다.

베를린의 카페맨들은 카페 아인슈타인의 탄생을 전후 베를린 오페라극장의 첫 상연만큼이나 기뻐했다. 자유베를린방송은 매달 한 번 '문학 카페' 시리즈를 카페 아인슈타인에서 생중계했다. 독일 제2텔레비전은 베를린영화제 동안 이 카페를 스튜디오로 이용하기도 했다.

빈의 카페를 본받아 고전풍으로 꾸며진 카페 아인슈타인. 사진작가와 정치가를 비롯하여 각계 저명인사들, 그리고 카페의 명성을 익히 알고 찾아오는 여행객으로 언제나 붐비는 카페 아인슈타인, 별미라는 그곳 커피 맛을 나는 아직 모른다. 몇 해 전 동유럽을 여행할 때 1박한 베를린에서 가장 먼저 찾아간 곳이 카페 아인슈타인이었으나 문이 굳게 잠겨 그 앞을 한참 서성거리다가 발길을 돌려야만 했다.

냉전과 분열의 상징이던 베를린장벽이 1989년 11월에 무너지고 통일독일이 탄생하고^{1990년 10월} 베를린 환도^{1991년 6월}가 이루어진 지도 어느덧 20여 년이 흘렀다. '분열된 풍경'은 이제 거의 치유되었을까. 어디에선가 상연되고 있을 브레히트의 「서푼짜리 오페라」, 그 상연이 끝나면 관객들은 지금도 저마다 자신의 카페를 찾아갈까.

클림트의 「충족」(1905~1909년경).
시련의 나날 속에서도 빈은 독특한 아름다움을 누렸다.

빈의 카페, 어제의 세계의 좋은 나날들

> 내가 자란 시대는 안정의 황금시대였다.
> 합스부르크 제국에서는 모든 것이 그 자리에 굳게
> 안정되고 가장 높은 위치에는 노황제가
> 우뚝 솟아 있었다. 이 안정의 감정은 공통의
> 생활 이상이었다. 그런데 우리는 시대 속에 끌려들었다.
> • 슈테판 츠바이크

빈의 '어제의 세계'

카페는 그것이 놓인 거리와 도시의 풍경을, 그리고 그곳 사람들이 지나온 삶의 방식을 비춘다고 하지만, 이러한 진실이 빈만큼 분명하게 느껴지는 곳도 없다.

빈의 카페는 로코코풍의 빈 거리거리의 우아한 경관을 잘 비추고 그 외관이나 내부 전체가 도아하여 분위기도 카페라기보다는 오히려 17~18세기의 살롱을 떠올리게 한다. 그리고 거기에서 우리는 나이 지긋한 귀부인을 종종 마주치게 된다. 마이센 자기 찻잔을 앞에 놓고 창밖을 내다보는, 60대에 접어든 그녀들의 전아한 자태는 지난 30~40대 주하朱夏와 백추白秋의 계절들을 아니 그에 훨씬 앞서 어린 시절 어머니, 아버지에게 듣고 자란 빈의 '어제의 세계'를 떠올리고 있는 것이리라.

> 저 옛 빈에서 사람들은 좋은 생활을 하고 경쾌하게 걱정 없이 살아왔
> 다. 베를린의 독일인들이 노하고 경멸할 듯. 우리는 '유용하고' 엄한
> 질서를 지니기는커녕 향락을 누리며 좋은 것을 먹고 축제나 극장을
> 즐기고 그에 더해 뛰어난 음악을 꽃피웠다.

츠바이크Stefan Zweig, 1881~1942의 『어제의 세계』1943의 한 구절이다.
그런데 이 황금의 시대 속에 낯선 이데올로기로서 정치의 계절이 침입
했다. 츠바이크는 어떻게 맞섰을까.

빈의 부유한 유대계 집안에서 태어난 그는 서정시인으로 출발하여
소설·희곡·평론 등 문필생활을 활발히 했다. 히틀러가 정권을 잡자
런던, 미국으로 망명하고 브라질에 정착하였다. 그 본성이 과거 지향적
인 츠바이크는 망명생활의 고독에 견디지 못해 부인과 함께 자결했다.
그는 시대의 아픔에 많은 물음을 던지면서도 그에 맞서 싸우지 않았
다. 이 점에서 영국의 스펜더Stephen Spender, 1909~95와는 참으로 대조적
이었다.

어머니에게서 유대계의 피를 받은 스펜더는 유복한 자유주의적 가
정에서, "역사의 흐름이 도달한 행운의 산 중턱에서" 태어났다. 스펜더
도 츠바이크와 마찬가지로 그의 아버지의 세계를 좋은 시대로 회상한
다. 그러나 그는 부언한다.

"나는 진보를 믿는 신념과 두려움이 기묘하게 혼합된 시대의 분위기

속에서 자랐다."

이 1930년대의 대표적 시인은 적극적으로 정치적 발언을 하고 에스파냐내란에도 참가하고 반파시즘 운동에 매진했다. 한때는 공산당에도 입당했으나 휴머니즘이 그의 본질이었다. 그는 분명히 말했다.

"19세기 말과 20세기 초의 문학의 위대성은 근대사회의 정치적 숙명이던 '파괴적 요소'에 몰입한 사실이다."

그 또한 시대의 증인으로서 회고록 『세계 속의 세계』[1951]를 저술했다. 그러나 그것은 『어제의 세계』와는 참으로 딴판이었다.

빈을 가리켜 극작가인 브레히트는 "카페에 둘러싸여 만들어진 노시"라고 표현했고, 빈 태생의 시인 아르트만은 "카페 속에 사는 도시"라고 말했다. 빈 최초의 카페는 1684년, 오스만-터키 점령군이 남기고 간 커피 원두로써 문을 열었다. 빈 시민들은 점령군인 터키 병사들이 '검은 수프'를 마시는 것을 보고 놀랐다. 그러나 그들은 '검은 수프'에 밀크와 설탕을 타면서 곧 그 맛에 매료되었다. 빈은 파리에 견줄 만한 카페의 거리이며 빈 사람들도 파리 시민과 마찬가지로 태어나면서부터 카페맨이 된다고들 한다. 그러나 그 뉘앙스는 사뭇 다르다.

비옥하고 아름답고 유서 깊은 고도古都의 후예들은 신문지상에서 정치·사회면에 앞서 음악과 연극 소식란을 먼저 펼쳐보는 등 한유閑遊와 사교를 즐기는 유연한 나날들을 누려왔다. 즐거움을 일상적으로 맛보는 빈, 오스트리아 사람들의 낙천적인 성격을 더욱 뒷받침한 것은 헤아릴 수 없이 많은 음악당과 극장 그리고 카페, 아니 바로 빈 자체였다. 18~19세기 살롱풍의 귀부인과도 같은 풍모의 빈에서 사람들은 욕심

빈의 국립 오페라극장.

을 모른다. 그리고 미래에 대한 비전보다도 어제의 세계와 하나로 이어진 오늘의 질서에 만족한다.

유럽의 유서 깊은 도시의 중심 광장에는 대개 옛 성당과 극장이 자리 잡고 있다. 빈의 경우 슈테판 돔과 국립 오페라극장이 그것이다. 특히 모차르트·베토벤·슈베르트를 자기 자신과 같은 빈 시민으로 기억하는 음악의 수도 빈의 국립 오페라극장은 빈, 아니 오스트리아 전체의 자랑스러운 상징이며 자기 자신을 즐기고 누리는 그들의 삶에 오묘한 정념처럼 침투한 음악이었다.

극장 주변에는 으레 카페가 자리 잡고 있게 마련이지만 가장 유명한 카페는 오페라극장 맞은편 서쪽에 있는 '카페 모차르트'다. 빈을 무대로 한 영화 「제3의 사나이」에도 등장하는 '모차르트'는 1794년에 문을 열었다. 원래 그 자리에 모차르트 기념 동상이 있어 그렇게 불리게 되었다. 모차르트를 비롯하여 베토벤, 슈베르트도 카페를 좋아했지만 그들이 '모차르트'에 출입했다는 기록은 없다. 내가 1980년대 말 '모차르트'에 들렀을 때 60대 전후의 지배인에게 지금 오너는 누구냐고 물었다. 그는 무뚝뚝하게 "야파너!"일본 사람라고 내뱉듯이 대답했다. 그 뒤 확인해보니 일본의 미쓰코시 그룹이 1985년에 '모차르트'를 인수했다가 6년 뒤에야 카페 소유권이 오스트리아인에게 돌아갔다고 한다.

서킷 여기저기에서 모차르트나 베토벤, 브람스 혹은 요한 슈트라우스의 동상이나 대리석상과 마주치게 되는 빈에는 모차르트와 베토벤의 이름을 내건 카페가 여러 곳 있는데, 적지 않은 카페에서는 요일과 시간을 정해 피아노나 바이올린 연주를 한다. 그렇듯 빈의 카페에서는 '빈 카페'라고 부르는 독특한 카페 음악을 대를 이어 연주해왔다.

빈의 카페는 19세기 말에는 600여 곳을 헤아리고 1910년경에 이르면 그 두 배가 되었다. 유럽의 많은 카페와 마찬가지로 빈의 카페도 1848년 혁명 전후에는 이데올로기나 정치적 담론의 장이었다. 그러나 차차 문학 카페, 사교의 장이 되었다.

파리에서 온 사람들도 놀랄 만큼 빈 카페 중에는 호사스러운 건물이 많다. 그도 그럴 것이 오스트리아 제국이 해체1918되기 이전까지만 해도 일상적으로 낮에는 아름다운 링슈트라세환상도로에서 산책을 즐기고 밤에는 오페라를 감상하는 상류계층이 저마다 무리를 지어 단골 카페를 찾았으니 말이다. 1870년대에 이르러 그 카페들은 '가족을 위한' 장소가 되었다. 파리나 베네치아의 카페가 일상적인 것을 피해 보

카페 그린슈타이들.

헤미안적 자유를 즐기기 위한 사나이들의 만남의 장소, 떠들썩한 담론의 터전인 데 반해 빈 시민들은 카페를 일상적으로 즐기는 음악회나 극장의 연장으로 여겼다. 그만큼 카페도 살롱적인 절도의 공간이었다. 그 전형적인 모델로 우리는 '카페 첸트랄'Café Central을 들 수 있을 것이다.

원래 빈 카페를 대표한 것은 1847년에 문을 연 '그린슈타이들'Grien-steidl로 '귀족의 거리'Herrengasse에 자리 잡고 있다. 약제사인 오너의 이름을 따라 지칭된 그 카페에는 알텐베르크, 헤르만 바르, 슈니츨러, 호프만슈탈귀재로 불린 그는 당시 반바지를 입은 김나지움의 학생이었다 등 빈의 세기말 문학을 대표하는 '젊은 빈파'가 단골로 상주하다시피 했다. '과대망상증 카페'로 불리면서도 대표적 문학 카페임을 자랑한 그린슈타이들은 1848년 빈의 3월혁명 때에는 혁명의 길을 설파한 진보적 인사들의 사랑방 역할을 훌륭히 다해 '국민 카페'라고도 불렸다. 그러다가 그린슈타이들은 1897년 도시 개혁으로 헐리게 되었다. 이때 시인 크라우스는 그 해체를 문학의 망실亡失로 여기면서 '헐리고 해체되는 문학'이라는 추도문을 그린슈타이들에 바쳤다.

우리의 추억인 마지막 받침이 무너지고 있다. 우리의 문학은 집 없는 시대를 맞게 되고…… 무너진 카페 밖으로 시인이 연행되는 현실의 세계는 문학이라는 도락道樂의 토대를 부수고 말 것이다. 우리의 젊은 문학은 어디로 가야 하나? 우리의 새로운 그린슈타이들은 어디인가!

카페 첸트랄과 카페맨 알텐베르크

오랜 단골 카페를 잃게 된 젊은 문인들은 곧 새 둥지를 찾아야 했다. 그곳이 바로 카페 첸트랄이다.

1868년에 문을 연 카페 첸트랄은 바로크풍의 장려한 건물들이 처마를 잇댄 귀족의 거리에 자리 잡은 곳으로 오늘날에도 설계자의 이름을 따 '팔레 페르스텔'이라고 불릴 만큼 당당한 귀족풍의 건축물이다. 첸트랄에 오는 단골들은 화가·작가·음악가·연극인·평론가·저널리스트였으며 그들은 자유주의자·사회주의자·범슬라브주의자·시오니스트·민족주의자 등 사상이 참으로 다양했다. 그리고 『공산주의와 가톨릭 만세』라는 잡지 이름에서도 알 수 있듯이 그들은 정파나 이데올로기와는 무관하게 합석했다.

카페 첸트랄은 자기 집처럼 드나들며 아침 일찍부터 진을 치고 있는 '젊은 빈파'를 비롯한 여러 문인과 화가 코코슈카, 부르크 극장의 배우 등 당대 빈의 젊은 정신적 귀족들의 사랑방이었다. 그들이야말로 오늘에 이르기까지 카페 첸트랄을 빛낸 인물들이었다.

카페 첸트랄의 손님들은 아는 사이면서도 서로를 경멸했다. 어떠한 관계도 맺지 않으면서 그 무관계를 관계라고 여겼다. 첸트랄의 단골이던 한 작가는 에세이 「카페 첸트랄」에서 토로했다.

첸트랄에서는 무기력이 그의 가장 고유한 힘을 버티고 불모의 열매가 익어가며 모든 무소유가 이자를 낳는다. 카페 첸트랄은 빈의 위도와 '고독의 자오선'이 교차되는 지점에 있다. 그곳에 사는 사람은 대

카페 도시 빈의 상징인 카페 첸트랄의 외관(위)과 홀(아래).

부분 혼자 있기를 바라면서도 그 때문에 동료를 필요로 하고, 인간에게 적의를 품으면서도 격하게 사람을 찾는 부류다. 그곳은 스위트 홈을 몹시 혐오하는 사람들의 스위트 홈이다. 거기에서는 아무것도 바라지 않는 사람들만이 그 기묘한 카페의 가장 고유한 매력을 더불어 나눈다.

카페 중에서도 가장 매혹적인 카페를 둘러싼 '비밀스러운' 이야기다. 세기말 빈의 카페맨 중에서도 최고의 카페맨은 단연 전형적인 유보자遊步者, 보헤미안 작가 알텐베르크였다. 대머리이며 유별난 안경에 입수염을 기른 그는 '눈을 뜨고' 있는 동안에는 거의 언제나 첸트랄에 앉아 있었다. 알텐베르크는 자기 집 주소를 '빈 1구 카페 첸트랄'이라고 공언했다. 문학사전에도 그렇게 담겼다. 그의 참모습을 한 동료 작가는 다음과 같이 표현했다.

"그는 언제나 한가했지만 그 한가함 속에서 최대 최고의 시간을 누렸다."

최고의 시간을 한가함 속에서 누린 알텐베르크에게서 우리는 전형적인 카페맨의 참모습을 엿볼 수 있다. '빈의 소크라테스'로 불리며 창부의 '순수함'을 꿰뚫어본 알텐베르크, 그는 생활비를 누군가가 대주는 것에 대해 전혀 마음을 쓰지 않았다. 그에게는 당연히 갖가지 에피소드가 붙어다녔다. 그가 직접 들려준 이야기 한 토막.

나의 한 달치 집세 15크로네를 대신 내준 어느 사나이가 물었다.

알텐베르크(왼쪽)와 그의 탄생 50주년 기념카드에 그려진 그의 이미지(오른쪽).

"페터, 자네 단골 테이블에 오늘 밤 내 애인을 데려가도 좋을까? 자네
들과 어울려 시야를 넓혔으면 하네."

"시야를 넓히려 한다고? 15크로네로는 안 되네. 아무리 싸다 해도
월 25크로네는 되어야지. 15크로네라면 그녀는 여전히 멍청이로 남
을 걸세."

오늘날에도 예절과 격식을 가장 중요하게 여기는 유럽 최고의 왕실
합스부르크가의 역사가 살아 숨 쉬는 800년 된 '황제의 도시' 빈, 그
곳 카페의 특징으로 우리는 품위 있는 서비스를 들 수 있을 것이다.

입구에 들어서면 대하게 되는 급사를, 손님들은 그가 옛 귀족 가문
의 집사장을 떠올리게 하는 풍모의 지배인 격인 급사장이 아니더라

도 급사장처럼 '헤어 오버'Herr Ober, 윗사람라고 부른다. 급사들은 손님을 '바론'Baron 혹은 '헤어 독토어'Herr Doctor '헤어 프로페소어'Herr Professor로 부르며 떠받든다. 데스크를 지키는 급사장을 비롯하여 남성뿐인 가르송 모두 단정하고 예의 바르며 재치와 유머도 빼놓지 않는다. '켈너'Kellner라 불리는 빈의 가르송은 예부터 유럽 제일이라는 평판을 누려, 독일, 체코, 스위스 등 독일어권의 카페나 레스토랑에서 욕심을 부리는 존재다. 정중하고 은근한 그들의 거동은 실내의 고급스러운 분위기와도 잘 어울려 우리에게 우아한 작은 음악당에라도 들어선 듯한 기분을 맛보게 한다.

빈의 카페에서 "커피 한 잔!" "브랜디 커피!"라고 주문하면 예의에 어긋난 비상식적인 행동이다. 빈에서 커피는 색깔과 품질, 커피와 밀크의 비율에 따라 30~50종류로 나뉘며 그 명칭이 달라진다. 예를 들어 빈의 독특한 밀크커피 '멜랑제'Melange는 커피와 밀크의 비율이 반반이며 '카푸치노'는 커피의 비율이 훨씬 높고 '브라우너'는 커피의 비율이 약간 높다. 커피 애호가들이 즐기는 '카푸치노'라는 이름은 합스부르크 왕조의 묘를 관장하는 카푸친파 수도사들의 검은 승복이 짙은 커피색과 같은 데서 유래한다.

빈에서는 유럽 어느 곳에서보다도 각양각색의 커피와 티를 마실 수 있다. 그러나 빈에는 우리가 서울에서 즐겨 마시는 '비엔나 커피'가 없다. 빈의 카페에서 "비엔나 커피!"라고 주문하여도 아무도 알아듣지 못한다. '아인슈패너'Einspänner라고 말해야 한다.

'아인슈패너'란 '말 한 필의 마차'라는 뜻이다. 1600년대에 커피가 전래되고 카페가 생겨나자 빈 시민들은 누구나 그 매력에 푹 빠졌다. 마차의 마부들도 예외는 아니었다. 그러나 그들은 손에서 고삐를 놓을 수 없었다. 커피를 마시고 싶어 카페 문전에서 한숨을 쉬는 마부들을 동정하여 한 카페 주인이 커피 잔에 커피와 함께 설탕과 생크림을 듬뿍 넣어주었다. 그러자 마부는 "이것이야말로 바로 빈 커피다"라며 기뻐했다. 이후 그 커피는 '아인슈패너'라고 불리게 되었다. 그런데 나는 "비엔나 커피"가 좋아 가끔 서울 카페에서 농으로 '아인슈패너'라고 주문한다. 아무도 알아듣지 못하지만······.

빈의 카페에는 보통 당구대가 네댓 개 놓여 있으며 포커에 열중하는 손님도 자주 눈에 띈다. 프로이트도 첸트랄의 당구대를 즐겨 찾았고, '이민자'로 위장하여 1907년부터 몇 해 동안 빈에서 망명의 나날을 보냈던 러시아의 트로츠키도 자주 모습을 나타냈다.

유럽에서 좋은 문학 카페의 조건 중 하나는 신문과 잡지를 구비해 놓는 것이다. 카페 첸트랄에는 유럽과 미국의 주요 문예지와 예술잡지 그리고 한때 세계 22개국에서 발행된 251종의 갖가지 신문이 갖추어져 있다고 한다. 5~6년 전 첸트랄에 들렀을 때 혹시나 하고 한글 신문을 찾았으나 허사였다. 신문에 앞서 이른바 한류韓流 붐이 불어야 하는 것일까. 그러나 그것은 빈에서는 더욱 바랄 수 없다······.

손님들은 만나기로 한 사람을 기다리는 동안 신문이나 잡지를 훑어본다. 아예 잡지나 신문을 읽기 위해 카페를 찾는 이도 적지 않다. 세기말 첸트랄의 명물 '헤어 오버'인 프란츠는 단골들이 나타나면 먼저 그들의 애독지부터 챙겨주었다. 20년 만에 모습을 나타낸 옛날 단골에게 그가 이전에 애독하던 신문을 바로 갖다준 이야기는 두고두고 카페 거리의 전설이 되었다.

1920년대에 들어서면서 카페 첸트랄에는 작가나 음악가, 미술가 이외에도 반유대주의자들과 시오니스트들, 사회주의자들과 더불어 국수주의자들이 눈에 띄게 나타나 열띤 토론을 벌였다. 좌절한 그림쟁이 히틀러도 종종 나타났다는 후문이 오늘날까지 전해지는 첸트랄. 카페 첸트랄은 음울한 시대의 도래를, '어제의 세계'의 좋은 나날들을 즐긴 빈의 황혼을 예고하는 바람개비이기도 했다.

츠바이크는 『어제의 세계』에서 빈 카페에 관해 다음과 같이 말했다.

> (카페에서) 우리는 세상에서 일어나는 모든 것을 직접 알았다. 모든 책에 관해, 상연되고 있는 모든 연극에 관해 알고 모든 신문의 비평을 비교했다. 오스트리아인이 카페에서 세계의 모든 사건에 관해 그처럼 포괄적으로 연구하고 동시에 그것들을 친한 동료들 간에 논의한 이상으로 오스트리아인의 지적 활성과 국제적 비전에 공헌한 것은 아마 없을 것이다.

오스트리아 커피의 대명사인 밀크커피 멜랑제, 오스트리아인의 독특한 중화中和의 기질이라고 표현할 수 있는 멜랑제는 필경 빈의 "낙천적 묵시록"헤르만 브로흐, 빈의 문화적·정치적 현상, 그리고 빈 미학의 원천이 아니었던가.

카페 헤렌호프와 현실도피의 공론

1918년 오스트리아-헝가리 제국의 해체를 뜻하는 황제 카를 1세의 퇴위에 뒤이어 그다음 해 1월 8일 카페 첸트랄의 장자 알텐베르크가 서거하자 순직하리라고 마음먹은 듯 카페 첸트랄도 쇠퇴의 길에 들어섰다. 그 무렵 첸트랄과 지호지간, 같은 귀족의 거리에 문을 연 것이 바로 카페 헤렌호프Herrenhof다. 헤렌호프는 첸트랄의 단골 문인, 예술가들이 기다렸다는 듯이 모여들어 처음부터 활기를 띠었다.

새로운 카페에는 여성들도 일상적으로 드나들었다. 카페 첸트랄이 남성들에게 체념의 피난처였다면 헤렌호프는 여성들을 위한 위안의 터전인 듯한 인상을 풍겼다. 그리고 화제의 중심은 프로이트와 그의 신봉자들이 선도한 최대의 이슈 성애性愛의 문제였다.

프라하 태생의 작가 카프카는 어쩌다 빈에 들르면 헤렌호프의 객이 되고 그의 필생의 작품 『성』城, 1921~22에서는 이 카페에 하나의 상징성을 부여했다. 그러면 1920~30년대에 걸쳐 전개된 역사의 위기적 상황이 카페맨들에게 어떻게 비쳤을까. 두브로비치의 『횡령당한 역사』는 카페 헤렌호프와 관련하여 다음과 같이 묘사한다.

우리는 예술·문학·철학에 관해 이야기하고 아인슈타인의 상대성이론·정신분석학·개인심리학을 논하고, 카프카·카를 크라우스·조이스·무질을 화제로 삼았을 뿐만 아니라 정치도 논했다. 그러나 대개는 현실의 절박한 정치 문제는 초월하리라고 여겼다. 대체로 분수를 잊고 오만하며 정치를 비웃었다. 그러고는 현실을 외면한 공론空論을

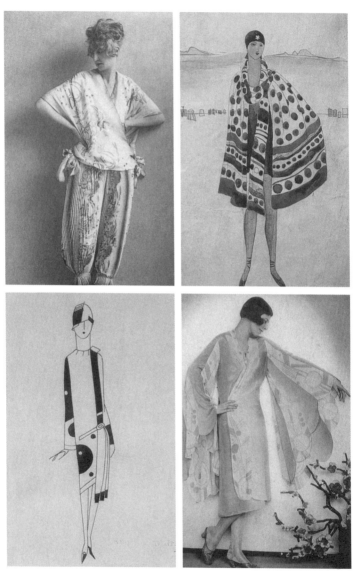

1920년대의 빈의 모던 걸.

지껄이며 추상과 사변의 세계에서 놀이를 즐겼다. 그것은 헤렌호프를 근거지로 한 우리들에게만 국한된 것이 아니었다.

두브로비치는 헤렌호프 단골들의 비정치적·반정치적인 면모를 당시 빈과 오스트리아 그리고 독일 지식인의 공통된 습성으로 보았다.

1920~30년대 유럽 여러 도시의 카페맨 대다수는 바라지 않는 일들을 의식적이건 무의식적이건 간에 필경 외면하는 일종의 현실도피자임을 부인할 수 없다. 이러한 경향은 특히 빈에서 극심했다. 그들은 결국 "히틀러에 대해서는 무엇이라고 말할 수 없어" 망연자실하게 된다.

빈의 카페는 커피 맛보다도 거기에 모이는 손님에 따라 카페의 매력과 평판이 결정되었다. 헤렌호프도 예외는 아니었다. 단골 중에는 표현주의의 대표적 시인이며 극작가·소설가인 유대계 독일인 베르펠이 있었다. 또 기념비적 작품 『특성 없는 남자』[1930~43]의 저자이며 20세기 문학의 한 정점으로 평가받는 무질, 철학 사상시 『베르길리우스의 죽음』[1945 영역 출판]을 통해 문학적 가능성의 극치를 이룬 유대계 작가 헤르만 브로흐도 있었다. 한편 독일 철학자 에른스트 블로흐는 마르크스주의와 표현주의에 공감하며 망명한 미국에 머무르다 1961년에 서독에 이주하고 튀빙겐 대학 교수에 취임한다. 그는 독자적인 마르크스주의자로서 '궁핍한 시대'인 현대의 밑바닥을 상징적으로 규명하고, 사회 변혁과 인류 구제의 비전을 구축했다.

프로이트와 그의 제자로서 '개성심리학'으로 일컬어지는 정신분석학의 한 학파를 이룩한 아들러 그리고 비트겐슈타인도 그곳의 단골이었다. 반형이상학·과학적 철학을 표방하고 1929~38년에 활동한 '비너 크라이스'Wiener Kreis 멤버들도 카페 헤렌호프를 빛낸 단골들이었다.

그들은 카페 깊숙이 있는 멋스럽고 도아한 분위기의 홀을 자기 집 안방처럼 차지했다. 특히 상석을 차지한 개인심리학자들의 중심에는 그들의 스승 아들러가 작고한 뒤에는 러시아 출신인 그의 부인이 있었다. 그녀는 공산주의자였으나 스탈린주의를 혐오하여 당시 빈으로 망명해 있던 트로츠키와도 친분을 나누었다.

카페 헤렌호프의 단골 일람표나 목록을 작성하는 일은 19세기 말 전후 오스트리아 아니 당시 빈에 출입한 동유럽 전체의 문인·예술가·저작자들의 명부를 작성하는 일만큼 어렵고도 무모한 기도다. 헤렌호프에서 '배운' 단골로 자처한 『횡령당한 역사』의 저자는 헤렌호프의 단골들 중에서 저명인사와 소중한 벗들, 자기 분수를 잘 알아 신문이나 잡지를 읽거나 사람들의 이야기에 귀를 기울일 뿐인 단역 인물, 지위도 직함도 없는 사람들의 모습을 떠올리며 그 저작의 말미에 단골 남녀 인사들의 이름을 여러 면에 걸쳐 열거했다. 그들 카페맨이야말로 카페 마을, 아니 빈과 오스트리아의 문예공화국을 형성한 인물들이었다.

좋았던 지난날들을 떠올리며 오늘을 살아가는 나이 든 귀부인의 모습 그대로 고풍스러운 도시 빈, 그 빈을 쏙 빼닮은 카페에 앉아 있는 빈 시민들과 빈이 좋아 찾아든 가깝고 먼 여러 나라의 이방인들은 빈의 벨 에포크가 이룬 석양빛과도 같은 문학과 예술, 사상이 출렁이는 속에서 빈의 어제를 그리워한다.

발걸음을 옮길 때마다 마주치는 왕궁과 음악당, 고딕 성당과 미술관, 그 밖에도 갖가지 역사적 기념물로 아로새겨진 빈의 거리거리에서 빈 카페는 19세기풍의 품위를 발산한다. 그린슈타이들·첸트랄·헤렌호프, 그 이외에도 무제움·임페리얼·슈페를·모차르트 등 빈에는 문화의 역사에 기록될 카페가 많다. 이 카페들이 꽃피운 카페 문화는 세기말의 시인·작가·음악가·화가들의 작품과도 같이 바로 세기말 빈이 창출한 또 하나의 작품이라고 할 것이다.

슈니츨러와 호프만슈탈의 작품에, 말러의 교향곡과 클림트의 에인화에 그리고 프로이트의 정신분석학에 농밀하게 각인된, 에로스와 죽음이 교차된 빈의 세기말적 미학, 그 변환자재한 열락과 니힐리즘풍 우울, 그 모두는 신성로마제국 합스부르크가의 800년 왕도 빈이 잉태한 '어제의 세계'가 그 황혼길에 숙명적으로 하늘 가득히 붉게 메운 찬란한 광망이 아니었던가!

20세기 초 빈 화단에 샛별처럼 나타난 코코슈카의 두 작품이 연상된다. 「꿈꾸는 소년들」1918과 「살인자, 여인들의 희망」1907이다. 전자는 그의 시작품에, 후자는 희곡에 담긴 삽화다. 코코슈카는 시도 쓰고 희곡도 발표했다. 두 작품은 빈이 상징한 세기말적 미학의 본질을, 죽음과 맺어진 에로스의 고뇌와 삶으로서의 가능성을 두 대극점에서 찾았다. 「꿈꾸는 소년들」에서는 "나는 쓰러지고 사랑을 꿈꾸었다"에서 보듯 사랑을 꿈꿈으로써 자신과 세계를 다시 찾고자 한다. 「살인자, 여인들의 희망」에서는 꿈을 대신하여 남녀 간의 무섭고 스산한 동물적

코코슈카의 「꿈꾸는 소년들」 삽화 가운데 일부(1918).

투쟁이 출현한다. "소름이 끼치는, 격정에 찬 인간성이 우리들 자신의 경험으로 나타난다." 표현주의의 선구자는 아우슈비츠를 예감한 것일까.

첸트랄의 단골로 극작가이며 역사가이자 배우였던 에곤 프리델은 1938년 나치가 가택수색을 하자 2층에서 뛰어내려 스스로 죽음을 택했다. 그의 죽음은 화려했던 빈 카페 문화의 종말을 상징했으니 첸트랄은 1943년에 문을 닫았다. 이때 어느 시인은 다음과 같이 하소연했다,

헤렌슈트라세의 길모퉁이에서 폐쇄된 창을 통해 첸트랄이 울적하게 지나가는 사람들을 향해 하품하고 있다.

첸트랄은 히틀러 제3제국의 종말과 함께 소생했다. 오늘날 옛 모습으로 복원된 그 건물의 정문 현관 위, 2층 베란다에는 카페 첸트랄의 짙은 분홍색 깃발이 지나온 역사를 상징하듯 우리를 맞는다. 홀 내부로 들어서면 신문을 쥔 손을 무릎에 대고 있는 알텐베르크 납인형이 멜랑콜리한 표정으로 멀리서 온 객을 옛 친구를 대하듯이 맞아준다. 70세 전후의 단정한 신사 숙녀가 띄엄띄엄 자리를 차지한 홀 안, 속삭이듯 알텐베르크의 쉰 목소리가 들려오는 것만 같다.

그녀가 이유도 없이 만나러 오지 않으면 카페로 가자.

월급이 400크로네인데 500크로네를 쓰면 카페로 가자.

바르고 얌전하게 살고 있는 자신이 용서되지 않으면 카페로 가자.

언제든 자살하고 싶다는 생각이 들면 카페로 가자.

사람을 경멸하지만 사람이 없어 견디지 못한다면 카페로 가자.

책을 마무리하면서

지난 몇 해 동안 책과 책문화와 더불어 유럽의 차와 커피 문화, 카페에 관해서 여러 글을 단편적으로 써왔다. 『동과 서의 茶 이야기』2002, 『유럽 카페 산책』2005도 그런대로 꾸렸다. 대학에 재직할 때 강단을 떠나면 언젠가 책문화와 더불어 카페·살롱·클럽 문화를 주제로 닌삭難作 에세이를 써보리라고 막연히 마음먹었다. 그러면서 그에 관한 문헌들을 수집하여 지금은 내 서가에 제법 많은 자리를 차지한다.

왜 하필 카페이며 살롱, 클럽일까.

그간 역사란 필경 문화의 이야기, 문화의 흐름이라는 생각을 간직하면서 독일 및 유럽의 교양계층·교양문화를 연구 주제로 설정하여 내 나름대로 유럽 문화에 접근했다. 그리고 그 과정에서 유럽 문화 또는 문명을 다른 문명권과 본질적으로 구별 짓는 특징의 하나로 고대 그리스 이래의 자유로운 담론문화의 전통을 인식하게 되었다.

이 담론문화는 머리말에서 지적하고 본문에서 밝혔듯이 근대적 언론의 자유와 의회 민주주의를 뿌리내리게 했을 뿐만 아니라 선진 유럽 사회와 문화 발전의 기폭제가 되었다. 그리고 그 모든 것에 앞서서 자유롭게 말하는 인간이 존재했다. 그 가장 바람직한 모태와 요람, 진정한 토포스는 바로 살롱과 클럽과 카페로 생각된다.

이제『담론의 탄생: 유럽의 살롱과 클럽과 카페 그 자유로운 풍경』을 그런대로 마무리 짓다보니 오래전에 스스로 과한 숙제에서 이제야 풀려난 심정이다. 그리고 이 자그마한 저작을 소자小子로 하여금 독서의 기쁨을 일찍부터 누리도록 베풀어주신 아버님께 바치게 됨을 기쁘게 생각한다.

그런데 이 저술이 햇빛을 보게 된 데에는 한길사 김언호 사장의 도움이 적지 않았으니 한두 해 전부터 되풀이된 그의 간곡한 청탁 덕분이다. 필자에 의해 발의發意된 주제에 뚜렷한 비전과 줄거리, 문체가 갖추어져 글이 완성되기 위해서는 반듯한 독자와 믿음직한 출판인·편집자의 존재가 전제되어야 한다고 생각해왔다. 오래전부터 나로 하여금 글을 쓰게 하는 출판인, 그리고 내 글의 두려우면서도 따뜻한 '첫번째' 독자인 김언호 사장은 나에게 참으로 귀한 존재임을 새삼스럽게 고맙게 생각한다.

마지막으로 글과 삽화가 책의 체제를 갖추기까지 그간 갖가지 수고를 아끼지 않은 편집부의 백은숙 실장, 이주영 편집원 그리고 대학 진학의 나날들 속에서 펜으로 쓴 원고를 컴퓨터로 입력해준 수민이에게도 고마움을 표시한다.

2014년 11월
문구방文丘房에서
이광주

참고문헌

1. 카페와 카페 문화에 관한 문헌

Beary, Shaun etc., *London's Good Coffee Shops*, London, 1996.

Durand-Boubal, Christophe, *Café de Flore*, Paris, 1993; 『カフェ・ド・フロールの黄金時代』, 中央公論社, 1998.

Hattox, Ralph S., *Coffee and Coffeehouses: The Origins of a Social Beverage in the Medieval Near East*, Univ. of Washington Press, 1985.

Illy, Francesco & Illy, Riccardo, *The Book of Coffee*, Milano, 1992.

Lillywhite, Bryant, *London Coffee Houses*, London, 1963.

Oberzill, Gerhard H., *Ins Kaffeehaus! Geschichte einer Wiener Institution*, Wien, 1983.

Schebera, Jürgen, *Damals im Romanischen Café... Künstler und ihre Lokale im Berlin der zwanziger Jahre*, Berlin, 1998.

Veigl, Hans, *Wiener Kaffeehausführer*, Wien, 1994.

이광주, 『동과 서의 茶 이야기』, 한길사, 2002.

_____, 『유럽 카페 산책』, 열대림, 2005.

2. 살롱과 살롱 문화에 관한 문헌

Coser, Lewis A., *Men of Ideas: A Sociologist's View*, New York, 1965; 『살롱 카페 아카데미: 지식인과 지식사회』, 이광주 옮김, 지평문화사, 1993.

Dubrović, Milan, *Veruntreute Geschichte: Die Wiener Salons und Literatencafés*, Wien, 1985.

Heyden-Rynsch, Verena von der, *Europäische Salons: Höhepunkte einer versunkenen weiblichen Kultur*, München, 1997.

Martin-Fugier, Anne, *La vie élégante ou la formation du Tout-Paris 1815~1848*, Paris, 1990;『優雅な生活: 'トゥ=パリ' パリ社交集團の成立, 1815~1848』, 新評論, 2001.

Wilhelmy-Dollinger, Petra, *Der Berliner Salon im 19. Jahrhundert 1780~1914*, Berlin, 1989.

小林 章夫, 『クラブ』, 東京: 駸々堂出版, 1985.

小林 章夫 外, 『クラブとサロン』, 東京: NTT出版, 1991.

3. 그 밖의 참고문헌

Abélard, Pierre, *Lettres d'Abélard et Héloïse*;『アベラールとエロイーズの往復書簡』, 岩波文庫, 2009.

Abu Nuwas, *The Diwan of Abu Nuwas*;『アラブ飲酒詩選』, 岩波文庫, 2004.

Arendt, Hannah, *The Human Condition*, Univ. of Chicago Press, 1998.

Benjamin, Walter, *Berliner Kindheit um Neunzehnhundert (1932~38)/Berliner Chronik*;『1900년경 베를린의 유년시절/베를린 연대기』(발터 벤야민 선집 3), 윤미애 옮김, 길, 2007.

Brillat-Savarin, Jean Anthelme, *Physiologie du goût*, Paris, 1826; *The Physiology of Taste*, San Francisco, 1986.

Chadwick, Whitney, *Women, Art, and Society*, London, 1996.

Diderot et d'Alembert, *Encyclopédie*, 1751~1780;『百科全書: 序論および代表項目』, 岩波文庫, 2006.

Eckermann, Johann Peter, *Gespräche mit Goethe*, Berlin, 1956.

Guizot, François, *Histoire de la civilisation en Europe*, Paris, 1828;『ヨーロッパ文明史』, みすず書房, 1987.

Habermas, Jürgen, *Strukturwandel der Öffentlichkeit: Untersuchungen zu einer Kategorie der bürgerlichen Gesellschaft*, Berlin, 1965.

Johnston, William M., *The Austrian Mind: An Intellectual and Social History 1848~1938*, Univ. of California Press, 1983.

La Rochefoucauld, *Maximes*, 1678; 『ラ・ロシュフコー箴言集』, 岩波文庫, 1994.

Montanari, Massimo, *The Culture of Food*, Cambridge USA, 1996.

Olsen, Donald J., *The City as a Work or Art: London, Paris, Vienna*, Yale University Press, 1988.

Pisan, Christine de, *Le livre de la cité des dames*, 1405; 『여성들의 도시』, 최애리 옮김, 아카넷, 2012.

Sartre, Jean-Paul, *Qu'est-ce que la littérature?*, 1948; 『文学とは何か』, 人文書院, 2001.

Schivelbusch, Wolfgang, *Das Paradies, der Geschmack und die Vernunft: Eine Geschichte der Genussmittel*, Berlin, 1988.

Schultz, Helga, *Berlin 1650~1800: Sozialgeschichte einer Residenz*, Berlin, 1987.

Siegfried, André, *L'âme des peuples*, Paris, 1950; 『西歐の精神』, 角川文庫, 1961.

Spender, Stephen, *World Within World: The Autobiography of Stephen Spender*, London, 1951.

Staël, Germaine de, *De l'Allemagne(Über Deutschland)*, Reclam, 1963; 『독일론』, 권유현 옮김, 나남, 2008.

Zweig, Stefan, *Die Welt von Gestern*, Stockholm, 1944.

平井正 編, 『ベルリン: 世界都市への胎動』, 国書刊行会, 1986.

『꽃다발: 朝鮮女流漢詩選集』, 김안서 옮김, 박문서관, 1944(2012 열화당 복간).

이광주, 『교양의 탄생』, 한길사, 2009.

사진 출처

4쪽 Simone de Beauvoir at the Deux Magots, 1944 ©Robert Doisneau/Rapho

82쪽 ©2014 송보경

88쪽 위 ©2012 Travel Pictures Ltd.

118쪽 ©2014 Norbert Nagel

132쪽 ©2006 Friedrich Petersdorff

184쪽 ©2013 Mark Ahsmann

253쪽 ©2008 sergemelki

265쪽 ©1972 이광주

269쪽 ©2011 DIMSKIFAS

270~271쪽 ©2015 Succession Pablo Picasso-SACK(Korea)

279쪽 ©2008 Arnaud 25

282쪽 ©2014 JLImages/Alamy

308쪽 ©2012 Johann Werfring

313쪽 위 ©2010 Thomas Ledl

313쪽 아래 ©2011 Philipp von Ostau

324쪽 ©2015 Oskar Kokoschka/ProLitteris, Zürich-SACK(Korea)

지은이 이광주

고려대학교 사학과와 같은 학교 대학원을 졸업했다.
지성사를 중심으로 유럽 문화 전반에 대해 폭넓은
연구를 해오고 있으며, 지금은 인제대학교 명예교수로 있다.
저서로는 『나의 유럽 나의 편력』『교양의 탄생』
『동과 서의 차 이야기』『아름다운 책 이야기』
『윌리엄 모리스, 세상의 모든 것을 디자인하다』를 비롯하여,
『대학의 역사』『지식인과 권력』 등이 있다.
옮긴 책으로는 『국가권력의 이념사』『역사의 매력』 등이 있다.

담론의 탄생

유럽의 발롱과 클럽과 카페 그 자유로운 풍경

지은이 이광주
펴낸이 김언호

펴낸곳 (주)도서출판 한길사
등록 1976년 12월 24일 제74호
주소 10881 경기도 파주시 광인사길 37
홈페이지 www.hangilsa.co.kr
전자우편 hangilsa@hangilsa.co.kr
전화 031-955-2000~3 **팩스** 031-955-2005

부사장 박관순 **총괄이사** 김서영 **관리이사** 곽명호
영업이사 이경호 **경영담당이사** 김관영
편집 백은숙 안민재 노유연 김광연 신종우 원보름
마케팅 윤민영 양아람 **관리** 이중환 김선희 문주상 이희문 원선아
디자인 창포 **CTP출력 및 인쇄** 현문인쇄 **제본** 자현제책사

제1판 제1쇄 2015년 4월 6일
제1판 제2쇄 2016년 6월 17일

값 17,000원
ISBN 978-89-356-6934-9 03920

- 잘못 만들어진 책은 구입하신 서점에서 바꿔드립니다.
- 이 도서의 국립중앙도서관 출판시도서목록(CIP)은 서지정보유통지원시스템 홈페이지(seoji.nl.go.kr)와
  국가자료공동목록시스템(www.nl.go.kr/kolisnet)에서 이용하실 수 있습니다.
  (CIP제어번호: CIP2015003578)